コミュニケーションの認知心理学

伊東昌子 編
Masako Itoh

ナカニシヤ出版

まえがき

　従来，認知心理学は人の頭の中で繰り広げられる知的な働き，すなわちモノやコトを認識する仕組み，記憶，忘却，理解，誤解，判断，エラー，問題解決などに関する人間特性，そしてそれらと他の特性，例えば，発達，加齢，熟達，性格，感情などとの関係を解明してきました。
　しかし，今，認知心理学はより拡張された認知システムの解明へと動き出し，社会環境の中で生きる人々が，その環境を構成するモノやコトとどう相互作用を繰り広げ，そこにどのような知的営みがあるかを解明しつつあります。その環境には，他の人々，メディア，情報，空間，組織，仕事場などが含まれます。それは心理学にとって，領域的にも，他領域の方々との協働を進める意味でも，チャレンジングな活動です。しかし嬉しいことに次々に成果が発表され，認知研究の新しい姿を目撃することができます。
　本書では，コミュニケーションを，生活環境や仕事環境の中で生きる人々が周囲のモノやコトと相互作用する営みと捉え，その状況的な相互作用の中にこそ浮かび上がる意味，機能，問題などを炙り出す研究を紹介しています。さらに心理学者と共に『人間中心設計』[1]を協働基盤として研究や実践を企画・設計・推進してきた企業の方々からの心理学への期待と励ましもコラムとして掲載しました。認知心理学が貢献する社会，産業，医療，教育などの領域は広く，問題の炙り出しと理解にとどまらず，新たな設計や革新への協働に踏み出しつつあります。以下に本書の構成と内容の概要を紹介します。
　第Ⅰ部は，人と人が，あるいは人から人へと投げかけあう言語実践と認知の問題です。1章では，言語学的には概念の付属語として扱われがちな終助詞が，対話的な相互行為の中でこそ発揮する働きと意味に焦点があります。2章は，交渉時の感情の働きに関し，好意や敵意の影響だけではなく，謝罪や後悔などの対人的感情表出の働きも解説しています。3章は，貼り紙が貼られることの相互行為意図に着目し，貼り紙が貼られた環境と利用者の観点から貼り紙の進

化にも言及しています。

　第Ⅱ部は，モノと人が相互作用を行う接面であるインタフェイスと認知の問題です。4章では，行為指示の説明に関し，わかりにくい説明が引き起こす認知的問題を取り上げています。特に，子どもと高齢者が陥るリスクが紹介されています。5章は，インタフェイスの使いやすさに関して，情報化と高齢化が同時進行する現代におけるインタフェイス研究の意義を示しながら使いやすさの認知研究を解説しています。6章では，映像を，その内容と視聴者を結ぶインタフェイスとして捉え，映像技法のあり方が解説されています。7章では，健康コミュニティの維持・促進を支える情報通信サービスの開発を，動機づけの観点から設計・開発した研究例が紹介されています。

　第Ⅲ部は，社会的問題と認知の関わりです。8章は，目撃証言に関し，想起するときの記憶の歪みと，歪みを引き起こさない面接法が紹介されています。人々の記憶の理解が面接法の設計につながったのです。9章は，罪の重さに対する罰の重さの判断に関する心理尺度構成法を用いた研究の紹介です。法の専門家と非専門家の量刑判断の違い，非専門家の量刑判断に及ぼす影響要因を知ることができます。10章では，ヒューマン・エラーの問題に関し，エラーの種類とそれらを防ぐ環境設計や組織の取り組みを知ることができます。11章は，医療現場で働く看護師間のコミュニケーションに潜むリスクと情報共有のあり方を解説しています。場と状況と知識を共有する人々の相互行為の実態を捉えています。

　第Ⅳ部は，職業的熟達と認知に焦点があります。従来の心理学では，個人の中で洗練させる技能の上達やスキル向上が主な研究対象でした。本書では，事業組織を担う職業人としての熟達と成長が研究対象です。12章は，企業デザイナーの成長を支える仕組みに焦点があります。複数の専門組織との協働の問題や，熟達と成長を促進する雑用の効用を知ることができます。13章は，多数の従業員が関わる情報システム開発を率いるプロジェクトマネジャーの実践知が研究対象です。個人技能を超えてチームを動かし組織を動かす実践知が明らかになります。

　生活環境や仕事環境の中で繰り広げられる相互行為の連鎖に埋め込まれた問

題，暗黙知，行為の意味，リスク，成長要因は一見捉えどころがありません。しかし，認知心理学にはその営みでこそ生じる問題を捉え，分析し，より良い方向へ導く指針を得るための理論や手法，そして研究成果があります。コミュニケーションという接続的相互作用を捉える認知心理学は，人々の営みを科学的に探究する心理学領域であり，設計という異分野間協働へと踏み出す領域でもあります。そのチャレンジを楽しめる構成になっています。執筆者一同，各章やコラムが読者の方々の探究心を刺激し，心理学の進化・発展に役立つことを願って止みません。

最後に企画から編集までご尽力頂いたナカニシヤ出版編集部の宍倉由高氏に深く感謝致します。

平成25年6月吉日　伊東昌子

1）人間中心設計（Human Centered Design）とは，製品や情報機器あるいはウェブ上のサイトなど一般人や専門職の人がユーザとして機器と相互作用しながら目的を達成するときの使いやすさ，覚えやすさ，快適さ，エラーのなさ，などを実現させるために，当該領域における人々の営みを理解したうえで人々の特性に基づく設計を行う活動である。ヒューマンインタフェイスの設計にも適用される。認知心理学はこの領域への貢献度が高く，製品や情報サービスの設計開発を行う産業領域の人々との協働・共創が進んでいる。

目　　次

まえがき　i

I　言語実践と認知

第1章　対話における終助詞の"意味"：知覚されるモダリティ ……… 3
1．終助詞の社会的相互行為における"意味"　3
2．話し手の情報管理からみた終助詞の意味素性　4
3．終助詞的に使用される「の」の意味素性分析　5
4．文末詞「の」の"知覚されるモダリティ"　6
5．文末詞「の」の情報処理への影響：記憶の促進　9
6．社会的認知的活動としての文末詞使用　11

第2章　他者の感情認知と交渉 ……… 17
1．交渉のコミュニケーションと感情　17
2．交渉において表出された感情の対人的機能　18
3．怒りが交渉に与える影響　21

第3章　貼り紙コミュニケーション ……… 31
1．貼り紙観察へのいざない　31
2．貼り紙を介したコミュニケーション　32
3．貼り紙を通したユーザと環境のインタラクション　40
4．貼り紙を分析することでわかること　43

II　インタフェイスと認知

第4章　子どもと高齢者に対する説明書理解の支援 ……………51
1．子どもと高齢者を助けない説明書　*51*
2．子どもの読解方略に対する支援　*56*
3．高齢者の読解方略に対する支援　*59*
4．結　語　*63*

第5章　「使いやすさ」を考える：高齢者－若年成人比較から見えてくること ………………………………………………………67
1．「モノを使う」というコミュニケーション　*67*
2．高齢社会に出てきた「使いやすさ」の問題　*71*
3．高齢者にとっての「使いやすさ」研究は何をもたらすか　*76*

第6章　インタフェイスとしての映像：わかりやすさを支えるしくみ ……………………………81
1．映像によるコミュニケーション　*81*
2．映像は「見ればわかる」か：『きょうの料理』の分析から　*82*
3．インタフェイスを作るもの：映像技法の役割　*91*
4．見えないものを映像にする：可視化　*94*
5．映像を見るということ　*96*

第7章　健康コミュニティ：行動変容におけるICT環境の活用 ………*99*
1．行動変容とはなにか　*99*
2．行動変容と動機づけ　*100*
3．行動変容の支援におけるICT環境の効果　*101*
4．他者とのコミュニケーションにおけるICT環境利用の実施形態　*103*
5．他者情報の利用における問題　*105*
6．他者情報と仲間意識が行動変容に与える効果の検証　*107*

7．今後の課題　*112*

III　社会的問題と認知

第8章　目撃証言と認知……………………………………………119
1．証言の正確性に関わる要因　*119*
2．目撃証言の想起過程　*122*
3．面接法の高度化　*125*

第9章　法心理学における量刑判断の研究：罪と罰の主観的均衡……*135*
1．法心理学　*135*
2．「罪の重さ」「罰の厳しさ」の心理尺度構成　*136*
3．量刑判断に関する実験的研究　*140*
4．裁判員裁判における量刑判断　*144*
5．なぜ罰するのか：応報と予防・矯正　*145*

第10章　エラーと認知……………………………………………*151*
1．ヒューマン・エラーと不安全行動　*151*
2．エラーおよび不安全行動と対策　*155*
3．事故・災害リスクをどのように捉えるべきか　*159*
4．おわりに　*165*

第11章　医療現場のコミュニケーション……………………………*169*
1．はじめに　*169*
2．医療現場における協働的な認知過程の分析　*172*
3．効果的なリスク共有コミュニケーション　*178*
4．まとめと課題　*182*

Ⅳ 職業的熟達と認知

第12章 企業デザイナーとしての熟達……………………………………189
 1．はじめに　*189*
 2．先行研究の検討　*189*
 3．方　法　*191*
 4．事例分析　*192*
 5．考　察　*199*
 6．おわりに　*203*

第13章 仕事場におけるチームマネジメントとプロジェクト規模……*207*
 1．チームマネジメントの問題　*207*
 2．プロジェクトマネジャーとは　*208*
 3．プロジェクト規模とプロジェクトマネジャーの実践知　*210*
 4．行為の背後にあるメタ的方略　*216*
 5．組織横断的に関わり合う'拡張されたチーム'の構築へ　*219*

■コラム

心理学への期待1　"Good" teams often fail：外に向かった組織コミュニケーション能力が企業業績を左右する　*46*
心理学への期待2　「簡単にしてくれないと使わないよ」の意味　*114*
心理学への期待3　ユーザインタフェイス（UI）とユーザビリティ　*184*
心理学への期待4　「仕事，経験，熟達，成長」のデザイン　*222*
心理学への期待5　ICTサービスの設計と心理学：心理学の透明性向上への期待　*224*

索　引　*227*

I
言語実践と認知

- 対話における終助詞の"意味":
  知覚されるモダリティ
- 他者の感情認知と交渉
- 貼り紙コミュニケーション
- コラム1
  "Good" teams often fail:
  外に向かった組織コミュニケーション能力
  が企業業績を左右する

第1章
対話における終助詞の"意味"
知覚されるモダリティ

伊東昌子

1. 終助詞の社会的相互行為における"意味"

　終助詞は日常的な対話場面で認められる「よ」や「ね」のように，メッセージ文の末尾につけられる言語要素である。メッセージの内容そのものに直接関わるものではないため，コミュニケーションにおけるその豊かな役割は見過ごされがちであった。しかし，終助詞は社会的かつ言語的な相互行為において，とても大事な役割を果たしている。藤原（1990）はその役割を重視して，対話の勘どころになると述べている。それではなぜ終助詞は言語的相互行為にとって勘どころになるのだろうか。この問いに答えるために，言語による相互行為をメッセージ内容の伝達というよりも，社会的な儀礼をふまえた共同行為と捉えてみよう。

　メッセージ文は客観的な出来事である「命題」と，話し手の発話時点での心的態度（命題に対する捉え方や伝達態度）が反映された「モダリティ」[1]から構成される。例えば「これ，おいしいよ」の場合は話し手が「おいしい」ことを述べ立てていることが「よ」によって暗示され，「これ，おいしいね」の場合は話し手が聞き手に共感を求めていることが「ね」によって暗示される。このように終助詞は文のモダリティ要素であり，そこに話し手が命題や聞き手に対して抱く思いや態度が反映される。この働きは指標的機能と呼ばれる。談話場における相互行為は情報伝達のためだけではなく，関係構築やその維持のためにも展開されるので，モダリティを担う終助詞の"意味"を理解することは

[1） モダリティの種類や事例に関しては，宮崎・安達・野田・高梨（2002）や日本語記述文法研究会（2003）に詳しく説明されている。

言葉の運用と認知の関係を知るうえで重要である。

2．話し手の情報管理からみた終助詞の意味素性

滝浦（2008）によれば，話し手がメッセージ文を差し出すとき，話し手がその文の情報管理についてメタ的に言及するモダリティは終助詞に反映される。すなわち，話し手が文内容に主体的かつ排他的に関与しているか，あるいは聞き手の関与を招いているかといった態度を，終助詞は指標する。このような情報管理への言及の観点から，終助詞「か」「よ」「ね」の意味素性が分析されている。分析方法は，それぞれの終助詞が命令形「～しろ」と依頼形「～して」（聞き手を話し手の意思に従わせる形式）に接続可能か否かに基づくものである。両者に接続可能であれば，話し手の主体的かつ排他的関与度は高い。

「か」は命令形にも依頼形にも接続できないので，話し手の主体的関与とは相反的な性質をもつ。よって意味素性は［－話し手］とされ，話し手の判断保留が指標される。「よ」は両方に接続可能であることから，話し手の主体的関与が反映された言明となり，意味素性は［＋話し手］とされる。「ね」は依頼形には接続可能であるが命令形への接続は不可である。聞き手に対し内容共有が促されており［＋聞き手］となる。上述の「これ，おいしいよ」は，「おいしさ」に対する主体的言明であることが指標される。一方「これ，おいしいね」は，「おいしさ」に対する共有や共感が促されていることが指標される。終助詞を伴わない場合はφ形とされ，「これ，おいしい」は"普通体＋φ"と表記される。終助詞の意味素性は，φ形を基点として話し手側あるいは聞き手側への距離的シフトと見なされる（図1－1）。

会話の局所的連鎖を違和感なく続けるためには，話し手が差し出した命題に話し手自身がどう関与しているか，聞き手に対しどういう関与や共有を求めているか，といったモダリティの知覚が求められる。この意味で，終助詞の意味素性分析は会話の連鎖に求められる認知的センサーを知るうえで有用である。それでは意味素性分析は他の終助詞についても可能であろうか。また，それは終助詞が聞き手内部に喚起する"意味"を十分に予測するのだろうか。これらの問題に応えるため，本章では，終助詞的に使用される「の」を材料として，

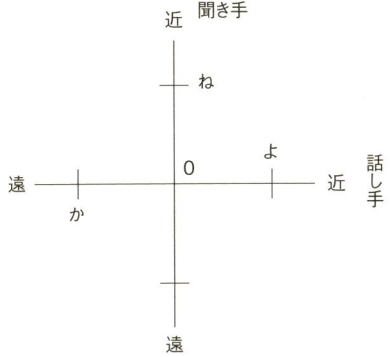

図1-1 「か／よ／ね」が示す〈距離〉の関係
(滝浦 (2008) より一部改変)

意味素性分析を実施してみる。さらに，その分析結果と聞き手による実際のモダリティ知覚を比較して，用法による分析のみでは見えてこない終助詞の豊かな指標性を理解する。また，「の」の指標機能が聞き手の実質的情報処理に与える影響を示した心理学実験も紹介する。

3．終助詞的に使用される「の」の意味素性分析

　終助詞的に使用される「の」は疑問文や平叙文に用いられる。例えば「何を話しているの↑」あるいは「私はこれが欲しいの↓」である。前者は，メッセージ文の末尾に格助詞「の」と疑問の助詞「か」が置かれた場合の省略形である。後者は，末尾に格助詞「の」と断定の助動詞「だ」が置かれた場合の省略形である。このため，このような文末の「の」が終助詞であるかどうかについては議論の余地が残されている。しかし，本章ではそのように品詞論的な議論を行うことが目的ではなく，メッセージ文の末尾に置かれて文のモダリティを担う言語要素の働きを解明することが目的である。そこで，上述の「か」「よ」「ね」も含めて文末に置かれて文のモダリティを担う言語要素を"文末詞"と呼ぶことにする。

　文末詞「の」の意味素性分析をしてみよう。まず，上昇調の「の」については，命令形「〜しろ」にも依頼形「〜して」にも接続できない。よって「か」

と同様に，意味素性は［－話し手］とされる。次に，下降調の「の」については，同様に命令形にも依頼形にも接続できない。よって意味素性は一見したところ［－話し手］である。しかし，下降調「の」は「のだ」の省略形と見なされ，その機能は「のだ」と変わらないとされる（日本語記述文法研究会，2003）。そこで「のだ」が接続可能か否かについて分析をしてみよう。

「のだ」についても，直接的には命令形にも依頼形にも接続できない。しかし，変形して「もうやめるんだ」と命令に用いることは可能である。また「もうやめてほしいんだ」と依頼に用いることも可能である。したがって「のだ」は話し手の主体的関与と親和性があるとされ，φ形よりも話し手よりのモーメントをもつと考えられる。［(＋)話し手］と記しておこう。「のだ」と機能が変わらないとされる下降調の「の」も同様であろう。事実，平叙文の文末に置かれた「の」を下降調に強く発音して聞き手に差し出すと（例，「すぐに宿題をやるの↓」「すぐにしてほしいの↓」），話し手の関与が高い命令や依頼として機能する。したがって「(＋)話し手」という分析結果としておこう。

さて，メッセージ文のモダリティ要素である文末詞の働きは，これまで主に話し手の立場から，あるいは用法の観点から分析されてきた。聞き手は指標されたモダリティを正しく知覚する受動的存在と見なされてきたと言える。それ故，文末詞によって聞き手内部にどのような知覚が生じ，それがメッセージ文の処理にどのような影響を与えるかは，ほとんど探求されてこなかった。しかし，聞き手の反応を理解することなしに，言語的相互行為を理解することは困難である。そこで，次節では，平叙文において文末詞「の」が使用されるとき，聞き手が知覚するモダリティを心理学的手法により明らかにする。

4．文末詞「の」の"知覚されるモダリティ"

従来，言語使用の観点から解明されてきたメッセージ文のモダリティは，命題に対する話し手の捉え方や話し手の対人的伝達態度とされ，聞き手への言及はない。しかし，言語的相互行為が発生する場には聞き手がおり，聞き手は受動的な存在というよりも相互行為の中で共に意味を作り出したり，独自に意味を生じさせたりする能動的な参加主体である。そこで前節において分析された

意味素性と,聞き手によって"知覚されたモダリティ"から推定される意味素性を比べてみよう。

対話事態ではないが,SNS(ソーシャル・ネットワーク・サービス)上の書き手と読み手を想定して,φ形文あるいは文末詞「の」付加文を読んだときに,読み手が知覚する書き手の相互行為意図を調べた研究がある。伊東・永田(2007)は女子大生の一日を綴った文章(宮沢・二宮・大野木,1991)に関して,φ形文から構成される刺激文章と文末詞「の」付加文から構成される刺激文章を作成した(表1-1)。参加者は大学生男女95名である。参加者はそれぞれの文章を静かに発話しながら読み(各2分間),その後両文章を比較しながら書き手が文章を書いたときの意図を評定した。評定対象となる意図は,記録意図と相互行為意図であった。記録意図は「一日の出来事を書いておきたい」,相互行為意図は「一日の出来事を聞いてほしい」「一日の出来事に共感してほしい」「読み手との関わりを持ちたい」「何らかの反応を期待している」とされた。評定は"そうだ(2点)"から"ちがう(-2点)"までの5段階評定であった。

結果を図1-2に示した。φ形文から構成された刺激文章については,記録意図は正の値を示しているが,相互行為意図はどれも負の値であった。一方,文末詞付加文から構成された刺激文章では,記録意図よりも相互行為意図が

表1-1 刺激文:φ形文と文末詞付加文(○に「の」が付加されている)

朝起きて,新聞を取り上げ,まずはテレビ欄,次に社会面をみて,興味ある記事を拾い読みした○。コラムと最近面白くなった国際情勢面,それに社説を読んで,深夜に予約録画しておいたトーク番組を再生しながら朝食をとった○。 　2時間目の専門科目の講義に間に合うように電車に飛び乗って,読みかけの黒川三郎の世界に入った○。 　生協での昼食の後で,友人のB子と図書館に入り込み,4限目のゼミ発表のネタ本探しをして,読み合わせをして,重要な部分をノートに写し取った○。 　無事に発表を終えて,急いでバイト先の家庭教師宅へ行った○。そこで,中2の子に「先生,インターネットって何のこと?」と聞かれて,今朝し入れた新聞記事を受け売りした○。 　帰宅後に夕食を自炊して,テレビを見ながらゆっくり食事をした○。その後は,久々に教員採用試験用の問題集に取り組み,快く疲れて眠りについた○。

宮沢ら(1997)に掲載された文章の文末を改変した。

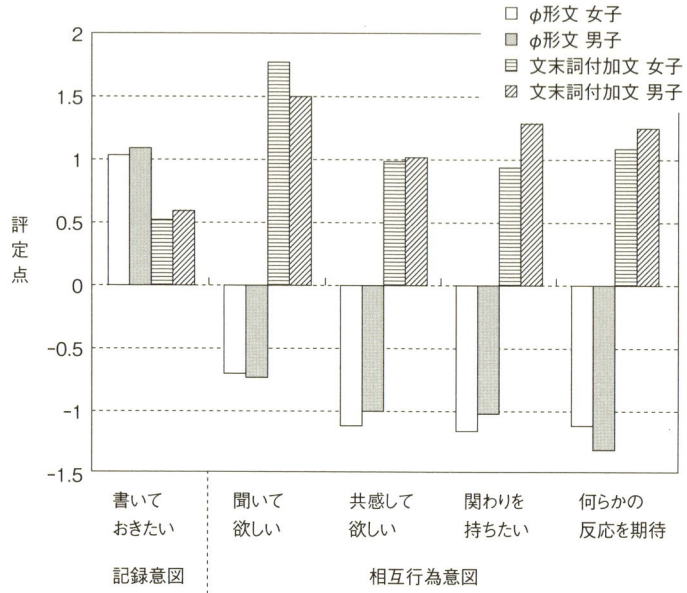

図1-2 知覚された書き手の意図（伊東・永田（2007）における数値を用いて作成）

はっきりと知覚されている。男女とも「聞いてほしい」に関する評定値は特に高い。さらに「共感してほしい」「関わりを持ちたい」「何らかの反応を期待している」のように、書き手が応答に対して待ち受け状態にあることが知覚されていた。それぞれの意図について刺激文と性差を要因とする分散分析では、各々で文末形態の主効果が認められている。

読み手によって知覚された意図を一言で述べるならば、「要関与モダリティ」であろう。書き手が書いた出来事やそれに対する主観に読み手の関与を招いていると、読み手は知覚している。この結果は、先の用法に基づく分析とは異なる意味素性である。φ形よりも読み手の方へ近づくモーメントをもつ［(＋)聞き手］の指標性を帯びていることになる。

言うまでもなく文末詞「の」は使用される状況やイントネーションによりその働きは変化する。しかし、ここで重要なことは、聞き手（読み手）が独自のモダリティ知覚を生じさせ、それに反応して応答する場合があるということで

ある。すなわち，用法に基づく意味素性分析では話し手の主体的関与をこめた言明（＋話し手）を指標する言語要素が，対話場面では聞き手の関与を請うている（＋聞き手）と聞き手によって知覚されているのである。ここに相互行為のおもしろさがある。

5．文末詞「の」の情報処理への影響：記憶の促進

　言語的相互行為における聞き手(読み手)に知覚されるモダリティの発見は，文末詞がメッセージ内容の情報処理に与える影響を探求する手がかりを与えてくれる。
　私たちが自由な会話を楽しんでいるとき，そこは複数のメッセージ文が行き交う場である。私たちは，日常，それらの文のすべてに同等の注意を向けて聞くことはしない。メッセージ内容に依存して注意が喚起されたり，特定モダリティの知覚が注意の向け方に影響したりして，適切な応答を生成しながら会話を進めていると思われる。例えば，友達同士がいくつかの荷物を運んでいる状況で，下記の①②③のメッセージ文が発話されたとする。

　　これ，重いね。　　①
　　これ，重いよ。　　②
　　これ，重いの。　　③

①の場合は，友達同士で荷物の重さやそれを運ぶ経験を共有しようとするモダリティが知覚され，勘どころのある応答としては「そうだね，一緒にがんばろう」であろう。②の場合は，話し手が荷物の重さを述べ立てているとのモダリティが知覚され，勘どころのある応答としては「そうか，気をつけて頑張って」であろう。③の場合は，話し手が重いと思っている自分に聞き手に関与してほしいとのモダリティが知覚され，勘どころのある応答としては，「あ，そうなの。手伝いましょうか」であろう。③の話し手は女性であろうが，聞き手が男性であり，その応答が「そうか，頑張れ」であるとき，彼は気が利かないと思われかねない。
　文末詞「よ」は，メッセージ文を差し出す話し手の主観に聞き手が参加する余地がない。「ね」の場合は，話し手が聞き手に接近して主観の共有を誘うの

で，聞き手が話し手と同じように重いと感じれば「そうだね」と返すが，重いと思わなければ「それほどでもないよ」と返すことになる。一方「の」の場合は，話し手の主観に関与してほしいと聞き手が知覚するので，聞き手は話し手の主観に注意をより向けるであろう。このように文末詞は聞き手の注意に影響を与えると考えられる。話し手の主観に注意が向けられる場合は，そこに認知資源がより注がれるので，メッセージ文がよりよく記憶に残る可能性がある。

文末詞「の」がメッセージ文の記憶に与える影響を調べた研究がある。伊東（2010）は複数の短文を刺激文として，文末詞「の」付加文とφ形文を混在させた刺激リストを用い，大学生男女を対象に記憶実験を行った。文末詞「の」が要関与モダリティの知覚を引き起こし，それがメッセージ文に注意をより向けさせるならば，「の」付加文はφ形文より記憶に残りやすいと予測される。

実験刺激の元材料として，「〜を……したい」というメッセージ文が20個用意された。実験に使用される刺激リストは，文末詞付加文とφ形文の混合リストである。各文末形態に関しては2連を許して1番から20番まで任意に配列したリストが数種類作成された。どの内容のメッセージ文がリストのどの位置に挿入されるかは，リストごとに異なる。各文末形態のリストにメッセージ文を挿入した刺激例を表1-2に示した。各刺激文はA4判白色ボール紙の中央にMSPゴシック体，黒色80ポイントで印刷された。

各刺激文の提示時間は3秒，提示間間隔は2秒として，実験者が1枚ずつ提示して読み上げた。教示は「これから示す複数の文は，ある女子学生の雑多な願望を表しています。文末に助詞がつく場合がありますが，皆さんは文内容を記憶して下さい」であった。記憶テストは，直後自由再生と1週間後の遅延自由再生である。

複数の文が次々に飛び交う状況下での文末詞「の」の影響を調べるために，系列位置曲線で認められる初頭性効果と新近性効果の影響を受けない範囲のデータが分析された。系列位置曲線に関する古典的研究（Glanzer and Cunitz, 1966；

表1-2　刺激例

本を売りたい
鳥を飼いたいの
足を鍛えたい
色を選びたいの
夢を与えたいの
里を訪ねたい
友を送りたい
庭を歩きたいの
道を知りたい
飴を作りたいの
兄を呼びたい
森を走りたいの
店を開きたいの
窓を飾りたい
靴を買いたい
柿を食べたいの
貝を並べたい
笛を習いたいの
海を渡りたい
壁を変えたいの

伊東（2010）に基づき作成

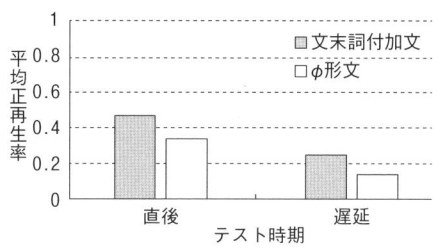

図1-3　φ形文と文末詞付加文の記憶成績
(伊東(2010),一部凡例名称を変更)

Glanzer, 1972)に基づき,刺激リストの6番目から13番目までが分析対象とされた。

文末詞付加文とφ形文の正再生率に関しては,図1-3に示すように,直後の平均再生率は文末詞付加文.47, φ形文.34であり,1週間後は文末詞付加文.25, φ形文.14であった。直後再生においても遅延再生においても,文末形態の主効果が認められている。文末詞「の」が使用された場合はφ形文で提示された場合に比べて,文内容が記憶に留まりやすいことがわかる。

なお,明確な［＋話し手］の意味素性をもつ「よ」を文末に使用して,文末詞付加文とφ形文を混合させた刺激リストを用いて同様の実験が行われたが,「よ」の場合は文末形態による記憶成績の差は認められていない。言語使用の観点に立った分析では,「よ」の方が「の」よりも主張が強い。このため「よ」を使用した方が記憶に残るように思われる。しかし,「よ」の場合は話し手の主観に聞き手が関与する余地はなく,対人的な注意喚起は生じなかったのであろう。

これまで述べてきたように,知覚されるモダリティとそれが情報処理に与える影響を知ることは,関係の維持構築を目的とする言語的相互行為を理解するうえで重要である。次節では,私たちがモダリティの知覚に鋭敏である理由を社会的認知的観点から考察する。

6．社会的認知的活動としての文末詞使用

日本語において,文末詞を用いた表現は一種の待遇表現であると言われる。

辻村（1967）は待遇表現を「話し手・聞き手・素材の間の尊卑・優劣・利害・親疎の関係に応じて変化する言語形式」と規定している。会話のように言語的相互行為が局所的連鎖として展開される場では，聞き手はメッセージ文の命題を処理するだけではなく，話し手が情報に関してどのように関与しているか，聞き手に対してどのようなスタンスなのかについてのモダリティも知覚して応答しなければならない。文末詞は，表情やしぐさと同様に，話し手の認識スタンスや対人的スタンスを指標して，聞き手の情緒的言語的身体的反応を引き起こす[2]。

文末詞の使用が話し手の認識スタンスや対人的スタンスを指標することは，次のエピソードからもうかがえる。以前，筆者は年下の同僚と電車の中で一緒になり，仕事場を離れてたわいもない会話を楽しんでいた。そのような場でも彼女は私に対し丁寧語を使用していたが，仕事でのハプニングについて密やかな口調で話すとき，「おおっぴらにはいえない話なんだけどさ」と仲間に話すような文末表現になった。筆者は一瞬違和感をもったが，すぐに「なに，どう

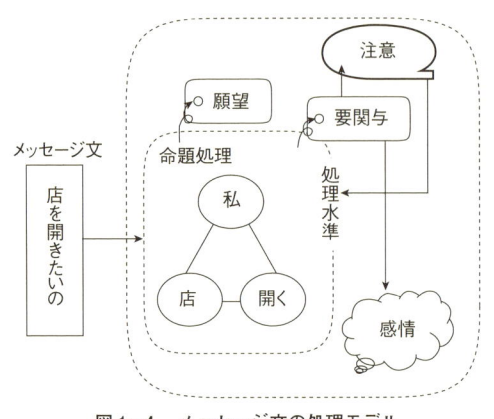

図1-4　メッセージ文の処理モデル

2）このような言語の捉え方は，言語を自律的なシステムと見なすのではなく，言語的営みは社会的・認知的な枠組に埋め込まれたものとする考え方である。例えば，ガンパース（Gumperz, 1982）は言語的・非言語的シグナルはその指示的な意味をもつだけではなく，その時点での文脈的手がかりを喚起させ，解釈の手がかりとなるように配置されるとした。非指示的に指標される認識スタンスや情緒的スタンスの働きに関してはオークス（Ochs, 1990）や湯川（1999）が参考になる。

したのさ」と同様の文末表現で顔を寄せて応えた。先輩後輩という社会的距離を保った文末から親密さを示す文末への変化は，彼女の内部で筆者が先輩からちょっとした秘密を共有しようとする仲間へと変化したことを暗示する。このように，話し手が聞き手に対して抱く関係性は，状況に応じて刻々と変化する。その心情が文末詞の使用あるいは文末表現に反映されるので，聞き手は話し手の心情の変化を察することができる。

メッセージ文の局所的連鎖を繰り返す場では，話し手と聞き手が何度も入れ替わり，互いに適切な命題処理とモダリティ知覚を行うことが要求される。したがってメッセージ文のモダリティ知覚は命題処理と並行して高速で生起すると考えられる。図1-4にメッセージ文の内的処理を図式化して示した。「店を開きたいの」というメッセージ文を聞いたとき，聞き手内部ではその命題処理と並行してモダリティ知覚が生じ，「モダリティタグ」が生成されると仮定する。この場合の対人モダリティタグは「要関与」タグである。「要関与」タグは注意を喚起し，それが命題の処理水準に影響を与えると考えられる。また話し手と聞き手の関係性に応じて，対人モダリティタグは何らかの感情を生起させる可能性もある。これらを総合して応答が生成されるのであろう。あるいは応答が控えられることもあり得る。このように，差し出されるメッセージ文の言語要素の自律的働きだけではなく，聞き手内部の反応や解釈が予期せぬ意味を作り出し，動的な意味文脈の展開を可能にする。

それではなぜこのように素早いモダリティ知覚とその影響が生起するのだろうか。会話のように早い速度でメッセージ文をやりとりする場合，荻原(2008)の「会話目的達成理論」が説くように，聞き手は早い段階で話し手の会話目的を知りたいと思う。さらに話し手の認識スタンスや対人的スタンスを察知したいと思う。なぜなら，私たちの日常的な認知は経済的な処理を行っている（認知の経済化仮説（仁平，2005））ので，差し出された言語的情報すべてを正確に処理しようとするのではなく，目的に応じて注意の配分や処理水準の深さを変化させるからである（処理水準仮説：Craik and Tulving (1975)）。これらは認知的な理由と言えよう。これらの認知的理由に加えて下に述べる社会文化的な理由があると思われる。

本章では，最初に，言語的相互行為をメッセージの伝達のためだけではなく，

社会的な関係の構築や維持のための社会的共同活動として捉えた。このような場では，話し手と聞き手の今ここでの意図や関係性のモダリティを知覚し，何が期待されているかを推論し，応答を調整しながら違和感のない言葉を交わさねばならない。この解釈や推論の手がかりとなるのがモダリティ要素としての文末詞である。したがって文末詞の使用やその解釈は，文法的な知識を基礎としながらも，その言語運用を行う社会文化的営みに根ざした共通の暗黙知に基づき，その場の文脈を参照して生成的に行われるものである。

　言語の研究は歴史的に言語を自律的なシステムと見なし，その構造や意味，そして生成規則を解明してきた。そこでは聞き手だけではなく，話し手も受動的な存在であり，言語を正しく生成し理解する存在として位置づけられがちである。しかし，言語運用は認知的・社会文化的な人間活動の営みに埋め込まれた行為である[3]。話し手と聞き手は互いに入れ替わりながら，文脈に依存して妥当な解釈を構築しつつ，共に新たな意味や関係性を共同構成する。その局所的連鎖では知覚的認知的社会的な過程が生起する。文末詞はこのようなダイナミックな営みの中で息づき，連鎖の勘どころを指標しつつ，人と人をつないでいるのである。

■文　献

Craik, F. I. M., and Tulving, E. (1975). Depth of processing and the retention of words. *Journal of Experimental Psychology, General*, **104**, 268-294.
藤原与一（1990）．文末詞の言語学　三弥井書店
Glanzer, M. (1972). Storage mechanisms in recall. In G. H. Bower (Ed.), *The psychology of learning and motivation* (Vol. 5). New York: Academic Press. pp. 129-193.
Glanzer, M., and Cunitz, A. R. (1966). Two storage mechanisms in free recall. *Journal of Verbal Learning and Verbal Behavior*, **5**, 351-360.
Gumperz, J. J. (1982). *Discourse strategies*. Cambridge, MA: Cambridge University Press. （井上逸平・出原健一・花崎美紀・荒木瑞夫・多々良直弘（訳）（2003）．認知と相互行為の社会言語学—ディスコースストラテジー—　松柏社）
伊東昌子・永田良太（2007）．談話場における相互行為の構築に関わる文末詞の修辞機能

3）井上（2003）は，言語を自律的なシステムと見なす言語観に対して，言語を社会的認知的な営みに埋め込まれたものとして探求する新たな研究パラダイムについてわかりやすく簡潔に解説している。本章が言語学におけるどのような理論に対するアンチテーゼであるかに関心のある方は参照されたい。

認知科学, **14**（3）, 282-291.
伊東昌子（2010）. 文末詞「の」が記憶に与える影響：相互行為の観点から　認知科学, **17**（2）, 287-296.
井上逸兵（2003）.「非言語」と「非指示」の言語学, あるいは非「言語学」　三色旗, **666**, 6-11.
宮崎和人・安達太郎・野田春美・高梨信乃（2002）. モダリティ　くろしお出版
宮沢秀次・二宮克美・大野木裕明（1991）. 自分でできる心理学　ナカニシヤ出版
仁平義明（2005）. エラーはどのようにして見逃されるのか―エラーの検知と修正のモデル　仲真紀子（編）認知心理学の新しいかたち　誠信書房　pp. 47-72.
日本語記述文法研究会（2003）. 現代日本語文法4：第8部モダリティ　くろしお出版
荻原千佳子（2008）. 言いさし発話の解釈理論：「会話目的達成スキーマ」による展開　春風社
Ochs, E. (1990). Indexicality and socialization. In J. W. Stigler, R. A. Shweder, and G. Herdt (Eds.), *Cultural psychology: Essays on comparative human development*. Cambridge, MA: Cambridge University Press. pp. 287-308.
滝浦真人（2008）. ポライトネス入門　研究社
辻村敏樹（1967）. 現代の敬語　共文社
湯川純幸（1999）. 言語的相互行為における情緒的および認識的スタンスの標示―オークスの指標性のモデルと日本語談話分析　吉田彌壽夫先生古希記念論文集編集委員会（編）　日本語の地平線　くろしお出版　pp. 401-412.

● 第 2 章 ●●●
他者の感情認知と交渉[1]

佐々木美加

1．交渉のコミュニケーションと感情

　本章では，感情を認知するプロセスが交渉のコミュニケーションに与える影響に関する研究を紹介する。まず，交渉とはどのようなコミュニケーションかというと，「誰かと他の誰かが意見の食い違いを話し合って，何とか一致点を探ろうとするコミュニケーション」だと言える。例えば，あるバイクを購入する際に，売り手と買い手が価格をいくらにするかをめぐって交渉する場合を考えてみよう。価格が1つに決まらないと売買は成立しないので，売り手と買い手は，価格が合意点にいたるまで交渉を行うことになる。仮に売り手がより高い価格，買い手がより低い価格を提示して合意に達しなければ，交渉は決裂となる。

　カーニバルら（Carnevale and Isen, 1986; Carnevale and Pruitt, 1992）は，交渉とは，利害の不一致を解決する目的で2者以上の当事者が相互作用を行い，共同意思決定を行うプロセスのことだと定義している。異なる思考プロセスをもった他人同士が共同で意思決定を行うのであるから，当然一方は，他者が今どのような状態で何を考えているかを理解しようとする。そのため，相手のことをどのように認知するかが，交渉において重要な意味をもつのである。なかでも，交渉相手の感情を知ることは重要だ。例えば，交渉相手がこちらに好意的感情を示していれば，友好的に交渉を進めることができるだろうし，交渉相手が敵意をむき出しにしてくれば交渉は決裂するかもしれない。

1）本研究は，科学研究費補助金・基盤研究（C）（課題番号　22530682　研究代表者：佐々木美加）を受けて行った。

交渉をまとめるためには，どのような感情が有益か，そうした観点から交渉と感情の研究が行われるようになった。一般的に，交渉者同士が好意的感情を表出する方が，交渉は進めやすいと考えられている。交渉におけるポジティブな行動は，相手に互酬性を促すことが示されている (Thompson, Peterson, and Brodt, 1996)。つまり，相手が好意を伝えてくれたおかえしに，他方も好意を伝える，という互酬性原理が両者に成立しやすくなるというわけである。逆に相互作用の相手に敵意があると感じると，受け手は対決的行動に出ることが，実験的に明らかにされている (佐々木, 2006; Sasaki and Ohbuchi, 2000)。このように，好意的・敵意的，相手の行動がポジティブかネガティブかという観点から，相互作用の原理が検討されてきた。しかし，ポジティブ／ネガティブという枠組みだけでは，交渉に影響する感情の影響を十分に捉えられていない。近年，ポジティブ／ネガティブという感情の質ではなく，対人的機能の側面から感情の質の研究が進み，それらと交渉結果の関連が明らかにされてきている。

2．交渉において表出された感情の対人的機能

［1］感情の適応機能

戸田（1992）は，感情は環境に適応的な行動を感情の体験者に選択させるシステムである，と指摘している。人間を適応させるシステムとしての感情には，謝罪，罪悪感などがあげられる。謝罪には，その対象となる相手の怒りを収める効果がある。そのメカニズムとして謝罪が「うっかりあなたの権限を侵害いたしましたが，誤りでしたので退去します。ですから私を攻撃しないでください」という信号を発しているからだと考えられている（戸田, 1992）。

大渕（2010）は，謝罪には罰や損失の拡大を避ける効果がある，と指摘している。その効果が生じるのは，謝罪によって謝罪の受け手の怒りや敵意を和らげるからであり，つまりこれは感情を宥和して和解を引き出していると言える。このように相手からの攻撃を防ぐために相手から和解を引き出すことは，社会関係を築くために必要なスキルであると指摘されている（佐々木, 2007）。交渉においても，相手から和解を引き出すことは有用だと考えられる。例えば，

交渉中に、やり過ぎてしまったとき、うっかり相手の権限を侵してしまったとき、相手の体面を傷つけてしまったときなどは、謝罪して相手と和解する方が得策だろう。

［2］社会関係を維持・修復する感情

社会関係の維持や修復のためには、和解を引き出すことは適応的であると言える。相手に和解を目的とした動機や感情を引き起こす行動は、宥和行動（appeasement behavior）と定義されている（Keltner and Buswell, 1997）。先に述べた謝罪も、怒りや攻撃を抑制し、宥和を促進する効果が確認され（Darby and Shelenker, 1989）、宥和行動の1つと考えられる。動物の宥和行動は、食料の争奪や縄張り争いなどの生存競争で興奮した相手をなだめ、攻撃を回避するために用いられる。これらの行動はヒトの困惑や恥の感情表出と類似していることがわかっている。動物は、耳やしっぽを垂れて服従を示し、ヒトの場合は赤面したり、きまりの悪そうなしぐさをするなど、従順な非言語表現を示すとされている。

例えば、犬同士がけんかに負けそうになったとき、うつむき加減に耳やしっぽを垂れ、上目づかいに後ずさりしていく。こうなるとけんかの相手だった犬も、深追いはしない。ヒトの場合、視線が左右に泳ぎ、頭をかいたり顔や髪を触ったりして、照れたりや恥ずかしがっていることを示す。失敗したり過ちを犯した場合、ヒトは恥じたり困惑して、こうしたしぐさを行う。恥じ入る相手や困惑する人を責める人はあまりいないだろう。これは先述の戸田（1992）の謝罪が攻撃防止効果を促す信号とした説と同様、困惑や恥が攻撃宥和を促す信号となっているのである。

ケルトナーとバズウェル（Keltner and Buswell, 1997）は、困惑や恥、罪悪感を表出することで、それを認知した相手（相互作用の相手）が和解を動機づけられる、というプロセスを宥和プロセスと定義した。ケルトナーら（Keltner, Young, and Buswell, 1997）は、規則違反や社会的距離など社会関係の阻害に対して、服従・恭順や友好性の表出という宥和行動が行われることによって、攻撃の低減・社会的接近といった和解が生じるというモデルを提唱している（図2-1参照）。

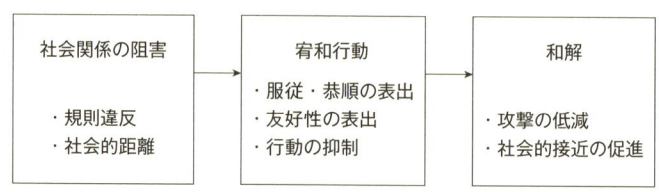

図 2-1　宥和のプロセス（Keltner, Young, and Buswell（1997）を一部改変）

　ケルトナーらは（Keltner and Buswell, 1997），恥は困惑と異なり，自己の核心部分に関する達成期待に対する違反が含まれるとしている。彼らは，恥の場面として，プレゼンテーションを行ったが失敗したという例を挙げ，困惑よりも恥が圧倒的に生じやすいことを示した。恥の場合，違反の原因を個人的特性に帰属するものであると言える。ケルトナーら(Keltner and Buswell, 1997)は，困惑や恥が宥和を生じるプロセスとして，まず規則違反など社会的違反が存在し，社会関係の危機が生じ，その修復のために宥和的相互作用が行われると主張している。

　困惑の宥和機能についての実験研究としては，佐々木（2009）が，社会的違反を犯した同僚から，怒りあるいは困惑を表出された場合，相手の感情をどのように認知的に処理し，それに基づいてどのような動機を強めるかを実験的に検討している。その結果，社会的違反者が怒りを表出していると解読した場合には（怒り認知），相手を回避しようと動機づけられ，社会的違反者が後悔し反省していると解読した場合は(後悔認知)，逆に回避動機は弱められていた。また，相手から困惑が解読されると（困惑認知），相手を修正しようとする動機は弱められ，相手との関係を維持しようとする動機が強められていた(図 2-2参照)。

　こうした宥和機能をもつ感情が，交渉場面で宥和的行動を促進することも見出されている。ヴァン・クリーフら（Van Kleef, Manstead, and De Dreu, 2006）は，メールの相互作用を用いて，葛藤のある交渉場面で感情の宥和効果を検討した。実験では，メールで携帯電話の売買の交渉が行われ，これに関して実験参加者と実験協力者がメールによる相互作用を行う。実験協力者の感情を表すことばがメールで提示され，落胆，心配，罪悪感，後悔，統制条件の 5 条件が設定された。これを受信した実験参加者の反応が測定された。

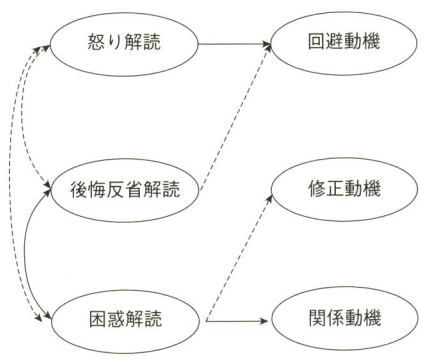

実線は正の影響，破線は負の影響を示す。
図2-2　社会的違反者の感情と観察者の動機
（佐々木（2009）を一部改変）

　実験の結果，罪悪感や後悔という宥和感情よりも落胆や心配といった哀願感情を認知した実験参加者の方が譲歩を促進することが示された。ただし，こうした宥和効果が見られるのは，相手が協調的であると信頼できるときに限られており，相手が対決的である場合には見られていない。すなわち，相手が協調するという社会規範が保障されている場合にのみ，感情の宥和機能が働いたということを意味する。この研究ののち，ヴァン・クリーフのグループは，交渉場面において表出された怒りが，その認知者に譲歩を促進する効果について実験研究を蓄積し，これらをもとに感情の対人的効果に関するモデルを提唱することになる。

3．怒りが交渉に与える影響

［1］交渉相手の怒りと譲歩

　戸田（1992）によれば，人が怒りをあらわにすることは権限を侵害するものへの警告信号を発する機能があり，動物の縄張り行動の延長線上にあると言う。すなわち，怒りを表出することによって，怒りの受け手が表出者の縄張りを侵さないように働きかけていると言える。
　一方，政治の世界では，瀬戸際外交で不快感や怒りを強く表明し，譲歩を引

き出そうとすることがある。古くはイギリスの元首相チャーチルが，譲歩を引き出すために怒りを効果的に使っていたと言われている（Sinaceur and Tiedens, 2006）。

　怒りを表出することは，どのような場合に交渉において有利に働くのであろうか。それらを検証した実験を，いくつか紹介しよう。シナスールとティーデンス（Sinaceur and Tiedens, 2006）は，怒りの表出が，表出者のタフネスだと知覚されると，受け手は譲歩を行うと予想した。ただし，譲歩を行うのは受け手にあまり選択の余地がない状況で，相手が強硬な態度をとるときに限られた。

　シナスールとティーデンス（2006）は，怒りを表出した相手に対し，受け手がどのくらい譲歩するかを実験的に検討した。実験では，ハイテク製品の購入に関する交渉で，責任保証額，修理期間，交換部品の値引きの条件が提示され，それらをどのくらい譲歩するかが測定された。交渉の受け手の要因としては，交渉相手の選択の余地があるかどうかが用いられた。売り手の感情が要因として操作され，怒った言い方か，怒った様子がないかがシナリオで提示された。

　実験の結果，相手が怒りを示す方が譲歩の程度は強くなっていた。選択肢が多い場合には，相手が怒りを示そうが示すまいが，譲歩に関わりなかったが，選択肢が少ない場合には，怒りが示されると譲歩が強まることが示された。また，求職者とリクルーターのそれぞれの役でのロールプレイングの実験も行っている。リクルーターの側は，怒りを表出する条件と感情を表出しない中立条件が設定された。就職状況が悪く，求職者側の選択肢はあまりない状況だと説明された。

　これらの就職の交渉において，求職者は，怒りを表出するリクルーターに対しては，主張が弱くなり，譲歩していることが示された。この場合，リクルーター側の怒りの強さによって求職者の主張の強さが決まるのではなく，リクルーターが怒りを表出したときに求職者がそれにタフさを感じた場合に，主張の強さが決まることが示されたのだった。すなわち，受け手の側に選択の余地がない場合，交渉相手が怒りを表出し，そのことから相手がタフ・ネゴシエーターだと感じると，受け手は譲歩をしてしまうということだ。

　では，タフさ，粘り強さを表すような怒りを表出すれば，相手はいつも譲歩

してくれるだろうか。これには賛同しにくい。交渉の状況には，怒っていい場面と悪い場面がある。それを検討したのが，ヴァン・クリーフとコートの実験（Van Kleef and Côté, 2007）である。彼らは，怒りの表出が交渉に有効であるかどうかは，その交渉の状況が，怒りが表出されてよい状況か悪い状況か，つまり怒りが表出されるに適切であるかどうかが，決め手になると考えた。

彼らの実験では，怒るのが当然とする状況と，怒るのが不適切だとする状況が設定された。交渉では，他に交渉相手がなく，相手の立場が強い（受け手のパワーが弱い）場合と，こちらには他にも交渉相手があるという相手の立場が弱い（受け手のパワーが強い）場合が設定されていた。実験参加者は，相手が適切な状況で怒りを表出する相手か，不適切な状況で怒りを表出する相手，あるいは感情を表出しない相手と交渉を行った。

その結果，受け手のパワーが強い場合，受け手が報復したいという欲求が強くなり，実際の報復行動が多く行われ，パワーが弱い場合は受け手が報復したいと思っても報復はできなかったのだ。彼らは，同様の実験を携帯電話販売の交渉の状況設定でも行っている。交渉は1回限りではなく，6回まで続けられ，最良の戦略が使われるかどうかが検討された。実験の結果，受け手のパワーが強い，つまり立場が強い場合には，相手から不適切な怒りが表出されると，交渉の回が重ねられるにつれて，要求が強められていくが，パワーが弱い場合には，怒りが表出された場合は，それが適切であっても不適切であっても，感情が表出されない場合に比べて，要求は引き下げられてしまう。

相手から不適切な怒りが表出された場合，報復欲求はもつのだが，こちらの立場が弱いときは，それが実際の報復行動には結びつかないということが示されたのである。立場が弱いと，理不尽な対応にも忍の一字で我慢するということなのだろう。

[2] **感情の影響は戦略か**

怒り表出が交渉において効果があるかどうか，それを幸福表出と比較したものがある。ヴァン・クリーフら（Van Kleef, De Dreu, and Manstead, 2004）の研究では，怒りと幸福と感情なしという条件で，受け手の要求の強さがどのような影響を受けるかを実験的に検討した。彼らは，表情の影響として社会的伝

染仮説と，戦略的影響仮説という 2 つの対立仮説を立てて実験を行った。

社会的伝染仮説は，表出者の情動が受け手の側にも伝染し，同様の効果をもたらすという仮説である。この場合，相手が怒りを表出すると，受け手の方も攻撃的に行動すると考えられる。つまり，相手が怒りを表出した場合，受け手は要求をさらに強め，譲歩の程度は小さくなると予想される。

一方，戦略的影響仮説は，表出者の感情に対して戦略的に行動すると予想している。戦略的影響が生じるとすると，相手が怒りを表出すると，受け手は怒りを懐柔するように行動する。つまり，怒りを示す相手に対しては，幸福を示す相手よりも要求を低くし，譲歩量は大きくなると予想される。

実験の結果は，怒りを表出する相手に対しては，幸福を表出する相手や感情を表出しない相手に対してよりも，要求は下げられていた。さらに，交渉の回数を重ねるに従って，要求の程度は弱められていった。これは，戦略的影響仮説を支持する結果であった。

実験 2 では，相手の譲歩幅が大きいとき，中程度のとき，小さいときに相手が表出する感情の影響を検討した。その結果，相手の譲歩幅が小さいときや中程度のときは，怒り感情を表出する相手よりも幸福感情を表出する相手に対してのほうが，要求レベルは高くなっていたが，相手の譲歩幅が大きい場合，怒りを表出する相手に対する要求と，幸福感情を表出する相手に対する要求には，差が見られなかった。すなわち，交渉相手が大きく譲歩してくれる場合には，相手がどのような感情を表出しようとも，それほど考慮しないということになる。それは，すでに大きな譲歩を得ていて，わざわざ相手の表情をうかがって戦略を立てる必要がないということを意味するのだろう。

しかしこれらの実験では，交渉相手がそうやすやすと譲歩しない場合，怒りをあらわにする相手には，幸福を示す相手よりも譲歩を強めることが示された。しかし，それは怒る相手に譲歩して良い結果を得ようという戦略なのか，幸福を表す相手に強気に出る戦略なのかを見分けることはできなかった。

［3］感情の対人影響モデル

ヴァン・クリーフ（Van Kleef, 2008）は，感情を交渉や対人葛藤における相手の情報として扱う対人相互作用のモデルを提唱し，これを感情の社会的情

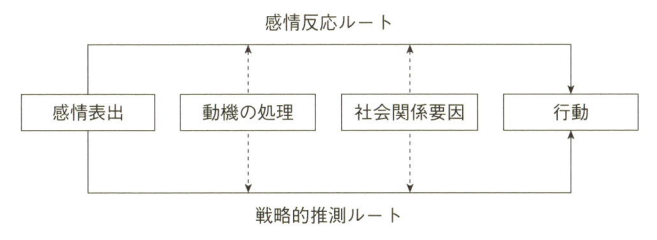

```
                    感情反応ルート
         ┌─────────────────────────────┐
         ↓                             ↓
    ┌─────────┐  ┌─────────┐  ┌──────────────┐  ┌──────┐
    │ 感情表出 │  │ 動機の処理 │  │ 社会関係要因 │  │ 行動 │
    └─────────┘  └─────────┘  └──────────────┘  └──────┘
         ↑                             ↑
         └─────────────────────────────┘
                    戦略的推測ルート
```

図 2-3　EASI モデル（Van Kleef（2008）を一部改変）

報モデル（emotions as social information model: EASI モデル）と名付けた。EASI モデルでは，交渉において感情が影響する過程に戦略的推測（strategic inferences）と感情反応（affective reactions）という 2 つのルートが想定されている。彼は，前者を交渉相手の感情表出を交渉者が情報処理する過程とし，後者はより感情的なルートで，交渉相手の感情表出から受け手が印象形成を行ったり，交渉への満足感や，将来の交渉意思や，行動の対決性に影響する感情反応過程であるとされる（図 2-3 参照）。

　2 つのルートは，競合的関係にあり，どちらのルートを通るかは，戦略的に行動しようとする動機をもつか，あるいは直観的感情に基づいて行動しようとする動機をもつかによって選択される。さらに，それらの動機を媒介する要因として，それぞれ情報処理動機，社会関係が関連していると考えられている。例えば，時間の制約があり情報処理ができない場合には，相手の感情を情報処理して交渉行動を決定しないことが，根拠としてあげられている。

　それまで交渉の諸研究において，相手の対決的感情が他方の譲歩を促進するのか，あるいは強硬姿勢を助長するのかは，宥和行動の場合と感情の影響の方向がまったく逆を指す結果で，解釈に困難を極めていた。これに対し EASI モデルでは，戦略的情報処理過程と感情反応過程という異なるルートを仮定することにより，交渉に与える影響が相反する結果の統合が試みられた。すなわち，交渉相手が怒りや不満などの対決的感情を示した場合，その感情を情報処理することによってパワーや意図を理解し，譲歩という妥結的方向に進む場合は戦略的情報処理ルートであるとされた。

　もう一方の感情反応ルートは，地位，相互依存，組織・文化的規範などの社会関係要因と関連すると想定されている。例えば，相手が笑顔で接してくれば

こちらも笑顔で接するという互酬性原理や，困惑している相手にはそれ以上攻撃しないという社会規範などである。これらが強いと感情ルートが強まり，戦略ルートが弱まると考えられている。一方で，交渉相手から怒りが表出されたとしても，それが交渉提案自体に向けられると戦略ルートに傾くが，パーソナリティに向けられると，感情ルートを取りやすいことが示されている（Steinel and De Dreu, 2004）。

だが，ヴァン・クリーフが仮定するような感情ルートが強まると戦略ルートが弱まる，といった相互関連性が実証されているわけではない。さらに，怒りに対して譲歩を行うことが必ずしも「戦略的情報処理的」で，相手の幸福感情に対して譲歩を強く行うことが「直観的感情反応」とは言えない。つまり，交渉相手に対して配慮し思いやりをもって接しようという動機があるのであれば，それは戦略的に相手の好意的感情に対して，好意的に行動しているとも考えられるからである。

EASIモデルでは，交渉の動機が即，譲歩などの行動につながると仮定されているが，こうしたプロセスには疑問が残る。1つには，ヴァン・クリーフたちの実験方法に問題があるのではないかと思われる。彼らの実験では，感情をメールの文言で操作している。もちろん操作チェックによって感情要因の操作性は確認されているのだが，実際にリアルタイムで交渉の会話を行う場合と，メールで行う交渉とでは，感情を解読する際の認知的資源が違う。

佐々木（2005）の実験では，メールの会話ではポジティブ／ネガティブ両価のメッセージの影響が見られたが，非言語メッセージを対面型会話で行うと，非言語メッセージのポジティビティの影響は見られなかった。これは，対面型会話とメール型会話では，メッセージの処理の際の認知的負荷が異なるからだと解釈されている。

すなわち，メール型の会話では，相手のメッセージは文字として残されているが，対面型会話では，メッセージは音声と共に発現し消失する。そのため，対面型会話では，音声によって発現したメッセージを短期記憶にとどめつつ，メッセージの内容を理解し，返答を考えるという作業を行っている。しかも対面型では，メッセージの情報が言語メッセージだけでなく非言語メッセージも含まれており，情報処理量も多くなる。したがって，対面型会話の方がメール

型会話よりもはるかに認知的負荷が高いと考えられる。

　こうした結果をふまえると，ヴァン・クリーフたちの実験で，感情がメールだけで伝えられているのは，非常に限定的な相互作用を扱っていると言えないだろうか。それはつねに十分相手の感情を解読する認知的余裕がある場合で，通常の対面の相互作用には適用できないかもしれない。さらに，感情の対人的影響を検討するためには，様々なコミュニケーション形態を想定して実験を行う必要があると思われる。

　例えば，相手に和解を促進する宥和行動である，困惑や恥といった感情表出は，必ずしもことばによる表現だけで伝えられるものではない。通常，困惑や恥を言語化して「恥ずかしいです」「困惑しています」などと伝えるよりも，赤面や顔を触るなどの独特のしぐさから，非意図的に伝わる場合が多い。こうした非言語的メッセージから伝わる相手の感情もまた，交渉に影響する可能性がある。「腹が立ちます」など怒りを表す言語メッセージは不自然でないとしても，宥和機能をもつ感情を言語化することは不自然な場合が多く，メールの実験だけではこれら宥和機能をもつ感情が，交渉に与える影響を検討するのは，難しいと言える。

　ヴァン・クリーフ（2008）も述べているが，交渉の枠組みで怒りの効果を検討するだけでは不十分である。そのためには，メールでの交渉実験だけでなく，非言語メッセージを用いることができる交渉実験を，多数行っていかねばならないのではないだろうか。その際，交渉行動に関わる多くの感情や，感情を利用する能力である情動知能との関連も注目していく必要があるだろう。

　佐々木（2009）の実験では，怒りだけでなく困惑の表出が受け手に対して関係動機を強めて和解が期待され，一方で怒りの表出が受け手の回避動機を強めることが確認されている。こうした効果もまた，感情を認知する能力の違いによって変化することが示唆されている（佐々木，2012）。いずれにしても，感情を情報処理する認知的負荷の高さと感情情報の処理能力も考慮に入れたモデルを検討しなければならない。

　また，EASIモデルで想定されている，戦略的か反応的か，というレベルだけではなく，それが結果として譲歩を行うかどうか，など行動自体が和解に進むのか対立に進むのかを，明らかにしなければならないだろう。そのためには，

相手の感情を認知しようとする動機だけでなく，相手との関係をどのようにしたいのか，あるいは交渉によってどのような結果を得たいのか，といった交渉に関する社会的動機を考慮していかなければならないだろう。

■文　献

Carnevale, P. J., and Isen, A. M.（1986）. The influence of positive affect and visual access on the discovery of integrative solutions in bilateral cognition. *Organizational Behavior and Human Decision Process*, 37, 1–13.

Carnevale, P. J., and Pruitt, D. G.（1992）. Negotiation and mediation. *Annual Review of Psychology*, 43, 531–582.

Darby, B. W., and Shelenker, B. R.（1982）. Children's reactions to apologies. *Journal of Personality and Social Psychology*, 43, 742–753.

Fulmer, I. S., and Barry, B.（2004）. The smart negotiator: Cognitive ability and emotional intelligence in negotiation. *International Journal of Conflict Management*, 15, 245–272.

Keltner, D., and Buswell, B. N.（1997）. Embarrassment: Its distinct form and appeasement functions. *Psychological Bulletin*, 122, 250–270.

Keltner, D., and Gross, J. J.（1999）. Functional accounts of emotions. *Cognition and Emotion*, 13, 467–480.

Keltner, D., Young, R. C., and Buswell, B. N.（1997）. Appeasement in human emotion, social practice, and personality. *Aggressive Behavior*, 23, 359–374.

大渕憲一（2010）．謝罪の研究　釈明の心理とはたらき　東北大学出版会

Ohbuchi, K., Ohno, T., and Mukai, H.（1992）. Empathy and aggression: Effects of self-disclosure and fear appeal. *Journal of Social Psychology*, 133, 243–253.

佐々木美加（2005）．協調か対決か：コンピューターコミュニケーションの社会心理学　ナカニシヤ出版

佐々木美加（2006）．会話中の不一致メッセージが受信者の意図帰属，感情，態度に及ぼす影響　社会言語科学, 9, 37–47.

佐々木美加（2007）．対人関係の宥和とことば　岡本真一郎（編著）ことばのコミュニケーション：対人関係のレトリック　ナカニシヤ出版　pp. 209–222.

佐々木美加（2009）．社会的違反の行為者が表出する感情の宥和機能　日本社会心理学会第50回大会・日本グループ・ダイナミックス学会第56回大会合同大会，186–187.

佐々木美加（2012）．交渉を変える感情　佐々木美加（編著）交渉の心理学　ナカニシヤ出版　pp. 117–157.

Sasaki, M. U., and Ohbuchi, K.（2000）. Conflict processes on computer-mediated communication. *Tohoku Psychologica Folia*, 58, 50–55.

Sinaceur, M., and Tiedens, L. Z.（2006）. Get mad and get more than even: When and why anger expression is effective in negotiations. *Journal of Experimental Social Psychol-*

ogy, **42**, 314-322.
Steinel, W., and De Dreu, C. K. W.(2004). Social motives and strategic misrepresentation in social decision making. *Journal of Personality and Social Psychology*, **86**, 419-434.
Thompson, L., Peterson, E., and Brodt, S.(1996). Team negotiation: An examination of integrative and distributive bargaining. *Journal of Personality and Social Psychology*, **70**, 66-78.
戸田正直（1992）．感情：人を動かしている適応プログラム　認知科学選書24　東京大学出版会
Van Kleef, G. A.(2008). Emotion in conflict and negotiation: Introducing the emotions as social information (EASI) model. In N. M. Ashkanasy, and C. L. Cooper (Eds.), *Research companion to emotion in organizations*. Cheltenham, MA: Edward Elgar.pp. 392-404.
Van Kleef, G. A., and Côté, S.(2007). Expressing anger in conflict: When it helps and when it hurts. *Journal of Applied Psychology*, **92**, 1557-1569.
Van Kleef, G. A., De Dreu, C. K. W., and Manstead, A. S. R.(2004). The interpersonal effects of emotions in negotiations: A motivated information processing approach. *Journal of Personality and Social Psychology*, **87**, 510-528.
Van Kleef, G. A., Manstead, A. S., and De Dreu, C. K. W.(2006). Supplication and appeasement in conflict and negotiation: The interpersonal effect of disappointment, worry, guilt, regret. *Journal of Personality and Social Psychology*, **91**, 124-142.

● 第3章 ●●●
貼り紙コミュニケーション

新垣紀子

🔵 1．貼り紙観察へのいざない

　街の中で貼り紙を見かけたことは，ないだろうか。貼り紙とは，図3-1のようなものである。それは大学のトイレの個室の中にあった。貼り紙には「このボタンを押してください」という内容のメッセージが書かれていて，水を流す箇所を指示している。トイレの水が流れていなければ，後に入った人が不快な思いをするだろうし，大変なことである。実際にこの貼り紙が貼られている男性トイレでは，水が流されていないことが頻繁にあったそうだ。貼り紙は，そのようなことにならないように，注意を喚起している。

　貼り紙が壁にあるのは，美しいさまではない。できることなら貼らない方がよいだろう。この貼り紙はどのような役割をしているのだろうか。「このボタンを押してください」というメッセージがなぜ書かれているかをもう少し詳しく考えてみよう。

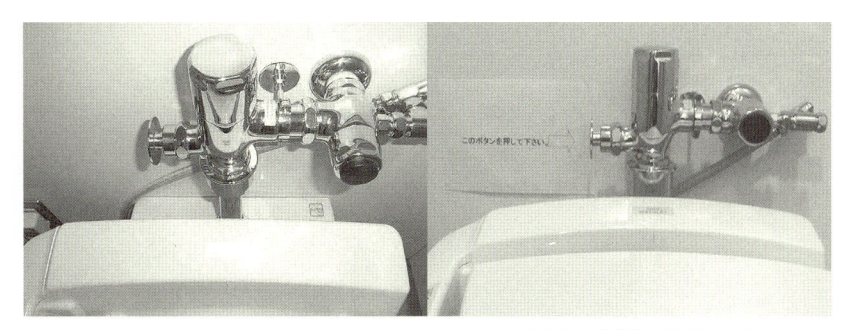

図3-1　貼り紙の例

図3−1の写真をみて，どのように水を流すかわかるだろうか。おそらくこのタイプのトイレを利用したことのない人にとっては，「水を流すための細長いレバーハンドルが無い」と思うのではないだろうか。実際は，レバーハンドルがありそうな箇所の付け根，貼り紙の矢印が差しているところが，押しボタンになっており，そこを押すと水が流れるのである。流す箇所に対して私たちの抱いているイメージと異なるモノが現れたときには，人は困難な状況に陥ることがあるということを貼り紙は，教えてくれる。

　このように，人々に道具やシステムの使い方を指示する貼り紙は，そこにおける人と道具の間の問題点を教えてくれるものであり，私たちに何らかのアドバイスをしてくれるものである。街に出かけるとき，新しいタイプの自動販売機や普段使ったことのないシステムを使うことになったが使い方がわからなくて戸惑うことがあるだろう。そのときは，よく周りを観察してみてほしい。そこには，たいてい貼り紙が貼られている。注意をしてみると，いろいろな場所に貼り紙が貼られていることに気づくだろう。高速道路のサービスエリアや駅など人が多く集まる場所にそれはある。貼り紙を見つけたら，次になぜそれが貼られているのかを分析してみよう。貼り紙が貼られている箇所を観察することにより，人がどのような状況で困ることが多いのかということがわかるだろう。

　本章では，私たちの日常場面における問題の解決を助けるものの1つである貼り紙を題材として，私たちを取り巻く環境と人々の間に生じる問題を考察したい。また貼り紙が人々にどのように利用されているかを知るとともに，それが人々の問題解決にどのような役割をしているのかを検討する。

2．貼り紙を介したコミュニケーション

　私たちの日常場面において，貼り紙は私たちの行動をどのように支援しているのだろうか。貼り紙には多様なものがあるが，前節で述べたように，人がとまどう状況や混乱を起こす場面において，人を援助するために作られた情報伝達の役割を果たす貼り紙がある。このような貼り紙がその場にいる人に対して与える情報は，マニュアルに書かれている情報のような一般的なものとは異な

ることが多い。人々がそこで，どのような問題につまずきやすいのか，そこでどのようにすれば問題を回避できるのかを教えてくれる。

困難な状況に出会ったときにどうしたらよいかという情報を伝える貼り紙は，別の見方をすると，その道具の利用者（ユーザ）と道具の運用者（あるいは別のユーザ）の間のコミュニケーションと捉えることができる。つまり貼り紙は，ユーザと道具の間に介在してユーザの問題解決を助けるものの1つと言えるだろう。これをノーマン（Norman, 1991）は，認知的な人工物と呼んだ。これは分散認知の文脈で研究されることが多い。ハッチンス（Hutchins, 1995）によれば，飛行機のコックピットでは，飛行機の複雑な運行上の判断をパイロットが容易にできるように，計器にマークをつけるなどの様々な工夫がなされていた。そのマークは，コックピットで操縦士が解決すべき複雑な課題の性質を簡単なものに変更するだけでなく，課題を他者と共有できる形にしたのである。また病院の受付においても，受付リストの表示を工夫することにより，各科を受診する患者がどれだけ待っているかということが一目でわかるように工夫がなされていた（Rambusch, Susi, and Ziemke, 2004）。認知的な人工物は，個人の頭の中で行われていた問題解決を，人と人や人とモノの間に分散させていたのである。これらの研究は，それぞれの業務に特化して詳細な分析を試みたものであり，個々の場面で問題がどのように変更されているかに焦点を当てた研究であると言えるだろう。

本研究ではオフィスや公共空間の多様な貼り紙を分析した結果を紹介する。多くの貼り紙が貼られる場面を分析することにより，問題が起こりやすい状況を知り，必要となる情報をあらかじめ予測することができるだろう。また，ユーザと運用者が貼り紙を介してコミュニケーションすることにより，私たちの環境をどのようにユーザに向けて認知的にカスタマイズ（改変）しているのかを検討することができるだろう（Strub, 1992）。

[1] 貼り紙の事例

貼り紙の調査として2種類の事例を紹介する。1つはオフィスや公共空間などで，トラブルにならないように注意喚起している貼り紙を分析したものである（野島・新垣, 2002；新垣・野島, 2004）。もう1つは新しい建物が建って

から，その中にどのような貼り紙が貼られていくかの経時変化を観察したものである（Shingaki and Nojima, 2008）。分析の対象としたのは，人と道具やシステムの間でトラブルを生じていることを表していると考えられる貼り紙であり，一般的な広告や法令に関する注意事項（「お酒は20歳になってから」）や，あらかじめデザインされているものは対象外とした。

　貼り紙を分析するための枠組みとして，個人的なレベルでの道具と人の間に発生する問題解決の支援（ここでは，「認知レベルの支援」と呼ぶ）と，社会の状況を伝えることにより問題解決に役立つ支援（「社会レベルの支援」）があると考えられる。社会的なレベルでの問題解決に役立つためには，まず個人的なレベルで貼り紙が認知され，利用される必要がある。本章では，この2つの側面からの検討を行った貼り紙の例について述べる。

[3] 認知レベルの支援

　人とシステムや環境の間に生じている問題に対処しようとしている貼り紙は，主にユーザが道具やシステムで行おうとしている課題がうまく達成できない状況を解決するためのものである。それは，人に「存在」を気づかせたり，「記憶補助」となったり，システムの利用に関する「知識」を提供したりする。人の認知過程における情報処理プロセスのモデルとして，人と外界（情報）のやりとりを，「知覚」，「作業記憶」，「知識（長期記憶）」，「行動」の4つの段階に分けるカードらのモデル（Card, Moran, and Newell, 1983）に基づいて分析した例を紹介する（新垣・野島，2004）。

1）ユーザの知覚を補助する貼り紙　ある操作をしたいのに，ボタンが見つからないということはないだろうか。図3-2①の写真はその一例である。このような貼り紙は，ユーザにボタンや機能の「存在」を知らせる役割がある。他にも，「頭上注意」や「足下の段差の存在」などに関する注意などがこの分類に入るだろう。これは，目立たないが人にとって危険となりうるモノの存在を気づかせるための貼り紙である。これらは，問題となるモノの場所（頭上や足下）にあるのではなく，人が気づきやすいと考えられる目の留まる場所に貼られているという特徴がある。図3-2②を見てみよう。竹でできた非常にき

第3章 貼り紙コミュニケーション　35

①リモコン：　　　　　②塀：出入り口につき，駐車禁止　　③スチール棚
　ここを押してください

④コンセント：　　　　⑤扉：扉の開け方　　　⑥駐車精算機：①駐車券
　延長コード。抜かないで　　（右へスライド）　　②診察券の順番で1枚ず
　　　　　　　　　　　　　　　　　　　　　　　　つ入れてください。
　　　　　　　　　　　　　　　　　　　　　　　　重ねて絶対に入れない
　　　　　　　　　　　　　　　　　　　　　　　　でください

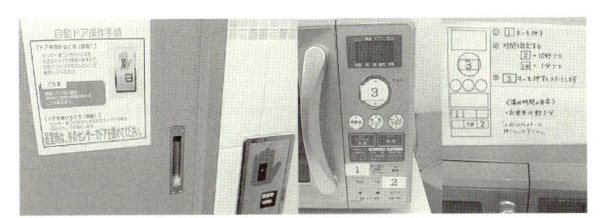

⑦多目的トイレ：退室時は，外の　⑧大学売店レンジ：設定方法（1,
　センサーでドアを閉めてくださ　　2, 3…）
　い。

⑨トイレ入り口：トイレをご利用のお　⑩券売機：新宿150円
　客様はこちらからお回りください

図3-2　様々な機器の様々な貼り紙

れいな塀である。出入り口も塀にきれいに埋め込まれているのだが，扉があまりにもきれいに周りの塀とつながっているために，扉に見えない。そこが出入口であることが一見するとわかりにくくなっている。そのため出入り口の場所に「出入口につき，駐車禁止」という貼り紙が貼られているのである。このような貼り紙は，人々が見つけにくいものや場所の存在を認識させる助けをしている。

2）ユーザの作業記憶を助ける貼り紙　オフィスによくあるシンプルなスチール製の棚。扉をつけ中が見えないようにすっきりさせるデザインである。このような棚には，図3-2③のように名前のラベルが貼付されることが多い。中に何が入っているかを人が記憶しなくて済むように，ラベルが代わりに内容物を示しているのである。このようなユーザの記憶を補助すると考えられる貼り紙は，貼り紙の貼られた対象物が何であるかを示したり，中身が示されたりしている。コンセントにたくさんケーブルが接続されているとき，どのケーブルがどの機器に接続されているかわからないことが多い。そこには抜いてはいけないケーブルを示す貼り紙（ラベル）が必要である（図3-2④）。電灯が複数あるときに，どの電灯にどのスイッチが対応しているのかを示す貼り紙もこの例である。これに類した名前のラベルは，日常生活においても，持ち物などに付ける傘の名札や，ゴミ箱の分別(燃えるごみ，燃えないごみ)などがある。貼り紙は，外観で区別できないものが何であるかについての記憶を助ける役割をしている。

3）知識（長期記憶）：ユーザの知識を補う貼り紙　ユーザのもっているそのシステムに対する知識を補う，あるいは修正するような貼り紙がこれにあたる。その多くは，ノーマンによる「知覚されたアフォーダンス[1]」とは異なるものであることを教えるものが多い（Norman, 1999；野島・新垣, 2001；Norman, 2011）。例えば図3-2⑤のドアの扉は，どのように開けるのだろう

1）近年ノーマンはアフォーダンスという言葉の使用が誤解を招くとして"シグニファイア"と呼んでいる。

か。このような縦長の取手がある扉を使用する人を観察すると,「引く」ことが多いという (Norman, 1988)。扉の動かし方は押すか引くかスライドするかという限られた選択肢しかないが,それでも急いで外に出ようとして扉を開けられなくてパニックになることが少なくない。貼り紙は,扉の外観から人が判断する開け方と,実際の操作方法が異なることを示している。図3-2⑥は病院の駐車場の自動精算機である。来院した患者の駐車料金を割り引くために,精算時には,駐車券だけでなく診察券が必要である。その解説のために,非常に多くの貼り紙が貼られていた。多目的トイレのセンサ式扉（図3-2⑦）は,「退室時は,外のセンサーでドアを閉めてください」とある。自動で開けた扉を外に出るときに内側のセンサで閉めてしまうと,内側のセンサは閉めるだけでなくロックもかかるため,開かずのトイレになってしまうというメンタルモデルをもっていないユーザに説明する例である。公共施設などで多く観察された貼り紙の約30％がこのようにユーザの知識を補うタイプであった（新垣・野島,2004）。これらはその場所で有効な特別なルールの存在を教えたり,システムの状態の例外,機能の例外を示したりするものが多い。

4）行動：ユーザの行動レベルの操作に関わる貼り紙　複雑な機器はユーザインタラクションも複雑になると考えられる。このようなときに,貼り紙はユーザに行動のレベルで何をすればよいかを教える。例えば券売機における「切符の取り忘れに注意」や,「おつりの取り忘れに注意」というものは,操作に関わる貼り紙である。図3-2⑧は,大学の売店にある電子レンジであるが,オーブンなどの機能を誤って使用しないように,温め機能のみを使うときの手順が1,2,3とシールで示されている。このように,複雑な操作が必要なシステムや,特別な場でしか見られない自動システム（病院の受付機,駐輪場,駐車場の精算機など）で操作の手順を示した例が見られた。

　以上のような認知レベルの支援をする貼り紙は,システムとユーザの間に生じている問題を解決する機能をもっている。貼り紙は,化粧室に行く,緑茶を飲む,切符を買う,ファックスを送るというようなユーザがそこで達成しようとしている目的を遂行するうえで障害となるものや,問題となる点を示してい

る。貼り紙は，人とシステムなど操作対象の間の不整合をつなぐための役割を示していると考えられる。デザインされた当初には気づかなかった問題や，システムが社会の中に組み込まれた段階で起こった問題に対して，ユーザやシステムの運用者が，貼り紙というメッセージを使うことにより，システムをユーザの状況や知識に合うようにカスタマイズしていると考えることができる。

　貼り紙の役割は，このようなユーザのシステム利用方法を教えることだけではない。社会においてどのような機能がよく使われているか，社会の状況の変化などを知らせる役割もある。

［4］社会レベルの支援を行う貼り紙

　貼り紙が貼られているところには問題が存在している。その貼り紙は，社会の状況をユーザに知らせることにより，ユーザの問題解決を支援しようとしている場合もある。本項では社会の状況の変化，他者の利用量を伝えるという観点から貼り紙の機能を検討する。

1）社会の状況の変化：環境が変化していることを伝える情報

　貼り紙は，社会が変化したことを伝える機能もある。新しいシステムの導入による貼り紙が貼られる経緯の例として，女性用トイレの例を示す（図3-2⑨）。百貨店や駅ビルなどにある女性用トイレは，2008年ごろからトイレの個室とパウダールームが分かれたレイアウトのものが増えてきた。トイレの入り口は2つに分かれており，一方は個室へ，もう一方はパウダールームに直接入ることができ，中はつながっている。パウダールームを使用する人には，個室への列に並ぶことなくパウダールームへアクセスできるようになった。このようなレイアウトのトイレには，入口のところに「トイレを使用する人は，こちら」というような貼り紙が現れるようになった（新垣・筒井・野島, 2009）。パウダールームの入り口から入り，トイレの待ち行列に並ばずに，個室エリアに先に入ってしまうトラブルを避けるためである。トイレを使う人にとっては，これまで特別な判断は不要であった入り口で，2方向のどちらに進むかを判断しなければならなくなった。このようにシステムが新しくなったとき，それが人に何らかの判断を増やすような変更の場合は，トラブルが発生することが多い。そこ

では，既存のシステムとの違いを強調しなければならない（羽山・植田, 2004）。自動改札にも同様の貼り紙が観察されている。新幹線の自動改札は，特急券のみ通す自動改札から，特急券と乗車券をともに通さなければならない改札に変更された時期があった。そのときの自動改札は，多くの貼り紙が貼付され，さらに構内アナウンス（乗車券と特急券を2枚同時に入れてください）に加えて，たくさんの駅員が自動改札を通過できない乗客の対応をしていた。自動改札のはずが自動にならなかったのである。人は社会に存在する多数のシステムによって，そのシステムの仕組みや働きに対して何らかのモデルをもつ。そのメンタルモデルと異なる新しいシステムができたときには，貼り紙が必要なのである。システムがシンプルに使えるように進化していけば貼り紙は必要ないはずであるが，実際の社会には，新しいものと古いものが存在する。その変化の過渡期には，最初は新しいものに貼り紙が，しばらくすると，古いものに新しいものとは異なることを示すために貼り紙が貼られるのである。

2）他者の利用量：他者の利用状況を知らせることにより，システムの中のアクティブなものが何であるかを示す情報　多くの人が利用している機能に貼り紙が貼られていることがある。例えば，新宿近くの駅の券売機には，「新宿〇〇〇円」という新宿までの運賃を示す貼り紙があった（図3-2 ⑩）。それは多くの人の行先が新宿であるために，乗客が運賃表から新宿までの運賃を探さなくてもよいように貼ってあるのである。新宿駅には，六本木への運賃の貼り紙があった。別の駅では，最もよく使われるだろう乗換ボタンを強調する貼り紙があった。これらは，その駅において頻繁に利用される情報が何であるかを示す貼り紙である。券売機などは，もともとは，どの駅でも使われるようにデザインされるものである。それを運用者が貼り紙によって，その駅その駅で使いやすい形にカスタマイズしていると言えるだろう。このように，貼り紙を通して，他の人がそこでどのような活動を活発に行っているかを知ることもできるのである。

3. 貼り紙を通したユーザと環境のインタラクション

これまで述べたように，貼り紙のメッセージを分析することにより，どのようなところに問題があるのかを分析することができた。貼り紙には，気づきにくいものを気づかせる機能や内容物が何であるかを記憶しなくても一見してわかるように私たちの環境を変えるという役割があった。貼り紙が示していることは，個人の課題達成を補助するだけでなく，他者がどのように利用しているかを知らせる機能もあることがわかった。しかしながら，貼り紙には問題もある。それは，貼り紙自体が必ずしもわかりやすく書かれているわけではないこと，また時間の経過とともに不要になった貼り紙が処分されずに残ってしまうこと，貼り紙自体があまりきれいなものではないことである。貼り紙は，時間とともにどのようになっていくのだろうか。

著者の所属する大学に2007年9月に完成した新校舎を経時的に調査することにより，新しい環境ができ上がった時から，どこにどのような貼り紙が貼られていくか，どのような情報が必要となるのかの経時変化を調査した（新垣・野島，2008）。新校舎の建物はロの字型で，エレベータを降りて，左右どちらに進んでも一周できる構造になっている。貼り紙を継続的に観察すると貼り紙のメッセージの内容はより目を引きやすく，読みやすく，わかりやすい形に進化していることがわかる。ここでは，進化した例と，精緻化された例を説明する。

［1］貼り紙の進化

貼り紙には，あらかじめ準備された情報だけでは不足している情報を補うという役割がある。建物にはエレベータの正面の各階の壁に，そのフロアの部屋の配置を示した図が最初から設置されていた。しかし，その案内板には，追加の情報（例えば，それぞれの部屋の所属の名前）のラベルが貼られた。この建物の4階には2つの事務室がある。エレベータから遠いA学部研究事務室を案内するために，建物のオープン直後には，A学部研究事務室の場所を強調する貼り紙「A学部研究事務室はエレベータを降りたら，左に廊下を進み，角を2つ曲がった処にあります」が貼られた（図3-3：左）。そして，A学

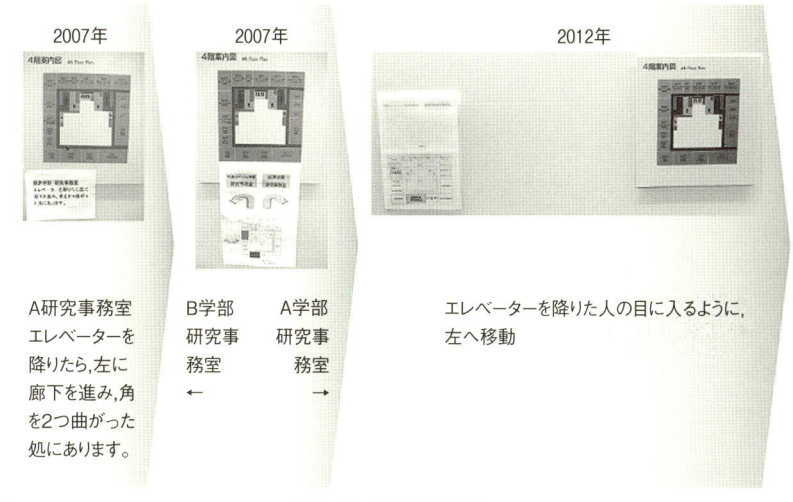

図3-3 貼り紙の進化

部研究事務室よりエレベータに近いB学部研究事務室の前にも，A学部研究事務室がさらに先であるという案内の貼り紙が貼られていた。エレベータの前にA学部研究事務室の案内があっても，廊下の角を曲がって事務室があれば，そこが目的のB事務室だと誤解して入ってしまう学生が多くいたためである。数週間後には，エレベータ正面の貼り紙の内容は，変更された。「B学部研究事務室は，左へ，A学部研究事務室は，右へ」というこれまでとは異なる誘導方法の貼り紙が貼られた（図3-3：中央）。A学部研究事務室に行く人には少し遠回りになるが，B学部研究事務室に誤って入ることを避けるために，エレベータを降りた時点で目的地ごとにA学部研究事務室は右，B学部研究事務室は左というように左右に分けるという画期的な工夫がなされた。このように，貼り紙は，建物をどのように利用するかという状況に合わせて，内容がより適切な形に進化していた。

［2］貼り紙の精緻化

貼り紙が多くの利用者に対して，確実に機能するためには，必要なときに目に入り，わかりやすいものである必要がある。例えば，A，B両事務室には，

図3-4　貼り紙の精緻化

2つ扉があり，エレベータに近い扉は，教員用，遠い扉は，学生用という形でそれぞれ運用している。多くの学生が事務室に来て行列ができたときに，教員が事務室に自由に出入りできないと授業の開始に支障がでるため，1つの部屋の2つの扉を区別している。ここでも教員用の扉を学生が間違って利用しないように，貼り紙が貼られた。その内容を時系列に見てみると貼り紙のメッセージは次のように変化する傾向があった（図3-4）。

　①注意が文章で示される。
　②簡潔な単語になる。
　③大きなマークなどが付加され，強調される。
　④対象とするユーザごとへの指示が明確になる。
　⑤貼り紙が目にとまりやすい位置へ移動する。

　図3-4の貼り紙を貼った学部事務室のスタッフにインタビューを行ったところ，貼り紙を貼ることにより，学生を誘導する効果があった。しかしながら，背の低い学生が間違って教員用扉から入ることが多いので，背の低い学生の眼にも留まりやすいように貼り紙の掲示位置の高さの調整を行ったところ，（さ

らに）効果があったということが報告された。A事務室も同様の変化が見られた。また図3-3：右の貼り紙の提示位置も，案内板から離れる方向に移動していた。これは，左側のエレベータから降りた時に目につきやすい位置へ移動した例であった。

　貼り紙は，単に貼られるだけでなくその効果を反映して，より人が理解しやすい内容に，判断しやすい表現に，目に留まりやすい位置に，調整されていたのである。

4．貼り紙を分析することでわかること

　貼り紙は，日常場面に存在する道具を利用する場面における問題が何か，問題に対してどのような対処をしたらよいのかを可視化した情報の１つである。人は，製品や機械や，ある場面に対して貼り紙を付加するという行為をすることによって，もの自体のあり方やその使われ方，それらが置かれている文脈を変えている。ノーマンは，ある道具に使い方に関する貼り紙があること自体，その道具のインタフェイスに問題があることを発見するためのよい指標であるとしている（Norman, 1991）。実際に収集された貼り紙の多くも，インタフェイスの観点から見たときに問題がある場面に貼られていることが多かった。その貼り紙は単に悪いインタフェイスを見つける手がかりとなるだけでなく，そこから抜け出すためにはどういう行動をしたらよいかをガイドするとともに，さらに，他者の多くが頻繁に利用している箇所を知らせ，社会の状況の変化や，一般的な場所との違いを際立たせる機能があった。

　ハッチンスらのコックピットの研究は，エキスパートが特殊な環境において認知的負荷を軽減させるためにどのようにカスタマイズしているかという内容であったが，今回観察された貼り紙の多くは，初心者ユーザに対するものが多かった。公共空間の貼り紙は，初心者ユーザが進化していくシステムにいかに適応し，どのようにつまずくのかを示していた。

　また，貼り紙自身も進化しており，メッセージは簡潔に，重要な情報は強調され，対象となるユーザに一目で把握してもらえるような形に変わっていくことがわかった。このような貼り紙は日本に多く見られるが（中島，1999），貼

り紙が単なるおせっかいで冗長なメッセージというわけではなく，システムがユーザに対してわかりやすくなるように，システムがおかれている環境に適応した形に変更するという積極的な機能をもっていた。建物が，住んでいる人によって，使いやすく変えられていくように（Brand, 1995），貼り紙も長い時間をかけて，運用者がシステムをシステムがおかれている環境に合わせ，ユーザにわかりやすい形にカスタマイズされて，システムとユーザを有機的につなぐ役割をしていたのである。

これらの貼り紙は，システムが新しくなるときに，そのデザインに取り込まれるものも多いが，パウダールームに直接入ることのできるトイレのように，既存にはない新しい概念のものが導入された際には，ユーザに新概念を知らせることが必要になり，貼り紙が重要な役割をしている。

貼り紙は今後どうなっていくのであろうか。例えば，駅の構内には10年前は券売機に非常に多くの貼り紙が貼られていたが，今は，ICカードを利用することが増えたため，券売機の貼り紙は減ってきている。システムに対して人が関わる作業が減るに従い，貼り紙は減ってきているのだろう。今は，駐車場，駐輪場の自動精算機や，電気自動車の充電機などへの貼り紙が増えている。私たちの周りに新しいものが増え，新たな環境ができるに従って，また新しい貼り紙が場所を変えて生まれる。このようにして貼り紙はなくなっていくことはないのではないだろうか。今後も貼り紙を用いて，その場の管理者がユーザとコミュニケーションしていくだろう。

■文　献

Brand, S. (1995). *How buildings learn: What happens after they're built*. New York: Penguin.

Card, S. K., Moran, T. P., and Newell, A. (1983). *The psychology of human-computer interaction*. Hillsdale, NJ : Lawrence Erlbaum.

羽山　博・植田一博（2004）．差分明示機能を組み込んだ適応的インタフェースの開発と評価　認知科学，11, 124-142.

Hutchins, E. (1995). How a cockpit remembers its speeds. *Cognitive Science*, 19, 265-288.

中島義道（1999）．うるさい日本の私　新潮社

Norman, D. A. (1988). *The psychology of everyday things*. New York: Basic Books. (野島久

雄(訳)(1990).誰のためのデザイン?—認知心理学者のデザイン原論　新曜社)
Norman, D. A. (1991). Cognitive artifacts. In J. M. Carroll (Ed.), *Designing interaction: Psychology at the human computer interface*. New York: Cambridge University Press. (野島久雄(訳)認知的な人工物　安西祐一郎・石崎　俊・大津幸紀雄・波多野誼余夫・溝口文雄(編)(1992).認知科学ハンドブック　共立出版　pp. 52-63.)
Norman, D. A. (1999). Affordance, conventions, and design. *Interactions*, **6**, 38-43.
Norman, D. A. (2011). *Living with complexity*. The MIT Press. (伊賀聡一郎・岡本　明・安村通晃(訳)(2011).複雑さと共に暮らす—デザインの挑戦　新曜社)
Rambusch, J., Susi, T., and Ziemke, T. (2004). Artefacts as mediators of distributed social cognition: A case study. In K. Forbus, D. Gentner, and T. Regier (Eds.), *Proceedings of the 26 th Annual Meeting of the Cognitive Science Society*. Mahwah, NJ: Lawrence Erlbaum. pp. 1113-1118.
野島久雄・新垣紀子(2001).Donald A. Normanに見る認知科学のこれまで:日本におけるNormanの受容と影響を手がかりにして　認知科学,**8**,275-286.
野島久雄・新垣紀子(2002).問題解決における外的資源の役割:協同的なデザインプロセスとして見る「貼り紙」　デザイン学研究,**9**(3),7-13.
新垣紀子・筒井梨恵・野島久雄(2009).公共空間のデザインとユーザビリティ:公共トイレの利用行動を題材とした分析　日本認知科学会第26回大会発表論文集,**26**,330-331.
新垣紀子・野島久雄(2004).問題解決場面におけるソーシャルナビゲーション:貼り紙の分析　認知科学,**11**(3),239-251.
新垣紀子・野島久雄(2008).建物はどのように変容するのか?貼り紙に着目したソーシャルカスタマイゼーションの時系列の分析　日本認知科学会第25回大会発表論文集
Shingaki, N., and Nojima, H. (2008). How a building is customized through time? In *the Proceedings of the 6 th ICCS (International Conference on Cognitive Science)*, 520-523.
Strub, H. B. (1992) Cognitive custimization: Ways people cope with technology? PhD.Thesis, UCSD.

謝辞:本研究の一部は,JSPS科研費23611040の助成を受けた。

心理学への期待1
"Good" teams often fail：外に向かった組織コミュニケーション能力が企業業績を左右する

嶋田敦夫（株式会社リコー）

　企業が学生の採用に際してコミュニケーション能力を重視しているというのを聞いたことがあるだろう。企業活動の本質が共同作業にあり，共同作業における人や組織，あるいは顧客との間のコミュニケーションのあり方が企業の業績を左右する要因となるからである。コンサルティング会社の Frost & Sullivan 社が2006年に行った調査によれば，企業業績の約36%がコミュニケーションのあり方によって説明されるそうである。驚くことに，この数字は企業のビジネス戦略や，市場・技術トレンドといった外部変動要因よりも，数倍の業績説明率をもっていた。社員や組織が良いコミュニケーションをとることができれば，製造部門なら良い製品をより早く市場に出すことができるし，セールスなら扱う案件に関わる時間が短縮・効率化でき，営業成績が上がるということになる。経営者が，業績を向上させるために，組織変更でコミュニケーションパスの再設計を行ったり，IT投資を行って社員のコミュニケーションを強化したりしているのはこうした理由からである。

　どのようなコミュニケーションのあり方が業績と関連するのかは，きわめて難しい設問であるが，いくつのかの研究事例を紹介したい。マサチューセッツ工科大学のアンコーナら（Ancona and Bresman, 2007）は優れた業績を上げた数百に及ぶ組織や企業を25年以上にわたって調べ，X-teams と呼ばれる特徴を見出している。業績の高い組織は，個々の組織メンバーが外部コミュニケーションを最優先に行動すること，組織外からの情報が自由に流れ，各メンバーが個々に判断できるオープンなコミュニケーション環境が組織内に整えられていることがわかった。反対に，メンバーを率先牽引するリーダーシップや優れた専門家をもつこと，一致団結した組織風土など，いわゆる良い組織というものにイメージされる組織の内部に関わる特性は，業績とは無関係だったのだ。サッカーチームにたとえると，スター選手を集めて内部の結束を高めただけのチームが，情報収集能力に長け，刻々と変わるゲーム状況に合わせて選手同士がコミュニケーションをとりながら自律的にプレーする無名選手からなるチームにしばしば敗れてしまうということに似た話しなのである。

　図1は，筆者らが行った研究事例であるが，まさに上の話を支持する内容となっている。図の実線は会話やメール，文書交換などによるコミュニケーションのパターンを可視化したものである。2つの組織はともにソフトウェア開発部門であるが，Software 1 の業績は，Software 2 よりもつねに高い結果を出している。

　業績が異なる2つの組織の違いは，①業績が高い Software 1 部門はより多くのメンバーがより多くの社外の組織から情報収集を行っておりその頻度も高い，②業績が低い Software 2 部門は上級職とのコミュニケーションが管理職に限定されているが，業績が高い Software 1 部門は管理職のみならず一般社員も頻繁に上位職と接触していることがわかる。またコミュニケーションの内容についても，業績の高い Software 1 部門は，③外部情報の活用を重視する傾向があり，④組織の評判情報をステークホルダーから収集した

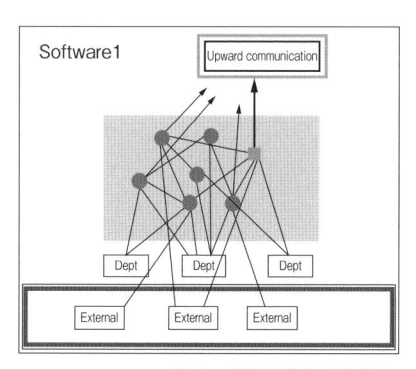

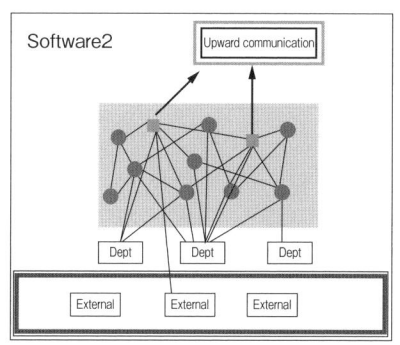

"Good" teams often fail：外に向かった組織コミュニケーション能力が企業業績を左右する   47

図1　業績が異なる組織のコミュニケーションパスの違い

Dept は企業内の他部門，External は企業外部の組織，Upward communication は役員など上級職を示す。またノードの■は管理職を，●は一般社員を示す。

り，組織外への自組織を知ってもらうための情報発信を頻繁に行ったりする特徴があった。高い業績を上げるためには，外部を正確に認識し，それに基づいて柔軟に外部の組織を使うことが重要であり，そのための情報収集や宣伝（マーケティング）活動という外部コミュニケーションを最優先課題として取り組んでいる姿があった。

　ところで業績を左右するビジネス状況の変化は，組織外部からもたらされる新しい情報によることが多い。業績の高い組織は，状況変化への対応の迅速さや柔軟さを可能にするコミュニケーションパターンももっている。上述の Software 1 の組織は，外部状況の変化に応じて，一般には朝令暮改といって嫌われる決定事項の変更を頻繁に行っている。普通は，決定がたびたび変更されると，個々のメンバーや外部組織との活動に不整合が生じ，誤りや時間的ロスが生じるからだ。しかし Software 1 部門では，組織内には外部からもたらされる情報が徹底的に公開されており，決定事項の変更がどのような理由によるものか，どう対処すべきかが組織内外のメンバーにすぐに理解できるようになっていた。さらに，これらは，定常的な会議や社内 IT システムでオープンに共有されるだけでなく，組織内のメンバー同士が頻繁に行うアドホックな会話や打ち合わせによっても即時共有されていたため，各メンバーが自律的に変化に対応し他と整合的に連携していたのである。

　高い業績を上げている組織というのは，組織内部の目標や人材，コミュニケーションパスを定義し，整備したしっかりとした姿というものではなかった。むしろ，組織の外側の情報や人材とのコミュニケーションこそを最重要視し，それを活用し，決定を覆す，人間らしさが破綻しないものであった。本書で述べられているコミュニケーションにおける認知研究の成果は，単に人間を理解するうえでの学問的な知見に留まらず，実は，企業の業績向上というビジネスの世界でもきわめて重要で実践的なものに広がっていくのである。物理学の知見が工学的な大発明をもたらすように，心理学の知見が経営学を変革することを期待したい。

■文　献

Ancona, D., and Bresman, H. (2007). *X-teams: How to build teams that lead, innovate and succeed*. Boston, MA: Harvard Business School Press.

Frost and Sullivan (2006). "Meetings around the world: The impact of collaboration on business performance." paper sponsored by Verizon Business and Microsoft.

嶋田敦夫 (2008). Unpublished manuscript. リコー R&D

II
インタフェイスと認知

- 子どもと高齢者に対する説明書理解の支援
- 「使いやすさ」を考える：
  高齢者―若年成人比較から見えてくること
- インタフェイスとしての映像：
  わかりやすさを支えるしくみ
- 健康コミュニティ：
  行動変容における ICT 環境の活用
- コラム 2
  「簡単にしてくれないと使わないよ」の意味

● 第4章 ●●●
子どもと高齢者に対する説明書理解の支援

山本博樹

1．子どもと高齢者を助けない説明書

［1］読み手が主役の社会

　今日の社会は人々の説明によって成り立っている説明社会である（比留間・山本，2007）。例えば私たちが携帯電話を購入する場面を取り上げると，パンフレットを読んで機種を決め，契約書に沿って申し込み，取扱説明書を読んで使用する。このように，説明社会では様々な説明書と向き合う機会は多い。ここで説明書とは，物事についての知識や情報を正確にわかりやすく人に伝える目的で書かれた文書をいうことにする（岸，2004）。これら説明書を読むために私たちの読書時間が割かれてしまうと思うと空しくなるが，これは説明社会の「陰」の面である。一方で「光」の面もある。例えば，かつてのように説明を求めるだけで機嫌を損ねる医師は少なくなった。最近は説明書を使って親切に説明してくれる医師も多い。いわゆる説明責任を果たそうとする姿勢は，病院だけでなく学校や役所にも拡がるようになり，人々の知的好奇心を根源として説明を求める心性（説明希求心性）も満足されてきたために（海保，2007），生活の質（QOL）が向上してきたという面は否定できない。

　こうした光と陰をもち合わせた説明社会には忘れてはならないポイントがある。それは受け手が主役という点である（Coe，1996）。説明は「説」いて「明」らかにする活動だから，受け手が「明」らかにならないといけない。要は，説明責任が果たされたか否かの判定を受け手に委ねるから，受け手が主役なのである。先に説明社会で向き合う機会が多いと述べた説明書についていうと，読み手が主役となる。ところが，多少は改善されたとはいっても，主役であるはずの読み手に対する扱いが問題なのである。特に，子どもや高齢者に対する扱

いがむごい。本章では，問題視されることの多い取扱説明書を主な事例としながら，主役である子どもや高齢者の理解を助ける説明書のあり方を考えていきたい。

［2］「手すり」の役割を果たさない説明書

今や照明器具という使い慣れた製品にも説明書（取扱説明書）が添付されている（表4-1上段）。ところが「ユーザサポート」とも称される説明書が随所で「役立たない」と酷評されているのである。ここで「役立たない」説明書の起源を心理学史に求めると，約50年前の事故にたどり着く（Wright，1999；山本，2002）。1960年頃に英国で起こった少年の凍死事故は，周囲の者がだれ

表4-1　照明器具の取り付けについての説明書（山本・島田，2006）

標識化していない説明書
・引掛シーリングの溝にアダプタのツメを差し入れる。 ・アダプタのツメがぶつかるまで押し込む。 ・アダプタを右へいっぱいにまわす。 ・アダプタがはずれないことを確認する。 ・アダプタの＊印に本体の＊印を合わせる。 ・本体を強く押し上げる。 ・本体が落下しないことを確認する。 ・カバーを持ち上げる。 ・パチンと音がするまでカバーを右にまわす。 ・本体にカバーが確実に取り付いていることを確認する。
標識化した説明書
◎アダプタを取り付ける ・引掛シーリングの溝にアダプタのツメを差し入れる。 ・アダプタのツメがぶつかるまで押し込む。 ・アダプタを右へいっぱいにまわす。 ・アダプタがはずれないことを確認する。 ◎本体を取り付ける ・アダプタの＊印に本体の＊印を合わせる。 ・本体を強く押し上げる。 ・本体が落下しないことを確認する。 ◎カバーを取り付ける ・カバーを持ち上げる。 ・パチンと音がするまでカバーを右にまわす。 ・本体にカバーが確実に取り付いていることを確認する。

1人として公衆電話の使い方を理解できず，レスキュー隊の派遣が遅れたことが原因であった。公衆電話に貼られた説明書は文字が細かく，レイアウトも粗悪だったからだ。コンラッド（Conrad, 1962）は，当時の説明書を用いて電話を転送する実験を行った結果，2割の者しか転送できなかった結果を示し，説明書がいかに「役立たなかった」かを実証している。ただ問題の本質は説明書の粗悪さにではなく，生まれつつある「新しい発想」の軽視にあった。つまり，製品を改良するより説明書を改める方が有効だという発想を聞き入れる人がいなかったのである（Chapanis, 1965）。

　こうした事態は今も変わらず，「役に立たない」説明書は産み落とされ続けている。上述した「新しい発想」の根元には「インタフェイス問題」が根づいており（本書II部参照），製品が提供する機能をユーザが享受するには，独自の使い方を学ばねばならないことを知らねばならない。なるほど，深い問題だと思う。しかしながら，本論では潜在化する根の深い問題より，地上に顕在化する問題を指摘したい。それは，説明書の書き方に関わる問題であり，「ユーザサポート」と呼ばれる説明書が支援を求める読み手を助けていないという問題である。それでは，支援を求める読み手とは誰か。それは使い方がわからずに立ちつくすすべての読み手であり，その年齢の幅は広い（Hartley, 1994）。実際，小学校6年生になると成人と同じ説明文を用いた読解指導が始まるというから（岸, 2004），この年齢前後の子どもなら確実に読み手に数えられるだろう。他方で，自立的な生活を送る高齢者も含まれるだろう。そうなると，発達や加齢により認知的な制約を被る子どもや高齢者に対しても，役に立つ支援でなければならなくなる。このような視点を筆者が取扱説明書の作成者たちと共有できたのは，資格試験のガイドブックを作成した2003年になってのことであった（テクニカルコミュニケーター協会, 2003）。

　かくて，今でもすべての子どもや高齢者が役立つ支援を受けていない。それどころか，危険にさらされているから問題なのである。小学生が見舞われた事故を1つ紹介する。小学3年の女児が，ペットボトルにドライアイスと水を入れてソーダ水を作るという実験をしていた（表4-2）。説明書に書かれたとおりに1文1文を読みながら実行していた最中にペットボトルが破裂し，女児の額に破片が突き刺さったのである（1999年9月2日朝日新聞）。説明書には，「ふ

表4-2　ドライアイスソーダの作り方（朝日新聞1999年9月2日より）

| 1 | ペットボトルに氷とさとう，それにレモンやシロップなど，好きな物を入れます。 |
| 2 | 指の先ぐらいの大きさのドライアイスを入れてふり，すべてとけたら完成です。 |

※ふたに小さなあなをあけ，指でおさえてふる。

#原文は縦書きであり，※の文は 2 の文の左側に配置されていた。

たに小さな穴を開ける」という一番初めにすべき手順が最後になって目立たないように書かれていたが，これを読んだのは怪我をした後だったろう。同様の事例は，医療用の説明書にも見られる。高齢者が病院で手渡された「自己導尿の仕方」の説明書を自宅に持ち帰り自ら実施するとき，心配されることは，説明書の文尾に書き添えてある「流水で手洗いをする」という手順を読み飛ばさないかという点である（山本，2004）。もちろん，「流水での手洗い」は手順の実行に先立って気をつけるべきことである。

［3］子どもと高齢者の読解方略に対する支援のあり方

それでは，子どもや高齢者に対する実際の支援はどうあるべきか。海保（2002）は，読み手には，動機づけ支援（動機づけを助ける），理解支援（意味の理解を助ける），学習記憶支援（学びや記憶を助ける），参照支援（必要情報を探すことを助ける），操作支援（操作を助ける）の5つの支援が必要であると言う（図4-1）。これらのすべてを子どもや高齢者が必要とするが，前節の事例で見たように読解や学習記憶の2つのつまずきが深刻であることから，これらを読解学習とまとめたうえで，読解学習を支援したいという思いに駆られる。そ

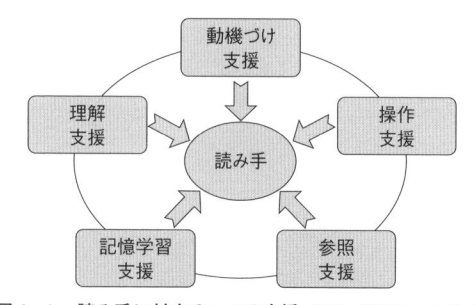

図4-1　読み手に対する5つの支援（海保（2002）より作成）

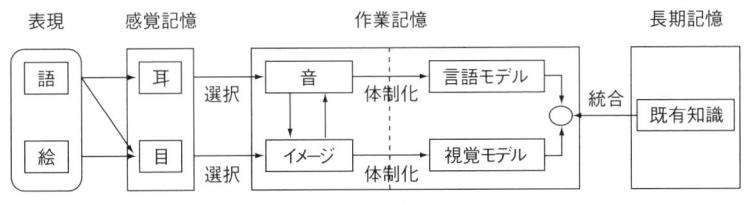

図4-2 読解学習の認知モデル（Mayer（2008）より）

こで図4-2のような読解学習に関するメイヤー（Mayer, 2008）の認知モデルに依拠することにする。これによれば，読解学習には，選択過程（要素に注意を向ける過程），体制化過程（要素間の内的関係の構築過程），統合過程（既有知識との関係の構築過程）の3つが関わるとわかる。これらに対応して読み手自らが行う意図的な操作（読解方略）があるだろう。これらを「選択方略」（「注意焦点化方略」や「読み返し方略」など），「体制化方略」（「マッピング」，「橋渡し推論」[1]や「概要把握方略」など），「統合方略」（「照合」や「関係づけ」など）と呼ぶと，ここに，「選択方略」の支援，「体制化方略」の支援，「統合方略」の支援という3つの観点が得られる。

　要するに，本論では，読み手の自立的な読解方略を支援することを重視したい。たとえて言うと，階段を自力で1歩1歩と歩む子どもや高齢者を助ける「手すり」を設置するように，自立的な読解方略の利用を助ける「手すり」を設置しようというのである。具体例で言うと表4-1の上段のままでは，1つ1つの手順を自ら読み進めても全体の手順の流れが理解し難い。そこで，下段のように「手すり」（強調した見出し）をつけ，彼らの自立的な読解方略を支援しようというのである（2―［2］で再述）。次節以降では，子どもと高齢者の読解方略を支援する表現のあり方を概説していきたい（取扱説明書に関する研究知見の提示に努めたいが，知見に限りがあるため周辺の知見も援用したい）。

---

[1] McNamara, Ozuru, Best, and O'Reilly（2007）は「橋渡し推論」を方略と同等に扱えると言う。

2. 子どもの読解方略に対する支援

[1]「選択方略」の支援

まず,「注意焦点化方略」である。これは読解時に中心概念に主体的に注意を向ける高度な方略である。説明書の概念は書き手の意図を最上位に戴いた形で階層をなし,重要度の高い情報から低い情報へと階層化がされている。小学5年や小学6年生では重要度の高い情報と低い情報の区別はできても,重要度の中程度の情報と低い情報との区別はさらに発達が必要である（Brown and Smiley, 1977）。そのため,「注意焦点化方略」の習得は中学生以降になってであると考えられる。ここで,中学生以降の支援について言えば,予告情報を与えて書き手の意図を自覚させる方法が有効と考えられる（McNamara et al., 2007）。例えば,「顕微鏡の使い方」の説明書では,「対物レンズと接眼レンズの調整法を学んでいこう」と予告情報を示すとよいだろう。

次に,「読み返し方略」である。これは理解のつまずきに気づいて振り返り,修復する自己調整的な方略であり,メタ認知(モニタリング)の働きに基づく。スカーダマリアとベライター（Scardamaria and Bereiter, 1984）は,小学6年生と高校1年生に,説明文を文ごとにバラバラな順序で提示し正しい順序に配列させ,その間の発話プロトコルを採った。結果から,高校1年生で,文を読み返しながら結束性（文のつながり）を構築する過程がみられた。こうした読み返しを支援するには,挿入質問（事後質問）を入れることであろう。例えば,応急手当のために「AEDを用いた心肺蘇生法の手順」を解説する説明書の最後に,「動作の流れを理解しましたか」と事後質問を入れることが有効と考えられる。

[2]「体制化方略」の支援

まず,「マッピング」についてである。これは,読解時に,関係する概念どうしを線（リンク）で結び,この関係を外化（視覚化）する方略を言う。これにより,概念間の構造的理解が進む。教育現場では概念地図法として知られる方略である。ただ「マッピング」は,うまく導入しないと高校生でも難しい。

原因は，「影響」「結果」「特徴」など，多様なリンクの種類を同定する難しさにある。これに対して，リンクを同定する訓練は有効であり，GPA[2]の低い生徒にも有効だと言う（Mayer, 2008）。3時間の訓練を行った後，説明書を読ませて内容の再生を求めたところ，再生の全体量が多く，重要な概念の再生でも多かったという報告もある（Chmielewski and Dansereau, 1998）。訓練によってリンクの同定が容易になったと考えると，リンクの種類を明示する表現が「マッピング」を支援すると考えられる。

次に，「橋渡し推論」である。これは，結束性を理解するために文中に明示されない情報を文脈などから埋める認知過程である。例えば，照応語（代名詞等）と先行詞からなる照応表現の理解において，小学校低学年は，照応語の直前にある単語をそのまま先行詞とする傾向がある。具体例をあげると，「動物には，ときどき，人間のびょうきのもとになるものがついています。だから，動物にさわったあとは，それをあらいながさなければならないのです」という説明文で，2文目の「それ」の先行詞を「びょうきのもと」と取らずに，「動物」と取る傾向である。ところが，中学年くらいから必要な推論が可能になっていく（Ackerman and McGraw, 1991）。そのため，説明書で用いる語句や文のレベルで書き換えを行って，「橋渡し推論」を支援すると，つながりの理解がすすむ。深谷（1999）は，類似の語の繰り返し，語順の並べ替え，命題間の関係の明示化という原則のもとで説明文を書き換えたところ，中学生の推論や理解を促すことを示した。

最後に，「概要把握方略」である。これは説明文の概要を適切に把握する方略である。概要の把握を適切に進めるには，メイヤーとプーン（Meyer and Poon, 2001）が言うように「記述」「順序」「因果」「問題解決」「比較」と，5種類に分類される最上位構造を利用して読むことである（構造方略の利用）。ところが，この最上位構造の気づきは中学3年生でも難しいと言われる（Meyer, Brandt, and Bluth, 1980）。そこで，表4−1の下段のように，下線などを用いて最上位構造（ここでは「順序」）を強調する標識化が有効である

2）GPA（grade point average）とは，各科目の成績を得点化し，その合計値に基づいて算出する学生の成績評価値のこと。

① 適量を計るために，カップの底の「すりガラス状」の部分を水平になるようにかたむけます。
　→イラスト1
② うがい薬のキャップを開けて，はねないようにボトルの注ぎ口をカップの中に入れます。
③ ボトルの側面を指でゆっくりおしながら，すりガラス状の目もりの間に，うがい薬を入れます。
④ かたむけたカップをもとにもどし，上部にある目もりまで水を入れます。→イラスト2
⑤ うがい液ができたら，口の中の食べかすなどをとるために，口にふくんで強めにうがいします。
⑥ 上を向いてのどのおくまでうがい液がとどくように，15秒間ほどうがいします。
⑦ もう一度うがい液が口の中からのどに十分とどくように，15秒間ほどうがいします。

イラスト1：カップをかたむける
　すりガラス状の部分を水平にする

イラスト2：カップをもどす
　ここまで水を入れる

図4-3　うがい薬を使ったうがいの仕方　(久保寺・山本・岸，2008)

(山本・島田，2006，2008)。標識化は構造方略の利用を支援し，読解学習を促すからである。ただ，最上位構造の気づきが中学3年生でも難しいというメイヤーらの指摘からすると，小学6年生では構造方略の利用は一層難しいと考えられる。これに対して，山本・島田（2010）は，一定レベルの認知機能の発達を前提とすれば，標識化（見出しの明示）により読み時間が短縮されることを「携帯電話を用いた119番通報のしかた」の説明書を用いて示している。

[3]「統合方略」の支援

まず，「照合」である。これは，統合過程で文と絵の表象を対応づける方略である。「照合」の支援について言えば，イラストや写真を付与するとよい。例えば，図4-3は「うがい薬を使ったうがいの仕方」の説明書である（久保寺・山本・岸，2008）。この説明書では「カップをかたむける」という手順の意味がつかみにくいためにイラストを付与した。その結果，小学6年生の理解を支援することができた。ただし，文と絵（イラストや写真）の提示順がもたらす順序効果に留意すべきである。文（命題）の保持では作業記憶の負担は高まるから，図4-3のように，文を絵より先に提示すると，逆の提示順より，「照合」が困難になるからである（Kulhavy, Stoch, and Caterino, 1994）。「照合」

を支援するには絵を文より先に提示した方がよい。

次に「関係づけ」である。これは学習項目を既有知識に結びつける方略である。例えば，「携帯電話を用いた119番通報のしかた」を伝える説明書について言うと，固定電話と同じように，「119」と押すだけで救急車が駆けつけると思い込んでいる子どもは多い。ところが，携帯電話の方では受信システムが異なるため，特定の手順を実施しないと救急車は来ない（例えば「現在地」を伝えることは不可欠）。よって，「携帯電話を用いた119番通報のしかた」を理解するには，すでにもっている固定電話でのやり方についての知識（既有知識）を活性化しつつ，両者の違いに着目して関係づけなければならない。これを支援するには，両者の異同についての概要をあらかじめ提示することである（先行オーガナイザーの提示）。例えば，固定電話の方では「現在地」を伝えなくても救急車は来るが，携帯電話では伝えなければ救急車は来ないことを示すのである。こうした先行オーガナイザーの有効性は小学5年生にも示されている（例えば，多鹿・川上，1988）。

3．高齢者の読解方略に対する支援

［1］「選択方略」の支援

まず，「注意焦点化方略」についてである。高齢者は主要概念に注意を向ける際に，加齢に伴い低下する抑制機能によって，読解の符号化時で無関係な情報を排除することが難しくなる。このため，しばしば読み手の息抜きを狙って，本文とは意味的に無関係な花や小動物などの挿絵を挿入することがあるが，これを受け入れるためにも高齢者は余分な認知的処理を必要としてしまい，これが容量を超えると理解が低下する。この考え方に基づいて，図4-3を見てみたい。2つのイラストが付加されているが，これは手順の意味がつかみにくいと考えてのことであった。しかし，もしも1つ目のイラストが無用という高齢者がいたなら（実際は無用ではないと予測されるが），無用な処理のために主要概念への焦点化が低下し理解が進みにくくなる。要するに，高齢者には，本文との関連性が高いイラストが有効なのである（Morrell and Echt, 1997）。

次に「読み返し方略」についてである。高齢者では，作業記憶容量が制約さ

れるために，読解時での処理資源の配分が重要になる。このため，自己ペースで読み時間を調節できる場合に，読解成績が高まる（Meyer and Pollard, 2006）。それでは，前節で子どもに対して推奨した挿入質問は自己ペースの読みに有効だろうか。高齢者に天気予報に関する説明書を読ませた実験（Wood and Bernard, 1987）で，挿入質問を入れた群と入れない群とを比べたところ，挿入群では主要概念の再生が多かったが，周辺概念の再生では差が認められなかった。この結果から，挿入質問が特に主要概念の読み返しを支援したと読み取ることもできるが，ここには自己ペースで読み進める高齢者像が浮かび上がってくるのではないだろうか（この点は検証されていない）。

［2］「体制化方略」の支援

まず「マッピング」についてである。高齢者は先述の概念地図法から恩恵を受けるのだろうか。残念ながらこの検証は行われていないが，概念地図法の効果を生成効果（自らで関係を外化すると学習成績は高まるという効果）の所産と見なせば，生成効果が高齢者で認められるか否かを調べることは概念地図法の効果の検証に資するだろう。この点については，関係が無意味な場合より有意味な場合に，高齢者が生成効果の恩恵を受けることが知られている（Taconnat and Isingrini, 2004）。ここから，「マッピング」の支援に示唆を得ることができ，概念同士の関係を有意味にすることが生成効果の発現を介して「マッピング」の支援に至ったと推察できる。

次に「橋渡し推論」についてである。読解過程では，単語レベル，文レベル，文章レベルの処理を同時に行って結束性を構築するために作業記憶の役割は大きいが，この作業記憶の処理容量は加齢に伴い制約される（Craik and Jennings, 1992）。このため，高齢者は若齢者に比べて，照応語（代名詞等）と先行詞との間に他の語や文が挟まれると，推論に要する処理負担が増大するから，先行詞の同定に関する「橋渡し推論」がより困難になる。したがって，高齢者の「橋渡し推論」の負担を排するように，先行詞と照応語の物理的距離を短くし，それらの間に語や文を必要以上に挟まないように，シンプルな表現に努めることが推奨されている（Morrell and Echt, 1997）。

最後に「概要把握方略」についてである。高齢者は子どもと同じように，こ

の「概要把握方略」の利用に困難を感じるのであり，標識化の有効性について制約を被る点も共通する（Meyer and Poon, 2001）。ただ，高齢者に対する標識化効果のメカニズムは子どもと異なる。要するに，先に述べた構造方略の媒介において，高齢者では方略利用に加齢的な制約が介在するのである。こうした制約に対して，山本・島田（2008）は，標識の明示性に応じて（表4-3），介在する加齢的制約を緩和できることを明らかにした。特に，見出し文字を大きくすることは有効である（図4-4の「文字サイズ」条件）。なお，この標識化効果は，言語能力，MMSE[3]，教育歴，方略教授訓練などの影響を受けることが知られている。

表4-3 加齢的制約を緩和する標識の明示性 (山本・島田，2008)

明示性無	明示性低	明示性高
・手順文1 ・手順文2 ・手順文3 ・手順文4 ・手順文5 ・手順文6 ・手順文7 ・手順文8 ・手順文9 ・手順文10	アダプタを取り付ける ・手順文1 ・手順文2 ・手順文3 ・手順文4 本体を取り付ける ・手順文5 ・手順文6 ・手順文7 カバーを取り付ける ・手順文8 ・手順文9 ・手順文10	◎アダプタを取り付ける ・手順文1 ・手順文2 ・手順文3 ・手順文4 ◎本体を取り付ける ・手順文5 ・手順文6 ・手順文7 ◎カバーを取り付ける ・手順文8 ・手順文9 ・手順文10

図4-4 「わかりやすさ」の評定値 (山本，2009)

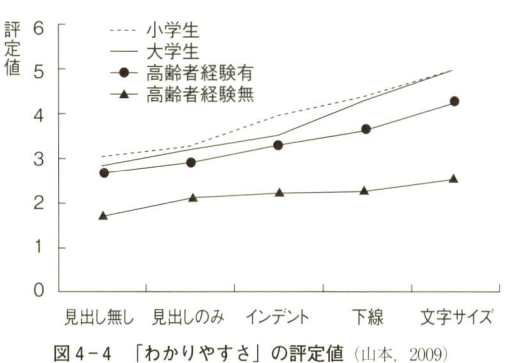

［3］「統合方略」の支援

まず「照合」についてである。図4-3を例にとると，先に読む文字情報（手順文）とその後に読み進める視覚情報（イラスト）との表象を対応づけなければならない。このとき，高齢者は豊かな既有知識をもつから，これを活用して対応づければよいのであり，確かにこの点では若齢者に劣らない（Meyer and Pollard, 2006）。しかし，これは文字情報と視覚情報とを分けて提示するという絞切型の発想に立つ話であるが，両者を同時に提示する方法もある。その1つが，「非常口」のマークのような絵（逃げる人の絵）と文字とが一体化した絵文字（アイコン）を使用することである。絵文字には様々なものがあるが，そもそも絵文字には絵と文字を照合させる必要性を低下させる効果があるから，高齢者にとってわかりやすい（Morrow, Hier, Menard, and Leirer, 1998）。

次に「関係づけ」である。「関係づけ」を支援する先行オーガナイザーに関する知見は少ない。この中で，チャーネスら（Charness, Schumann, and Boritz, 1992）は，高齢者に対するワープロの操作訓練において先行オーガナイザー（キーボードの絵など）の効果を検討した結果，関係づけへの効果は認められなかったと報告している。けれど，高齢者に対する「関係づけ」の支援が高齢者にまったく無益かといえばそうではないようだ。図4-4は，前節で取り上げた「携帯電話を用いた119番通報のしかた」を題材に用いて，携帯電話の利用経験の異なる高齢者に，見出しの様式が違う説明書の「わかりやすさ」を7段階で評定させた結果である（山本，2009）。携帯電話の利用経験が1年以上の高齢者では評定値が高く，評定値が大学生に近似しているが，1年未満では評定値が低かった。高齢者が理解する際に，自分の既有知識（経験）といかに「関係づけ」るかが「わかりやすさ」にとっていかに大事であるかが示唆される結果となっている。

3）MMSE（Mini-Mental State Examination）は，主に高齢者に対して最も広く使われている認知機能のスクリーニング検査である。

4．結　語

　本章を読み終えたこの段階で，ご自分の周りの説明書，わけても取扱説明書を手にとって欲しい。それらは子どもや高齢者を助けているだろうか。本論では，「ユーザサポート」と称されるそうした説明書が支援的な役割を果たしていないと指摘してきた。「読み手が主役」という説明社会の原則に照らせば，読み手に役立たない説明書は紙くずに等しい。「手すり」のたとえで言うと，本当に必要としている人に恩恵を与えない「手すり」がいかに無用かと同じように，支援を求めている読み手に支援的な役割を果たさない説明書がいかに無意味かを本論は指摘した。特に，発達や加齢により認知的な制約を被るがために支援を必要とする子どもや高齢者に対して，支援的役割を果たしていないむごさを繰り返し糾弾してきたのである。この点はご理解いただけたものと思われる。

　ところが，問題は複雑に巡る。説明社会では読み手が主役と述べたが，読み手が「読み手」の座に永く居座れるわけではない。本書の読者もいつまでも読み手ではない。そのうちに立場が替わり，説明書の書き手にさせられてしまう。例えば筆者は海外旅行に行って現地で携帯電話を借り，その使い方を自ら編み出してメモ用紙に筆記し，子どもたちに提示したことがある。そして，この時，乗り越えがたい困難が降りかかった。そもそも電話の入力キーが英語だったこともあるが，発話モードへの切り替え方の違いを初めとして，日本式とは異なる使い方を子どもに説明することは至難であった。どうしても子どもだけで出かけて欲しかったので，苦心惨憺して作った説明書を手渡したことを思い出す。この旅で，もし高齢の両親を同伴し，同様の説明が必要になっていたなら困難は倍増したかもしれない。果たして，小さな文字は読めたであろうか。これはあなたにも起こりうる。あなたが説明責任を果たすには，子どもや高齢者にわかってもらうように書かねばならないのだ。あなたは，子どもと高齢者のわかり方を知ったうえで，それぞれを支援するように説明書を書くことが求められるのである。ところが，本章で垣間見たように，これは至難である。本章を読むことで，こうした書き手のニーズに応えることができればと，願ってや

まない。

■ 文　献

Ackerman, B. P., and McGraw, M. (1991). Constraints on the causal inference of children and adults in comprehending stories. *Journal of Experimental Child Psychology*, 51, 364-394.

Brown, A. L., and Smiley, S. S. (1977). Rating the importance of structural units of prose passages: A problem of metacognitive development. *Child Development*, 48, 1-8.

Chapanis, A. (1965). "Words, words, words". *Human Factors*, 7, 1-17.

Charness, N., Schumann, C. E., and Boritz, G. M. (1992). Training older adults in word processing: Effects of age, training, technique, and computer anxiety. *International Journal of Technology and Aging*, 5, 79-106.

Chmielewski, T. L., and Dansereau, D. F. (1998). Enhancing the recall of text: Knowledge mapping training promotes implicit transfer. *Journal of Educational Psychology*, 90, 407-413.

Coe, M. (1996). *Human factors for technical communication*. New York: John Wiley & Sons.

Conrad, R. (1962). The design of information. *Occupational Psychology*, 36, 159-162.

Craik, F. I. M., and Jennings, J. M. (1992). Human memory. In F. I. M. Craik, and T. A. Salthouse (Eds.), *The handbook of aging and cognition*. Hillsdale, NJ: Lawrence Erlbaum Associates. pp. 51-110.

深谷優子 (1999). 局所的な連続性を修正した歴史テキストが学習に及ぼす影響　教育心理学研究, 47, 78-86.

比留間太白・山本博樹（編）(2007). 説明の心理学―説明社会への理論・実践的アプローチ―　ナカニシヤ出版

Hartley, J. (1994). *Designing instructional text* (3rd ed.). East Brunswick, NJ: Nichols.

海保博之 (2002). くたばれ，マニュアル！―書き手の錯覚，読み手の腑癇―　新曜社

海保博之 (2007). 説明社会の心理学的諸問題と今後の展開　比留間太白・山本博樹（編）説明の心理学―説明社会への理論・実践的アプローチ―　ナカニシヤ出版

岸　学 (2004). 説明文理解の心理学　北大路書房

Kulhavy, R. W., Stock, W. A., and Caterino, L. C. (1994). Reference maps as a framework for remembering text. In W. Schnotz, and R. W. Kulhavy (Eds.), *Comprehension of graphics*. Amsterdam, North-Holland: Elsevier Science. pp.153-162.

久保寺佳奈・山本博樹・岸　学 (2008). 児童における手順文からの学習に及ぼすイラストの効果　東京学芸大学紀要（総合教育科学系）, 59, 135-144.

Mayer, R. E. (2008). *Learning and instruction* (2nd ed.). Upper Saddle River, NJ: Prentice Hall.

McNamara, D., Ozuru, Y., Best, R., and O'Reilly, T. (2007). The 4-pronged comprehension strategy framework. In D. McNamara (Ed.), *Reading comprehension strategies:*

Theories, interventions, and technologies. Mahwah, NJ: Lawrence Erlbaum Associates.pp. 465–496.

Meyer, B., and Poon, L. (2001). Effects of structure strategy training and signaling on recall of text. *Journal of Educational Psychology*, 93, 141–159.

Meyer, B., and Pollard, C. (2006). Applied learning and aging: A closer look at reading. In J. Birren and K. Schaie (Eds.), *Handbook of the psychology of aging* (6th ed.). San Diego, CA: Academic Press. pp. 233–260.

Meyer, B., Brandt, D., and Bluth, G. (1980). Use of top-level structure in text: Key for reading comprehension of ninth-grade students. *Reading Research Quarterly*, 16, 72–103.

Morrell, R., and Echt, K. (1997). Designing written instructions for older adults: Learning to use computers. In A. D. Fisk, and W. A. Rogers (Eds.), *Handbook of human factors and the older adults*. San Diego, CA: Academic Press. pp. 335–361.

Morrow, D. G., Hier, C. M., Menard, W. E., and Leirer, V. O. (1998). Icons improve older and younger adults' comprehension of medication information. *Journal of Gerontology: Psychological Sciences*, 53, 240–254.

Scardamalia, M., and Bereiter, C. (1984). Development of strategies in text processing. In H. Mandl, N. L. stein, and T. Trabasso (Eds.), *Learning and comprehension of text*. Hillsdale, NJ: Lawrence Erlbaum Associates. pp. 379–406.

多鹿秀継・川上昭吾（1988）．理科教授における先行オーガナイザの効果　日本理科教育学会研究紀要，29, 29–38.

テクニカルコミュニケーター協会（2003）．テクニカルコミュニケーション—マニュアル制作ディレクション編試験ガイドブック—　テクニカルコミュニケーター協会

Taconnat, L., and Isingrini, M. (2004). Cognitive operations in the generation effect on a recall test: Role of aging and divided attention. *Journal of Experimental Psychology: Learning, Memory, and Cognition*, 30, 827–837.

Wood, J. H., and Bernard, R. M. (1987). Improving older adults' retention of text: A test of an instructional strategy. *Educational Gerontology*, 13, 107–120.

Wright, P. (1999). Printed instructions: Can research make a difference? In H. J. Zwaga, T. Boersema, and H. Hoohout (Eds.), *Visual information for everyday use: Design and research perspectives*. London, UK: Taylor & Francis. pp. 45–66.

山本博樹（2002）．取扱説明書の理解と学習　高橋秀明・山本博樹（編）メディア心理学入門　学文社

山本博樹（2004）．住まいにおける高齢者と操作手順の学習支援　基礎心理学研究，23, 77–82.

山本博樹（2009）．高齢者の手順文記憶に及ぼす標識化様式の効果に関する研究　平成18-20年度科学研究費補助金（基盤研究c）研究成果報告書

山本博樹・島田英昭（2006）．手順文の記憶に及ぼす標識化効果の認知加齢メカニズム　心理学研究，77, 20–222.

山本博樹・島田英昭（2008）．高齢者の説明文記憶を支援する標識の明示性—体制化方略

の変更とその所産の分析— 教育心理学研究, 56, 389-402.
山本博樹・島田英昭（2010）. 児童の構造方略に対する支援可能性と前提要因—読み時間に基づく考察— 日本教育心理学会第52回大会発表論文集, 258.

● 第5章 ●●●
「使いやすさ」を考える：高齢者−若年成人比較から見えてくること

原田悦子

🌑 1.「モノを使う」というコミュニケーション

　認知心理学とは「頭の中での情報処理のメカニズムを明らかにする」研究領域である。例えば，「3 + 5」を暗算で計算するとき，私たちの頭の中で様々な情報処理が起きている。どのような情報がどのような処理をされることによって「計算結果がちゃんと答えられる」のかを明らかにするのが，認知心理学である。それでは「35 + 58」を電卓で計算するとき，そこでは何が起きているだろう？　実際にその様子を頭に思い浮かべてみると，「35」という情報，「+」という演算操作，そして「58」という情報を順番に電卓に「伝えて」いき，その結果を正しいものとして受け止める，という電卓との間の「やりとり」が発生することがわかる。もちろん，それは「計算をすべて電卓に任せている」のではなく，その問題を「間違いなく実施している」ことをモニタリングし，出てきた結果が「本当らしい」と判断するといった「頭の中での情報処理」も起こっている（もし上の問題で「答えが4」となっていたら，あれ？おかしいよ？と思うに違いない）。しかし，電卓という「外にあるモノ」とのやりとりが発生することによって，暗算で計算するときとは異なり，「頭の中での情報処理」と「外とのやりとり」が同時に起こっていることがはっきりとわかるだろう。

　こうしたモノと人とのやりとり，すなわち相互作用もまたコミュニケーションの一種である。またその相互作用がスムーズにいくときには人にとってそのモノが「使いやすい」と感じられ，途中で止まってしまったり，間違った方向に行ったりすると（エラー発生！）と，そのモノが「使いにくい」と考えやすいことも想像に難くない。このように，人（の頭の中）と外にあるモノとの相互作用がどのように生じているのか，その結果，全体としてどのような認知的

処理(情報処理)が起きているのかを検討・分析する研究領域が,認知工学(cognitive engineering)と呼ばれる領域であり,そうした研究の成果から「人にとっての使いやすさ」を明らかにし,同時に「そのモノを使いやすくするデザインを提案する」ことに直接的に役立てていくこともできる。

一般に,モノの使いやすさ・使いにくさは,そのモノ自体の属性であるかのように考えがちである(「このコップは使いやすい」など)。しかし,実際には,使いやすさという属性は,つねに人との間の相互作用に伴って発生するものであり,さらに言えば「それを人がどう感じたか」という感性的属性なのである。したがって「使いやすさの科学」は必然的に認知心理学の研究となる(原田,1997)。

現代社会における人の生活の特徴の1つは「多様なモノの氾濫とそれへの依存の高さ」である。モノは,心理学の研究では人工物(artifacts)と呼ばれ,「人が何らかの目的のために作成した事物」であり,いわゆる「道具」とほぼ同義である[1]。移動をする,人に連絡をとる,食事の支度をする,体を清潔に保つ,などなど様々な「日々の活動」を考えてみても,現在の私たちの行動は,そのほぼすべてにおいて,しかも多様なレベルで何らかの人工物(モノ)が関わり,モノの存在に依存している。そうしたモノの存在ならびにその相互作用の仕方が,人の認知過程にどのような影響を与えているのだろうか。そうした側面も研究対象とすべき問題の1つである。

それでは実際に起こっている人-モノ間相互作用はどのようにして,記述することが可能であろうか。また,どのようにして「使いやすさ」の問題を探り,解決していくことができるのだろうか。

二重のインタフェイスモデル

本章では,認知工学における最も汎用性があり,かつ有効なモデルとして,佐伯の「二重のインタフェイスモデル」(佐伯,1988)を紹介する(図5-1)。インタフェイスとは,日本語にすれば接面,つまり「二つのものが接する処」

---

1) 実際には,人工物(モノ)には,空間配置やルール・制度などの社会システムなど,物理的な実体を伴わないものも含めて考えられる。必要条件としては,「人が作ったものであり,したがって人によって作り直すことが可能である」ものと定義しておきたい。

であり，情報がやりとりされる場所でもある。このモデルの肝となる部分は，その接面には実は2種類があり，それが重なり合っている，という点である。

例えば自分で撮った写真を，メイルで友人に送ろうとする場面を思い浮かべて，この図を理解してみよう。あなたが「現実に生じさせたいこと」つまり目標は，物理的（身体空間）世界で，自分が撮った写真を友人の持っている情報機器の画面に表示することである。しかし，あなた自身の身体でそれを実現することはできず，あなたが直接に働きかけるのは自分の携帯電話であり，そこで「この写真を○○さんのアドレスに送る」という指示を送るのみである。その「実際に操作をするところ」が人とモノとの間の「第1のインタフェイス」である。そうすると，それを命じられた（！）携帯電話がその写真とアドレス（とおそらくはそこにつけられたメイルの文章も）とを通信ネットワークを用いて送信する（実際には，さらにその後に，友人のアドレスにその信号が届く，友人の携帯電話にそれが届けられる，友人の操作を経て，それが画面に表示される，という物理的処理が続く）。この，人工物が実際の世界に向かって働きかけるところが「第2のインタフェイス」である。送信がうまくいくと，携帯電話にはその結果が良好という情報が入ってくる（第2のインタフェイス）。そして携帯電話は，それをあなたに知らせるべく「送信終了」というメッセージを表示し，あなたはそれを見て，うまく送れたことを確認する（第1のインタフェイス）。

ここで重要なことは，これは，あなたが実現したいこと（目標）を実際に実

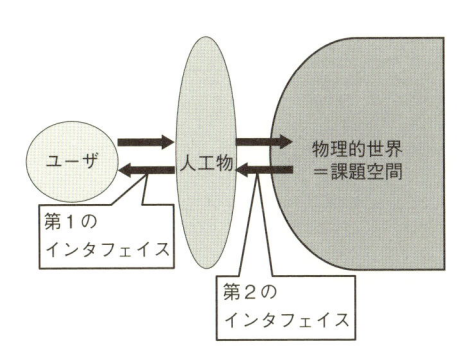

図5-1 二重のインタフェイス理論 (佐伯, 1988)

行する過程(問題解決過程)であり，しかしその本来の実行部分は人工物によって実施されていること，つまり人工物が世界に対するメディア（媒体）になっているということ，したがってあなたは，自分が第1のインタフェイスでどうやって操作をするかを知ると同時に，その結果，第2のインタフェイスで何が起こるのかを学習していないと，このモノを自分の目的に合わせてうまく使えない，ということである。二種類のインタフェイスでのそれぞれの意味と操作方法とを学習して「自分の目的に合わせて利用することができる」ことが，モノが使えるようになるという意味なのである。

　実際，1つのモノをしっかり学習して使えるようになったとき，人の頭の中では，第1のインタフェイスでのやりとりと第2のインタフェイスでのやりとりの結び付きが強く，ほとんど分かちがたくなってくる（水道の蛇口を時計回りにひねると水が出ることや，自動車の運転をするときにハンドルを右に切ると車体が右折することを，私たちは当たり前のように期待している）。こうした状態のとき，メディアである人工物（蛇口の水栓，車のハンドル）が「透明になった」と考える。

　私たちの日々の生活の中で，モノを利用した活動は，実際の問題解決を行い，自分にとっての目標を達成していきつつ，対象となるメディア＝人工物を「使うことの学習」も同時に進めている。その結果，使い慣れたモノについては存在が「透明になっている」ために，意識には上らず，自動的に処理が行われる存在となっていることが多い。逆に，「使いにくい」と私たちが感じるものは，第1のインタフェイスでどうしたらよいのかわからない，あるいは第2のインタフェイスで何が起こっているのかがわからないモノであり，そのときにはそこでのメディアであるモノ自体が「世界の前に立ちはだかる」ものとして見えている状態であることに気づくであろう。

　こうしてみると，人工物はまさに「人と世界の間をつなぐ」コミュニケーターであり，それをいかに透明化を促進して「人が思うとそのまま実行できるように」していくことが，使いやすさの設計（デザイン）の目指すところとなる。このように，モノの使いやすさ，すなわちデザインのよさは，人から見てどのように見えているかというパーソナルビュー（Norman, 1991）に依存していること，そこで実際にモノを使いながら生ずる「使うための学習」に常時影響

を受けていることを再度確認しておきたい。

2．高齢社会に出てきた「使いやすさ」の問題

　さて，現代の先進国社会に共通する特徴として，人工物依存の他に必ず出てくるのは，社会の高齢化と情報化である。実際，日本全体でみて65歳以上の人口は毎年0.5％程度上昇し，2015年には全人口の26％を超える（内閣府，共生社会政策ホームページ）。このため社会全体のあり方や仕組みをこうした高齢者の占める割合の高い社会に合わせていく必要性が急速に高まってきている。社会の情報化はこうした高齢化とは本来は独立に生じているはずであるが，現実の状況としては，高齢化と情報化とが「同時にかつ非常に高速に」進んできているのが日本社会の特徴とされている。その結果，現在，2つの面で「使いやすさ」の保証が緊急の課題となってきている。

　1つは，社会の情報化が深化することにより，その情報媒体を使いこなせない人が相対的な不利益を被るという問題，いわゆるデジタル・デバイドである。文字どおり，社会での生活全体が情報化した今，これは単に「コンピュータが使えないと仕事の選択の幅が狭くなる」といった問題にとどまらない。例えば，携帯電話の普及により公衆電話数が極度に減少し，「これまでは電話が使えていた人たち」にとって電話が使いにくくなっている。また，「ネットで検索」できない人には「お得な割引」も「いつでも予約」のサービスも受けられなくなっている。米国など他の国・文化圏では人種や社会階層によるデジタル・デバイドが問題となってきているが，日本においては，超高齢社会の中，年齢によるデジタル・デバイド問題が，社会の変化によって「昔はできたことが，できなくなってくる」問題として，文字どおりじわじわと領域を広げてきている。

　もう1つは，そうした社会の中での高齢者のための支援システムを考える際，新たに作り出されてくる社会的サービスや制度は，どうしても電子情報的なネットワークシステムの利用を前提にせざるをえないという点である。地域在住で相対的に元気な高齢者世帯（独居を含む）の割合は年々増えており，こうした世帯への社会／福祉／健康サービスをいかに実現するかを考えると，限

られた社会的な資源で実現可能な「低コストの」システムにすることが必要条件であり，そのために自動化と情報の統合的処理をもたらす情報ネットワークをシステムの基盤とすることは逃れられない状況にある。

実際のところ，これまでに多くの「高齢者支援のための情報ネットワーク実験システム」が提案され，テスト利用されてきている。しかし多くの試みが「生活に根付いて使うところにはいたらない」という結果に終わっている。一般に高齢者は電子情報系のシステムを使うことがあまり得意ではなく，また好まないともされる。それだけに「高齢のユーザが自分なりに使えるように，作り込むこと」が必要条件であることは，ある意味で自明の要件であろう。

このように情報化と高齢化の同時進行ならではの「高齢者にとっての使いやすさ」の問題が注目されてきている（原田，2012）。しかし，こうして考えていると，1つの疑問が思い浮かぶ，つまり「高齢者にとっての使いやすさ」が問題になるということは，「モノの使いやすさ」は，人によって異なるのだろうか？ ユニバーサリティ，すなわち誰にでも共通のものとしては存在しないのであろうか？ という疑問である。

［1］「使いやすさ」はユニバーサルか？：問題

言うまでもなく，認知心理学の研究成果は，基本的にすべての人にあてはまる，すなわちユニバーサリティがあるという前提で議論がなされている。しかし，個々の結果・知見には必ず，実験や調査による「データ」で裏打ちされた根拠があるのだが，実はその根拠となるデータは「特定の地域，特定の大学の学部生20名程度のデータ」に過ぎないことが少なくない，いや大半であるといっても過言ではない。つまり，これまでの認知心理学では，20名の大学生の示す事実が「すべての人一般に当てはまる」と考えられてきており，認知心理学の研究に基礎を置くからには，「人にとっての使いやすさについて」もユニバーサリティが存在することは大前提であると考えられる。

しかし，一方で，実際にモノを作っている現場からは，高齢のユーザに「使ってもらえない」「思いがけない操作エラーを報告される」という話に事欠かず，「高齢者にとっての使いやすさは，若い成人にとっての使いやすさと違うのではないか？」という素朴な疑問がもち上がってきている。

人にとっての使いやすさには，ユニバーサリティがないのか，高齢者にとっての使いやすさは「人一般」にとっての使いやすさとは異なるのだろうか。この問題に取り組むために，私たちの研究室では「実際の典型的なユーザに，典型的な課題を与え，その利用時の相互作用をできるだけ詳細に分析する」認知的ユーザビリティテストを，大学生を中心とした若年成人と（65歳以上の）高齢者群との間で比較をするという実験を様々な機器について行ってきた（原田・赤津，2003）。その結果としてわかってきたことは，非常に興味深い二面性であった。

［２］高齢ユーザにとっての「使いやすさ」とユニバーサリティ：二面性

俗にいう「高齢者は電子情報機器が苦手」という現象は，嘘ではない。実際に，多様な機器・システムを対象としたテストを実施したとき，若年成人ではまったく問題なく利用されているように見えるものであっても，高齢参加者ではたくさんの多様なエラーが見出される。これは，若年成人に疑似高齢者体験装置である「うらしま太郎」（長寿社会文化協会）を身に着けてもらい，視覚聴覚などの感覚知覚機能と身体運動機能とを80歳以上の状態になるようにして，テストした場合も，同様である。原田・赤津（2003）では，特に様々な機器に共通して現れる高齢者の人-人工物間相互作用の特徴として，表５-１の５つをあげている。

こうした相違はなぜ発生するのだろうか？　その原因も実は単純ではなく，図５-２に示す４層の要因とその間の交互作用が関与している（原田，2009）。第１層としては，いわゆる認知的加齢，すなわち脳神経系の加齢変化による認知機能自体の加齢による変化がある（Craik and Salthous，1992，2001，2007）。この中でよく知られたものとしては，抑制機能低下（関係のない情報を無視することが難しくなる；Hasher, Zacks, and May，1999）やエピソード記憶の低下（いつどこで何を経験したかについて意識的に思い出すことが難しくなる；McDaniel, Einstein, and Jacoby，2008）といったものが存在する。

それに加えて，より周辺的な機能である感覚知覚機能や身体運動機能についても，機能低下することによって「見えづらいから一生懸命読む」などの「より多くの認知的なエネルギーを低位の機能の実行に注ぐ」ために，複雑なこと

表5-1 高齢者に見られる人-人工物相互作用の特徴的現象 (原田・赤津 (2003) より作成)

(a) 知覚的顕在性（聴覚刺激，物理的な存在，注意を惹く視覚特性など）による影響を被りやすい
   例）関係のない音声ガイダンス「お名前を入力してください」に従って，名前を2回入力してしまう。
(b) 画面内での情報の変化に気づきにくく，情報の理解に時間を要する
   例）目的の「メイルの本文」が既に表示されているのに，気づかず，他の操作をしようとする。
(c) 知覚運動学習は顕著だが，概念的学習は困難を示す。
   例）文字入力画面からの自分の姓名入力に必要な操作時間などは急激に縮減する。しかし「メイルを見る」ためのモード切替を学習した後でも，「情報検索」の際に同じモード切替が必要であることに気づかない。
(d) 同一・類似の画面（状況）において，すでにエラーであることがわかっている操作を何度も反復して行う
   例）次頁の表示をする操作が「1．次へ」となっているにもかかわらず，ボタン1ではなく，ボタン2を押すという操作が，2ページ目以後の画面で何度も繰り返される。
(e) 自己の社会的有能感を高く維持するための目標選択をする，また対象の人工物がコンピュータ的なものであるかどうかという判断によって，主体的な判断を行うか否かが大きく異なる。
   例）炊飯器など「コンピュータに見えないもの」の場合には，様々なボタンを押してみる，自分なりのメンタルモデルで使い方を推測しようとするが，ビデオゲーム機に対しては，「わからない」「こわしそう」とできるだけ操作を避けようとする。

を考えたり意図したりする高次認知機能が低下するという現象も存在する（第0層）。例えば，聴覚的な機能低下（聴覚損失，hearing loss）の結果，基本的なレベルでの言語理解に要する認知的負荷が増大するために，より複雑な文章理解の理解度を低下することが知られている（Wingfield, Tun, and McCoy, 2005）。

またとりわけ現在の高齢者層にとっては，これまでに電子情報機器類に接する経験が少なかったことも原因の1つとなる。特に個別の機器の利用経験のみならず，そもそも「情報という概念」が正確に把握されていないことが多く，大きな問題となっている（第2層）。

さらに高齢化の影響を複雑にしているのは，自分の認知活動状態に対するメタ認知（例：暗証番号などのような無機的な情報を忘れることがある，自分はコンピュータを使えないと思っている，など）があることである。こうしたメタ認知に基づき，全体としての自分を社会的に有能な存在として保ちつづけるために，モノに対してどう振る舞うかを判断し，例えば「使わない」という目

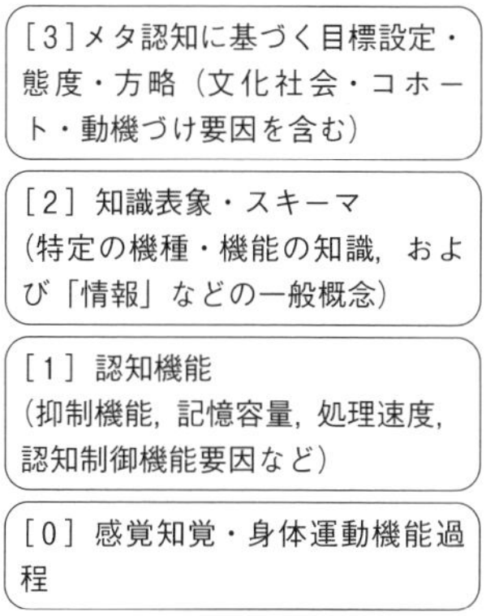

```
[3] メタ認知に基づく目標設定・
    態度・方略（文化社会・コホー
    ト・動機づけ要因を含む）

[2] 知識表象・スキーマ
    （特定の機種・機能の知識，およ
    び「情報」などの一般概念）

[1] 認知機能
    （抑制機能，記憶容量，処理速度，
    認知制御機能要因など）

[0] 感覚知覚・身体運動機能過
    程
```

図5-2　認知加齢を理解するための4要因複層モデル

標を設定してしまうといった行動が発生する（第3層）。こうした多様な側面での認知機能の加齢効果があいまって，実に複雑な「高齢者にとっての使いやすさ・使いにくさに関する状況」が出てきていると考えられる。

しかし一方で，実際に高齢者が共通してエラーを生じる「悪いデザインのモノ」について，人-モノ間相互作用を丁寧に分析をしてみると，興味深いことに，そうした悪いデザインでは若年成人でも決してスムーズに相互作用がなされているのではないことがわかってきた。若年成人では現象としてはエラーが見られない場面であっても，高齢者がエラーを起こす処と同じ処に指が動いてから正しいキイに行く，いわばマイクロスリップ（鈴木・三嶋・佐々木，1997）や，その場面でしばらく操作が滞り「あぁそうか」という発話と共に，正しい操作がなされるといった「ためらい」が頻繁に観察される。また若年成人が高齢者と同じエラーを起こすことも少なくないのである[2]。

すなわち，悪いデザインは誰にとっても使いにくく，誰にとっても問題である。その中で，高齢者はデザインの悪さに「素直に」問題を発生するのに対し，若年成人は何らかの形で自力で乗り越えていると考えることができる（Harada,

---

2）表5-1の（d）にあるように，同じエラーを起こしたとき，若年成人は次にその場面に来たときに「その前とは違う操作」を探し，同じエラーを回避するが，高齢者は同じ操作を何度も繰り返すエラー反復が見られる。このエラー反復という現象は「目を惹きやすい」デザインよりも「やるべき目標が複数ある」場合に起こりやすいことが明らかになっている（Harada, Suto, and Asano, 2011）。

Mori, and Taniue, 2010 ; Mori and Harada, 2010)。すなわち，高齢者にとっての使いにくさの研究を進めていくことは，逆に若年成人が「どのようにして，そのモノを使うという問題解決をしながら，モノの使い方を学習しているのか」という解明が必要であること，実際そのプロセスはまだまだ認知心理学研究の中で「わかっていない」ことを示している。こうした二面性のメカニズムは，さらに研究を積み重ねていくことが必要であるが，高齢者研究によって，より一般性の高い心理学研究が進められてくるという「研究方法としてのユニバーサリティ」の存在を示す好例であろう。

3．高齢者にとっての「使いやすさ」研究は何をもたらすか

　この認知的加齢と使いやすさの関係性の二面性は，実はモノのデザイン上の問題点は若年成人よりも，高齢者が利用する様子を観察することによって，より豊富かつ効率的に抽出することができるという実利的なメリットを示唆している（原田，2012）。またそのことは，高齢者ユーザの使いやすさを追求することによって，すべての人にとっての使いやすさを獲得することができるというユニバーサルデザインの原理が「実際に成立している」ことも示した。

　ここでみられるユニバーサリティは，認知心理学が前提としている「認知的過程のユニバーサリティ」を反映していると考えられる。しかし，それでは「誰にとっても使いやすいデザイン」という意味でのユニバーサルデザインは，少しばかり人間を実験室で観察すれば簡単に明らかになるということであろうか？　いや，まったくそうではない。なぜならば，使いやすさはモノの特性だけでないと同様に，ヒトの特性だけでも決まるものではなく，モノと人の相互作用で生じるものだからである。さらにそうした相互作用は，どのような状況の中でどのような目標の下で生じるのかによって，それ自体大きく異なることから，「限定的な状況の中での限定的なモノに対する」人のデータから，一律に使いやすさの「原理」が抽出されることは，ありえない，のである。実際，モノのデザインにおいて，使いやすさの多様性をもたらしているのは，ユーザの多様性ではなく，人がモノを使うときの「目標とその状況」の多様性である。目標とその置かれた状況がまったく同じであれば，人はかなりの程度で誰でも

「同じ」行動をとるが，目標・状況が少しでも異なると，人の行動は（同じ人であっても）大きく変化する。したがって，「人にとって使いやすいデザイン」を実現するには，そのモノを使うために存在すると考えられる目標，状況，そしてその人工物自体を丁寧に分析していくことが必要であり，それは人の視点，すなわちパーソナルビューからの認知的課題分析（cognitive task analysis）によって明らかにされていくのである。こうしたことから，近年ではユーザビリティテスト・ラボ内での詳細な相互作用分析に加えて，実際のフィールドで実際の人々の行動を観察していく，いわゆるエスノグラフィによるアプローチも重要性を増してきている（茂呂・青山・伊藤・有元・香川・岡部，2012）。

同時に，高齢者にとっての使いやすさ・使いにくさが若年成人とは一見したところでは異なる様相を示すのは，人がモノを使うときに「問題解決を行いながら行っている学習」が重要である可能性を示し，またそのメカニズムについて，未だ認知心理学ではわかっていないことが多々あることを示した。例えば，森と原田（Mori and Harada, 2010）は，そうした学習が「周りにいる人」によって支えられている可能性を「孫同居による学習促進」として実験的に示している。また，赤津・原田（2008）では，人がモノを使う際に，実際に触って利用してみながら，自分にとっての使い方をつくり出していく創発的使用というプロセスが重要であること，その創発的使用の現れ方には加齢による影響が大きいことを示している。このように「使うことの学習」を何が妨げているのか，あるいは促進しているのかという問題は，まだまだ多様な要因がありそうであり，また高齢者とモノの使いやすさに限らない重要な問題の存在を指している。今後のさらなる研究が必要とされているところである。

もう1つ，最後にもう一度，図5-2の4層モデルを眺めてみたい。実のところ，この4種類の要因構造は，人の高次の認知機能全体に関わる仮説としても有用である。例えば，記憶研究における加齢効果についても，この4層と類似した複数レベルの輻輳的な要因があげられている（Hess, 2005；Hess and Emery, 2011）。実際，記憶のみならず，問題解決や意思決定，対話理解などの人が行っている高次な認知機能のメカニズムにおいてつねにこうした4つのレベルの要因が大きな影響を与えており，加齢の効果以外の様々な効果（例えば性差）についてもこうした四層が複合的な効果をもたらしている可能性があ

る。なぜならばこうした高次認知機能は,「その人のもっている目標」とそれが実施される状況の影響下にあると考えられるためである。高次認知機能に関する心理学的研究を行うときには,目標と状況を視野に入れ,多様な要因をこうした4層に整理しながら全体のメカニズムをみていくことをお奨めしたい。

人の認知的な働きは,実に複雑であり,繊細である。そうした働きをできる限り「生きている姿のままに」「科学的な詳細さをもって」捉えるためにも,モノとの相互作用を見る,また高齢者と若年成人の比較をするという研究方法は実に有効である。より一般的な心理学への展開を含めて,今後の展開が期待されるところである。

■文　献

赤津裕子・原田悦子（2008）．人工物に対する創発的使用：単構造の人工物との相互作用から見た若年成人と高齢者間比較　人間工学, **44**（5），268-278.

Craik, F. I. M., and Salthouse, T. A. (1992). *The handbook of aging and cognition.* Hillsdale, NJ: Lawreuce Erlbaum Associates.

Craik, F. I. M., and Salthouse, T. A. (2001). *The handbook of aging and cognition* (2nd ed). New York: Psychology Press.

Craik, F. I. M., and Salthouse, T. A. (2007). *The handbook of aging and cognition* (3rd ed.). New York: Psychology Press.

原田悦子（1997）．人の視点からみた人工物研究　共立出版.

原田悦子（2009）．認知加齢研究はなぜ役に立つのか：認知工学研究と記憶研究の立場から　心理学評論, **52**（3），383-395.

原田悦子（2012）．「みんラボ,発進」：高齢者のための使いやすさ検証実践センターについて　人間生活工学研究, **13**（1），71-74.

原田悦子・赤津裕子（2003）．「使いやすさ」とは何か：高齢化社会でのユニバーサルデザインから考える　原田悦子（編著）「使いやすさ」の認知科学：人とモノの相互作用を考える　共立出版　pp. 119-138.

原田悦子・赤津裕子（2004）．家の中の学習：高齢者にとってのものの使いやすさから考える　野島久雄・原田悦子（編）〈家の中〉を認知科学する―変わる家族・モノ・学び・技術―　新曜社　pp. 157-173.

Harada, E. T., Mori, K., and Taniue, N. (2010). Cognitive aging and the usability of IT-based equipment: Learning is the key. *Japanese Psychological Research*, **52**, 227-243.

Harada, E. T., Suto S., and Asano, A. (2012). Error repetition phenomenon and its relation to cognitive control, memory and ageing: Why does it happen outside the psychology lab? In M. Naveh-Benjamin, and N. Ohta (Eds.), *Memory and aging: Current issues and future directions.* New York: Psychology Press. pp. 49-67.

Hasher, L., Zacks, R. T., and May, C. P.（1999）. Inhibitory control, circadian arousal, and age. In D. Gopher, and A. Koriat（Eds.）, *Attention and performance XVII: Cognitive regulation of performance: Interaction of theory and application.* Cambridge, MA: The MIT Press. pp. 653-675.

Hess, T. M.（2005）. Memory and aging in context. *Psychological Bulletin,* **131**（3）, 383-406.

Hess, T. M., and Emery, L.（2011）. Memory in context: The impact of age-related goals on performance. In M. Naveh-Benjamin, & N. Ohta（Eds.）, *Memory and aging: Current issues and future directions.* Psychology Press. pp. 183-214.

McDaniel, M. A., Einstein, G. O., and Jacoby, L. L.（2008）. New considerations in aging and memory: The glass may be half full. In F. I. M. Craik, and T. A. Salthouse（Eds.）, *The handbook of aging and cognition*（3rd ed.）. New York: Psychology Press. pp. 251-310.

Mori, K., and Harada, E. T.（2010）. Is learning a family matter?: Experimental study of the influence of social environment on learning by older adults in the use of mobile phones. *Japanese Psychological Research,* **52**, 244-255.

茂呂雄二・青山征彦・伊藤　崇・有元典文・香川秀太・岡部大介（2012）. 状況と活動の心理学：コンセプト・方法・実践　新曜社

内閣府（共生社会政策ホームページ　高齢社会白書　http://www8.cao.go.jp/kourei/whitepaper/index-w.html.）

Norman, D. A.（1991）. Cognitive artifacts. In J. M. Carroll（Ed.）, *Designing interaction: Psychology at the human-computer interface.* Cambridge: Cambridge University Press. pp. 17-38.（野島久雄（訳）（1992）. 認知的な人工物　安西祐一郎・石崎　俊・大津由紀雄・波多野誼余夫・溝口文雄（編）認知科学ハンドブック　共立出版）

佐伯　胖（1988）. 機械と人間の情報処理：認知工学序説　竹内　啓（編）意味と情報　東京大学出版会

鈴木健太郎・三嶋博之・佐々木正人（1997）アフォーダンスと行為の多様性：マイクロスリップをめぐって　日本ファジィ学会誌, **9**（6）, 826-837.

Wingfield, A., Tun, P. A., and McCoy, S. L.（2005）. Hearing loss in older adulthood: What it is and how it interacts with cognitive performance. *Current Directions in Psychological Science,* **14**, 144-148.

● 第6章 ●●●
インタフェイスとしての映像：わかりやすさを支えるしくみ

青山征彦

● 1．映像によるコミュニケーション

　私たちは今，コミュニケーションの転換期に立ち会っている。なかでも，映像が私たちの生活，ひいては社会に占める位置は，この数年で大きく変化したし，今もなお変化のただ中にあると言えるだろう。例えば，これまで映像コミュニケーションの中心にあったテレビは，2011年にアナログ放送からデジタル放送に移行し，本格的な多チャンネル時代に突入した（東日本大震災の影響で一部の地域では2012年3月末に移行した）。携帯電話やスマートフォンを用いて，移動中に地上デジタルテレビを視聴できるワンセグ（1セグメント放送）は，2006年からサービスを開始しており，すでに広く利用されている。

　また，2003年にサービスを開始したSkypeなどにより，テレビ電話も近年，急速に利用者が増えている。そして，2006年からサービスを開始したYouTubeやニコニコ動画のような動画共有サイトには，毎日大量の映像が投稿されており，テレビやビデオカメラなどの映像機器が動画共有サイトとの連携を打ち出すほどになっている。テレビ番組をテレビではなく，動画共有サイトで楽しむ人も増えつつある。

　このような動画共有サイトの興隆の理由として，自分で映像を撮影しやすくなったこともあげられるだろう。ビデオカメラは高性能かつ小型化し，安価になった。携帯電話やスマートフォンで撮影した映像ですら，一昔前のビデオカメラよりも精細であることが多い。数年前までは，映像を撮影することは，けっして日常的なことではなかった。しかし，今や誰もが，日常的にすることへと変わりつつある。

　このように，映像と言えばテレビや映画を指していた時代は，もはや終わり

つつある。映像によるコミュニケーションは，テレビや映画といった言わば公共的な場を越えて，テレビ電話や動画共有サイトなどのより私的な場へと急速に拡大しつつあると言ってもよいだろう。今後，映像によるコミュニケーションが，人と人をつなぐインタフェイスとしてより重要なものになっていくのは間違いない。

そこで，本章では，映像とはどのようなインタフェイスなのかをあらためて検討したい。私たちは，日常的に映像にふれているが，普段は映像が伝える内容の方に関心がある。インタフェイスとしての映像に注意を向けることは，ほとんどないと言ってよいだろう。以下では，映像理解に関する心理学的な研究を紹介したり，映像表現を実際に分析したりしながら，普段とは違う視点から映像を見ていくことにしよう。

2. 映像は「見ればわかる」か：『きょうの料理』の分析から

インタフェイスとしての映像の特徴としてまずあげられるのは，その直接性だろう。目の前に広がる風景をことばで説明するのは難しいが，映像にすれば一目瞭然である。映像は，示したいものの見た目を直接的に示すことができる，という性質をもっている。

ただし，映像にすれば何でもわかりやすく説明できるか，というとそうでもないようである。例えば，料理の作り方を説明するために，料理人の動作を撮影したとしよう。料理人はプロなので，動作はなめらかで速く，切れ目なく続いて見える。調味料の加え方や火の通し方など，短い時間にも大切なポイントがいくつもつまっているに違いない。一方で，素人がおちいりがちな「やってはいけないこと」は，めったにしないはずである。これでは，料理人のすごさは感じられても，料理の作り方は少しも伝わらないに違いない。

つまり，映像を用いると指示対象を直接見せることができるからわかりやすい，というのは間違いではないにしても，正確ではないのである。上の例のように，そのまま見せられても，知りたいことがまったく伝わらないような映像もあるはずだ。それでは，映像でわかりやすく伝えるにはどうしたらよいか，というのが次の問いになるだろう。

そこで，以下では，実際の料理番組を分析しながら，この問いに答えてみたい。ここで題材とするのは，『きょうの料理』という番組である（2001年11月27日放映）。この番組は，1957年から続く長寿番組である（ちなみに，NHKのテレビ放送が始まったのは1953年である）。一度も見たことがないという人は，まずいないだろう。分析に取り上げる回はやや古いが，ていねいな作り込みというこの番組の特徴をよく伝えていると思う。

では映像を見てみましょう，と言いたいところだが，紙でできた本で，映像を実際に見せるのは不可能である（電子書籍ならば可能になるかもしれない）。そこで，映像を細かく文字に書き起こしたトランスクリプト（表6-1）と，実際の映像をもとにした図版（図6-1，2）を用いて検討することにしよう。もちろん，実際の映像を探して見た方が早いのではないか，と思われる読者もいるに違いない。確かに，料理の作りかたを知りたいのなら，実際の映像を見た方がわかりやすいのは間違いない（ただし，現時点ではNHKのオンデマンド配信で『きょうの料理』は見られない）。しかし，番組を細かく分析するのであれば，次々に変化してしまう映像よりも，動かないトランスクリプトの方が扱いやすい。

では，トランスクリプトを見てみよう（表6-1）。トランスクリプトには，一つ一つの画面（ショットと呼ぶ）が何秒くらいの長さで，被写体はどの程度の大きさで，何が映っていて，せりふはどのようなものだったか，といった情報が書き込まれている（このトランスクリプトの詳細については青山（2000）を参照のこと）。いくつも引かれている横線は，ショットとショットの切れ目を意味する。これを，カットと呼ぶ。カットとは映像の切れ目という意味だが，見方を変えると，映像のつなぎ目でもある点に注意したい（カットに関する議論については青山（2002）を参照）。

トランスクリプトには横線がたくさんあることから，映像がひんぱんに切り替わっていることがわかる。今回の事例では，5分あまりの映像に対して31回ものカットがあった。山本（1990）は，様々な番組でカットがどのくらいあるかを調べた結果を報告している。最もカットが多かったのはクイズ番組で，1分あたり13.7回もあった。最も少ないのはワイドショーで，1分あたり4.3回であった。今回の事例は1分あたり約6回なので，カットはそれほど多くない

表6-1 トランスクリプト（『きょうの料理』2001年放映）

時間	ショット	画面内容	せりふ	映像技法	音響技法
0分0秒	MS（ミディアム・ショット）	三人話しながら画面右に移動	（アナウンサー1（以下A1）：さあ続いては，じゃあ，なんちゃってチャーハン，行きましょうか。アナウンサー2（以下A2）：なんちゃって（笑））なんちゃってチャーハンね，もうこれはね，あのーうちではほんとにリクエスト多いんですよ。	↑ 画面右上に料理名 ❶	
0分11秒	MCU（ミディアム・クローズ・アップ）	ゲスト（以下G）のアップ	あのーぼくんちはね，お客様が非常に多いんですけど，お酒飲んでるでしょ，そうするとやっぱり，なんちゃってチャーハン非常にリクエスト多いです。これね，		
0分17秒	MS	三人が並んだ状態	あのーはっきり言いまして，たまごかけごはんを炒めただけなんです。でもそれだと，おまえ料理じゃないだろと，人をなめるなという方が多いんで，ちょっとだけテクニックを使います。まずね，あのー，たまごかけごはんって，たまごに味付けるでしょ，そうするとね色が茶色くなってねあがりがよくないんですよ，（A1・A2：あー）。ですからねちょっとしたことなんですが，		
0分39秒	CU（クローズ・アップ）❺	ごはんに醤油をかけている	ごはんに醤油かけします。（A1：それは薄口醤油？）そうです薄口醤油か，もしくはだし醤油がいいですね。生醤油だとちょっと強いと思うので，そこだけ，あの，守ってください。薄口か，だし醤油がおすすめです。それでね，	↑↓	画面下にごはんの分量など ❷

0分52秒	MCU	手元を見ているGのアップ	この醤油加減なんですけども，これはあのみなさん，あのたまごかけごはんって自分の世界持ってるでしょ。自分の味付けって持ってるでしょ。(A1：まぁありますね) オレの醤油。だからね，その
1分05秒	CU	ごはんに醤油を混ぜているところ	自分の好きな量で作ればいいわけじゃない。だから自分がおいしいたまごかけごはんの味をチューニングして，それを炒めればいいの。そしたら，だからその段階でまずいチューニングをする人はもうあきらめてもらうしかないわけで。
1分18秒	MS	三人が並んだ状態	たいがい自分の味ってあるでしょ醤油の濃さも。それにあわせればいいだけですよ。でこの，この段階でちょっと
1分24秒	CU	ごはんをしゃもじに	その味見てみればわかると思うんだよね。こうやって
1分27秒	MS	Gが味見する	こんなことやってね
1分29秒	MCU	Gがよろめく	うまい。これでうまいんじゃしょうがないね。
1分35秒	MS	三人が並んだ状態	これじゃねぇ，醤油に仕掛けしてあるみたいですけど。これでいい，ぼくのちょうど好きなあんばいですね。(A2：なるほど) で，これにたまご入れます。

1分43秒	CU	ごはんに卵を入れてまぜる	たまご, といたたまごね。(A1：あーいきなりもう混ぜちゃうんですねー)。うん, だから, とにかく自分がおいしいと思うたまごかけごはんの作りかたをここでやっていただければいい。ただ, ごはんに醤油を入れた方が, 色がきれい, それだけです, それだけです。それでね,		
2分01秒	MS	三人が並んだ状態	実はひとつだけ大切な大切なポイントがあります。これだけ守ってください。ブラックペパーなんです。(A1：ブラックペパー) これにあのブラックペパーってちょっと, あれ？って感じがするでしょ。(A1：意外な気がしますけど) へっへっへっへ。しかも, いいですか, (A1：あ, すごい)。		画面左下に「黒こしょう」
2分19秒	CU	ペッパーミルのアップ	♪らららららら～ (A2：歌いながらじゃないとだめなんですか) これはね,		
2分24秒	MS	三人が並んだ状態	友達のニューヨーク土産なんですよ。		
2分26秒	CU	ごはんをまぜる	便利でしょ。これすごく便利なのね。		
2分28秒	MS	三人が並んだ状態	炒めながらこうやって片手でできるでしょ。(A1：あーそうですね) 炒めながらこうやると焦げちゃうでしょ。これはほんと欠かせないですね。これだけ。		
2分35秒	CU	ごはんをまぜる	これでもう準備ができました。このね, あのこしょうとはね, ほんとに合うんですよ。ちょっと,		
2分42秒	MS	三人が並んだ状態	これ。ちょっと手いいですか。こしょうとたまごかけごはんが合うっていうのわかると思いますよ。		

第6章　インタフェイスとしての映像　　87

2分47秒	MCU	味見するA1	（A1：あ，合いますね。このちょっとぴりっというのが。）おもしろいでしょ。		
2分52秒	MS	三人が並んだ状態	（A1：おいしい）		
2分55秒	MCU	味見するA2	不思議に合うでしょ。（A2：おいしい　A1：おいしいですね。これだけでいいかなって感じ）		
3分02秒	MS	三人が並んだ状態	わかりました。じゃあ今日は炒めるのやめ。（A1：いやいやそういう問題では）そういうわけにいかない。（A2：おいしい）ねぇ，いいでしょう。不思議なんですよねぇ，このこしょうが合うんですねぇ。それで，これを油で炒めるだけです。		
3分12秒	CU	上から見たフライパン	ちょっとねぇ，ちょっと多めの油で，あのー強火で，	↑↓	画面左下にサラダ油の分量
3分20秒	MS	三人が並んだ状態　Gがコンロを操作する	がっと行きます（A1：強火でがっと行きますか）。強火でがっと行くんですが，あの，えっとこれ，これ。これこつはねぇ，ただ一つ，焼き過ぎだけはやめて。あのたまごって焼きすぎるとばらばらになってねぜんぜん風味がなくなっちゃうの。だから，それだけはあの，注意して。しないようにして。		
3分38秒	CU	上から見たフライパン　ごはんを炒める	それでね，具体的に言うと，2分以内にあげてください。（A1：2分以内）2分以内。2分以内にあげれば，大丈夫。これ僕もね何回も失敗したんだけど，ちょっと調子こいて炒めすぎるとほんとにおいしくなくなっちゃうの。	↑↓	画面下にポイントの表示　❸

3分53秒	ECU (エクストリーム・クローズ・アップ) ❻	横から見たフライパン	これだけシンプルなものだから、もう焼き方が勝負なんだよね。		
3分58秒	MS	三人が並んだ状態	(A2：具はたまごしか入ってないですもんね　A1：そうそうそうそう)		
4分03秒	CU	上から見たフライパン	それもすごく普通の量より多いでしょう。だから、たまごの加減だけが勝負だから、とにかくその、ま、最初からうまくいく場合もあるけど、たぶんねえ、最初からは決まんないかもしれない。でも、何回もやっていくうちに自分の焼き方を覚えるから。でこつは2分以内（A1：2分以内　A2：いま40秒くらいですね。ちょうどね）。あそう。(A2：はい) 数えてんの。		
4分21秒	MS	三人が並んだ状態でGがフライパンで炒める	(A2：あもう見てますよ時計) すごいなあ。(A2：チャーハンって難しいですよね、なんかばらばらにしなくちゃいけないとか) 僕はこればらばらにしなくていいチャーハンですからね。(A1・A2：あー) しかも、		
4分32秒	CU	上から見たフライパン	ばらばらにしちゃたまごの味がだめになる。その前で止めなきゃ。こんなもんでしょ、こんなもん。見た感じわかるでしょ、まだじめっとしてるでしょ。(A1：ちょっと)		
4分44秒	ECU	横から見たフライパン	これぐらいがほんとにごはんが、たまごがおいしい時なんです。これ以上		

4分48秒	MS	三人が並んだ状態でGが皿にチャーハンを盛る	やっちゃうと，たまごがやっぱり焼けちゃうとうまくない。(A2：たしかに1分ちょっとでしょ。とにかく何があっても2分以内ね。(A1：何があっても　A2：何があっても) あの電話とか出ちゃうとだめよ。こういうときに電話かかってきたら	画面上に料理名，下にカロリー表示
5分03秒	CU	皿の上のチャーハン	終わりだもんね，もう。(A1：ほんとですね) すっかりだめじゃん (A1：タイミング命ですね。) ほんとそう。あぁおいしそう。これはねぇ，もうすごいですよ，うちでリクエスト多くてね。(A1：なんちゃってチャーハンできあがりです)	終了のメロディ ❹

と言ってよいだろう。

　なお，近年は，カットがより多く挿入される傾向にあるようだ。稲増(2008)は，1979年と2004年に放映されたテレビドラマ『白い巨塔』の同じシーンを比較したところ，1979年版では3分あたりのカット数が23だったのに対して，2004年版ではカット数が83へと大幅に増加していることを指摘している。近年のコマーシャルや，ポピュラー音楽のプロモーション・ビデオでは，1秒に1回以上のカットが挿入されることも珍しくないほどだ。

　このように考えると，映像はこまぎれのショットをつなぎ合わせてできていることがわかる。しかし，私たちは，映像がこまぎれであることに気づかない。その理由の一つに，行為や音声が連続していることがあげられる。例えば，開始から2分から3分の間は，カットが頻繁に挿入されているが（表6-1），行為も会話も続いているため，映像もひとつながりのものとして認識されるというわけである。

　また，映像には，テロップなど文字が挿入されることも多い。この事例の開始直後から料理名が右上に表示されていたり（表6-1　①），分量が右下に表示されたり（同　②），「ポイント　いためすぎない」などと画面下に料理のポイントが示されたりもする（同　③）。文字だけでなく，料理の終了を知らせ

図6-1　3人が並んだ場面　　　　図6-2　調理中のボールへのクローズ・アップ

るメロディ（同　④）など，音響効果も用いられている。このように，料理番組は，映像だけでなく，音声や文字，音響効果といった要素が組み合わされてできている。もちろん，これは料理番組に限ったことではない。映像は，映像だけでできあがっているわけではない。むしろ，様々な要素が組み合わされたシステムとして考える必要がありそうだ。

　『きょうの料理』の特徴として，カメラワークの細かさもあげられる。この事例では，出演者3人が横に並ぶ構図（図6-1）が基本になっているが，ごはんを混ぜるところをクローズ・アップで示したり（表6-1　⑤および図6-2），フライパンを上から撮影したり，さらにクローズ・アップで横から撮影したりして（表6-1　⑥），より調理のプロセスをわかりやすく示している。これらのクローズ・アップが，調理の具体的な説明が始まると同時に開始されている点にも注目したい。説明が始まると同時に，説明の対象が画面に映し出されることで，よりわかりやすい説明になっているし，会話にあわせて画面が切り替わっていることで，頻繁に画面が移り変わっても自然に感じられるのだろう。

　こうして見てみると，料理番組は，けっして料理のプロセスをそのまま撮影したというようなものではなく，周到な用意と緻密なカメラワーク，編集によって作り上げられたものであることがわかる。ここまででわかるとおり，映像は，対象を直接見せることができるからわかりやすいのではない。様々な工夫が積み重ねられてはじめて，わかりやすい映像ができることがわかる。

3. インタフェイスを作るもの：映像技法の役割

　ここまで，『きょうの料理』を題材に，映像が，会話や文字，音響効果といった様々な要素と組み合わされていることを見てきた。このように様々な要素を組み合わせて表現できるという点は，映像というインタフェイスの重要な特徴だと考えられる。

　つぎに，映像そのものがどのようにできているのかを，映像技法に注目しながら，もう少し細かく見てみたい。映像技法とは，映像編集に用いられる様々な技法のことである。映像技法は，映像というインタフェイスを支える重要な要素である（映像技法の説明としては，中島（1996），濱口ほか（1999）を参照）。以下では，カット，エスタブリッシング・ショット，インスタント・リプレイについて紹介する。

[１] カット

　最も重要な映像技法は，カットであろう。『きょうの料理』にも，たくさんのカットがあった。カットは，映像を切断し，つなぎ合わせるという単純な技術だが，これがなかったら，今日のような複雑な内容をもつ映像は作れない。
　カットの意義について考えるために，カットがない映像とはどのようなものかを考えてみよう。例として，映画の父と呼ばれるリュミエール兄弟たちが撮影した映像を採り上げたい。リュミエール兄弟は，19世紀末から20世紀初頭にかけて，世界中にカメラマンを派遣して現地の様々な風俗を撮影させた。当時，カットという技術はまだなかったので，彼らの映像はどれも50秒前後（これはフィルム１巻の長さに相当する。村山（2003）も参照のこと）にわたって，カメラの前で繰り広げられることを淡々と撮影したものである。日本にもカメラマンは訪れていて，当時の新橋駅前や京都の四条の様子が撮影されたりしているが，その映像は，固定されたカメラの前を馬車や通行人が行ったり来たりしているだけのものである。もっとも，現在の私たちが家庭用ビデオカメラや携帯電話などで撮影する映像も，ほとんど同じようなものだろう。撮影した映像を編集するとなると，それなりに手間もかかるし，技術も必要だからである。

これらの撮りっぱなしの映像は，いわば世界を写しとった「記録」である。カットという技法は，このような「記録」を組み合わせることを可能にする。短い映像をつなぎ合わせてより長い時間の映像を創り出すこともできるし，余分なところを省いて必要なところをつなぎ合わせて組み合わせることもできる。ここで，映像は，世界の写しから，世界を創り出すものへと大きく飛躍する（青山，2002）。カットの意義は，これほどまでに大きい。

　その一方で，カットはかなり人工的な技法であるのも，確かである。一種のお約束にすぎないと言ってもよいだろう。この点については，フランスの映画監督ルネ・クレールのエピソードが象徴的である。

> 　私はある日，映画を一度も見たことのない五歳の子供と試写室にいた。スクリーンのうえでは一人の貴婦人が広間で歌を歌っていた。映像の流れは以下のごとくつづいた——
> 　ロングショット——広間。婦人はピアノの傍らに立っている。暖炉の前にグレーハウンド犬が寝そべっている。
> 　クローズ・アップ——歌う婦人
> 　クローズ・アップ——彼女を見つめる犬
> 　この最後の映像で，子供が思わず驚きの叫びをあげた——『あっ，見て！女の人が犬になっちゃったよ』（クレール，1975, pp. 194-195.）。

　このように，カットとは，そうと知らなければ変身にしか見えないような「途方もない約束事」（クレール，1975）である（青山，2002）。今日の映像があるのは，このような約束事のおかげである。私たちは，この約束事に慣れきっているので，カットを意識することなく，映像の意味を理解することができるというわけである。

［2］エスタブリッシング・ショット

　エスタブリッシング・ショットとは，映像の冒頭で，これから撮影するものの全体の関係を示すことである。例えば，会話のシーンを見せる前に，会話がどのような場所で行われているかを見せておくと，状況がわかりやすくなる．

というわけである。この技法はテレビでも映画でもよく用いられている。『きょうの料理』でも，出演者3人が横に並んでいる画面（図6-1）がたびたび用いられているが，これもエスタブリッシング・ショットと言ってよいだろう。料理番組では，話し手や調理の様子を示す際にクローズ・アップが多用されるが，クローズ・アップばかりだと全体の状況がつかみにくくなる。エスタブリッシング・ショットが繰り返し入ることで，どのような状況なのかが確認しやすくなる。

　エスタブリッシング・ショットは，カットほどには人工的に見えない。これはおそらく，私たちは普段，これに似たことをやっているからであろう。例えば，誰かと誰かが会話をしているのを見ているときには，視線を話し手に向けることもできるし，話し手と聞き手の両方を見ることもできる。カメラで撮影する場合，こうした自由な視点の移動は難しいので，エスタブリッシング・ショットのように意識的に全体像を示す必要があるのだろう。

［3］インスタント・リプレイ

　インスタント・リプレイとは，スポーツ中継での得点シーンなど，特定のシーンを繰り返して提示することである。例えば，野球中継でホームランの様子を繰り返して流したり，サッカー中継でゴールシーンを繰り返して流したりするのが，これにあたる。

　私たちは，得点シーンが2回示されても，それは反復されているだけだとわかる。つまり，約束事であることを知っている。もし，インスタント・リプレイが約束事だとわからなければ，得点が何度も入ったことになってしまう。実際に，子どもにインスタント・リプレイを見せて，映像の約束事として理解できるかを検討した研究によれば，インスタント・リプレイが反復であることを理解できるのは6歳以降のようである（Rice, Huston, and Wright, 1986）。もっとも，大人でも映像をきちんと見ていないと，いま得点が入ったのか，それともインスタント・リプレイで反復しているだけなのかは，にわかには理解しがたい。そのため，近年はリプレイであることの表示を画面に入れることが多い。

　インスタント・リプレイは，カットと同様にかなり人工的な映像技法であり，これに対応する状況は現実には存在しない。このように現実にはありえな

い方法を用いて表現することができるのも，映像というインタフェイスの特徴と言えるだろう。

4．見えないものを映像にする：可視化

　映像技法を離れて，別の角度から映像の性質についてもう少し考えてみよう。上でも述べたように，映像は対象を直接的に示すことができるからわかりやすい，と考えがちだし，実際にそういう面はある。料理番組や，スポーツ中継は，音声だけで聞くよりも，映像をまじえた方がずっとわかりやすい。

　映像は，目で見るものだから，当たり前だが，目に見えないものは撮影できない。そんなことはない，架空の世界はCG（コンピュータ・グラフィックス）やアニメーションで見せられる，という読者もいるかもしれない。たしかに，CGやアニメーションは，映像の可能性を大きく拡張した技術である。だが，問題はもっと根深い。例えば，ある人の思考を映像で見せるにはどうしたらよいだろう。考えている顔をいくら撮影したところで，考えの内容はいっこうに伝わらない。だとすれば，考えの内容を何らかの方法で可視化するか，音声や文字で示すかしないと，考えを映像で示すことはできない。CGやアニメーションは可視化の手法であるが，どのように可視化するかは簡単には決まらない。目の前で行われている料理の作り方を撮影するのとはわけが違う。

　これは映像の根本的な弱点である。ある人物をただ撮影したところで，感情も思考もほとんど伝わらないに違いない。感情や思考そのものは，どのようにしても撮影できないものである。それを映像で伝えるためには，演技や台詞，表情など，何らかの工夫が必要になる。

　そのような工夫の1つとして，映像の編集によっても感情や思考を伝えることができることを示したのが，クレショフによる一連の実験である（詳しくは岡田（1975），青山（2002）などを参照のこと）。例えば，無表情の男の顔と，湯気が出ているスープの映像をつなげて見せると，「男は空腹で，スープを食べたいと思っている」という意味が生じる，というのが彼の主張である。今日では，こうした考えかたはクレショフ効果として知られている。

　ここで重要なのは，男の顔の映像にも，スープの映像にも，空腹とか，食べ

たいとかといった意味は見出せないことである。つまり，単独の映像では見出せない意味が，両者を組み合わせることによって表現できるわけである。その意味で，「意味は映像の中にあるのではなく，映像と映像の間に生れる」(岡田，1975)と言うことができる。クレショフ効果はいわば弁証法的に意味を表現する手法であり，そのままでは撮影できないはずの感情や思考を可視化する方法があることを示したものだと言えるだろう。

　感情や思考のように，そのままでは撮影できず，表現を工夫せざるをえない対象の一つに，回想シーンがある。言うまでもなく，回想シーンは過去を映像で表現するものである。ごく当たり前のように目にする映像ではあるが，考えてみると，私たちは過去を見ることはできないはずである。実際，回想シーンは過去にタイムトラベルして撮影したものではなく，過去に見えるように撮影，編集して作られたものである。つまり過去をそのまま見せることはできないから，可視化される必要があるというわけである。

　過去の表現には，回想シーンの他にも，刑事が推理している場面など，いくつかのタイプがある。そうしたタイプによる違いはあるものの，映像が過去を示していると解釈するためには，以下のようなことが示されている必要がある（青山，2000）。

［１］過去を特定すること

　過去表現では，誰の過去なのか，いつのことなのかを示す要素が必要になる。他の登場人物に自分の過去を語る場合には，「あれは20年前のことだった」といった台詞を加えてもおかしくないが，一人で回想しているのであれば，こうした台詞は不自然になる。そのため，自分で思い出す場合には，それ以前のシーンが反復されることが多い。それによって，いつのことを思い出しているかを示すことができる。過去表現の直前には登場人物のクローズアップが置かれることが多いが，これは誰の過去なのか，誰が語るのか，ということを示すための要素だと考えられる。

［２］過去表現を特定すること

　過去表現では，もともとの映像が描くのとは違う時間を表現していることを

示す必要がある。例えば，映像をセピア色に変化させたり，音声に効果を加えたりすることで，その部分が過去であることを示そうとする。過去表現の直前から，音楽を加えたりすることも多い。これらは，もともとの映像との違いを示そうとする方法だと考えられる。

過去表現では，この2点がきちんとわかるように作られているのが普通である（逆に見る側を混乱させるのが狙いなら，過去と現在の境界をあいまいにして，話者や時点がよくわからないようにすればよい）。一般に，この2点は冗長に表示されており，映像，音声，文字，映像効果，音響効果をいくつも組み合わせて表現されている。

5．映像を見るということ

ここまで，映像とはどのようなインタフェイスであり，映像を理解するとはどのようなことなのかを論じてきた。映像は，映像と音声，文字情報に，映像技法，音響技法が組み合わされた複合的なインタフェイスであり，そのため複雑な情報をわかりやすく提示できる可能性がある。しかし，映像にすれば何でもわかりやすくなるわけではなく，そこには様々な工夫がなされていることが重要である。逆に言えば，私たちが映像を理解できるのは，こうした工夫が土台にあると言えるだろう。

このように考えるとき，従来の心理学的な研究では見落とされてきたものが見えてくる。心理学では，本章で議論してきたようなテーマを，映像理解として考えてきた。例えば，インスタント・リプレイを子どもはどのように理解するか，というぐあいである。そこでは，映像を私たちが正しく理解できたかどうか，が問われている。映像と視聴者の関係だけが問題とされていて，映像の制作者はいわば見落とされている。

しかし，ここまで見てきたように，映像は私たち視聴者に向けてていねいに作り込まれている。このことは，私たちが映像を理解できるのは，制作者が映像を理解できるように作ってくれているから，ということを意味する。映像の制作者になったつもりで考えてみよう。制作者は視聴者が見てわかるように苦

心し，あれこれ工夫する。作ることは見る人の立場をおりこんでなされていることがわかるはずだ。その意味で，映像の理解は，けっして映像と視聴者だけのものではなく，それを支える制作者の役割なしにはなりたたない。

　そこで，制作者と視聴者のつながりを，理解ではなく，修辞ということばから捉え直してみよう（青山，2007）。修辞とは，レトリック，つまり表現を工夫して相手に伝えようとする技術のことである。制作者はカットやカメラワーク，映像技法といった修辞によって視聴者に伝えようとし，視聴者はそうした修辞を読み解いて内容を理解しようとする。修辞は制作者と視聴者をつなぐものであり，映像のインタフェイスを作り上げる重要な要素である。

　もう一つ，心理学が見落としてきたと思われるのは，映像がもっている意味である。映像は，誰かに何かを伝えたくて作られているという当たり前のことが，これまで心理学ではきちんと考えられてこなかったと思う。映像をどのように理解しているか，どのように記憶しているか，という研究は，人間の認知のしくみを明らかにするうえでは重要だが，そこでの映像は，単なる実験刺激でしかない。しかし，『きょうの料理』の制作者は，料理のしかたを伝えたいはずである。視聴者は，映像を理解したいのではなくて，料理の作りかたを理解したいのである。日常においては，映像は価値中立的な実験刺激などではなく，それを見て楽しんだり，他人と一緒に見る時間を過ごしたり，新たな知識を得たりするためのものである。

　インタフェイスとしての映像を考えるときには，こうした観点が必要ではないだろうか。もちろんインタフェイスとしての映像そのものを楽しむような映像もあるが（こうした側面については金井（2008）の議論を参照のこと），多くの場合，映像は内容について伝えるために作られていて，インタフェイスとしての映像は手段でしかない。いわば，インタフェイスとしての映像は，目立たないように役者を支える黒子のようなものである。

　本章の読者の中には，映像にこのような細かな工夫がなされているとはまったく気づかなかった，という方もいるだろう。それは当然なのである。映像の工夫に注目していたら，内容が理解できなくなってしまうからだ。映像に組み込まれたインタフェイスは，目立たないように，しかし私たちの理解を支える，修辞のシステムなのである。

冒頭に述べたように，映像の用いられかたは大きく変わりつつある。新しい時代の映像にはどのような修辞のシステムがふさわしいのか，あらためて考えるべき時期にあるのだろう。もちろん，本章のような分析は，現場の制作者が行っている複雑な実践を，ほぐして見せているだけではないか，と言われればそのとおりである。とても映像制作の実践に役立つようなレベルにはない。ただ，映像と人との関わりや，映像によるコミュニケーションを考えていくうえでは，こうした認知心理学や認知科学の視点は欠かせない。本章が，これからの映像を考えていくヒントになれば幸いである。

■文　献

青山征彦（2000）．映像の過去表現のつくられかた：微視的分析　認知科学，**7**（3），241-256.
青山征彦（2002）．映像と理解　坂本　昂（監修）高橋秀明・山本博樹（編）メディア心理学入門　学文社　pp.55-70.
青山征彦（2007）．「理解」から「修辞」へ：表現のダイナミクスに向けて　認知科学，**14**（4），559-561
クレール，R．山口昌子（訳）（1975）．映画をわれらに　フィルムアート社
濱口幸一・（フィルムアート社）編集部（編）（1999）．＜逆引き＞世界映画史！　フィルムアート社
稲増龍夫（2008）．「編集」が生むテレビドラマリアリティ　「カット割り」の高速化と多元的時空間　金井明人・丹羽美之（編）映像編集の理論と実践　法政大学出版局　pp.87-116.
金井明人（2008）．映像編集の認知科学　金井明人・丹羽美之（編）映像編集の理論と実践　法政大学出版局　pp.13-38.
村山匡一郎（編）（2003）．映画史を学ぶクリティカル・ワーズ　フィルムアート社
中島義明（1996）．映像の心理学　マルチメディアの基礎　サイエンス社
岡田　晋（1975）．映画と映像の理論　ダヴィッド社
Rice, M. L., Huston, A. C., and Wright, J. C.（1986）．Replays as reperirions: Young children's interpretation of television forms. *Journal of Applied Developmental Psychology*, **7**, 61-76.
山本博樹（1990）．テレビで，行間を読む　映像の認知心理学序説（上）ロアジール，**14**（11），30-33.

● 第7章 ●●●
健康コミュニティ：行動変容における ICT 環境の活用

白石将浩

　自身の健康・体力維持のためにウォーキングやダイエットを試みた経験は多くの人がもっている。しかし，これらの行動は，日々の歯磨きのような生活習慣にならなければ，自身の健康・体力維持という目標は達成されないが，目標達成前にやめてしまうことが少なくない。このような比較的継続が難しい目標に向けた行動をするうえで，人は仲間をつくって競争したり，励まし合ったりすることがある。

　本章では，健康に向けた行動を誘起し定着させることへの他者の影響に焦点を当て，その支援を ICT（情報通信技術）により行う研究について述べる。まず健康行動の形成と維持に関する行動変容について解説を行う。次に，行動変容の動機づけの観点から他者が与える影響あるいは役割について説明する。さらに，健康のために仲間が集う健康コミュニティの形態や ICT を用いた支援例を整理すると共に，筆者が行った研究を紹介する。最後に今後の課題を述べる。

1．行動変容とはなにか

　行動変容という用語は，健康，教育，消費行動における広告などの分野で使用されている。用語の定義は分野ごとに異なるが，広義に解釈すると〈他者あるいは自分自身が良いと思う方向に，他者あるいは自分自身の行動を変えること〉である。本章では，病気の治療を除いて，自身の健康・体力維持のための行動変容を，特に〈人々の健康を維持促進するための行動を誘起し定着させること〉と定義する。

　健康を維持促進するための行動には，日々の生活に組み込む行動と取り除く行動の 2 種類が存在する。前者の例としては，慢性疾患予防や転倒防止等の体

力維持を目的とした定期的な運動をあげることができる。後者の例としては，様々な健康リスク低減のための禁煙や肥満予防のための食事制限といったものをあげることができる。両者の共通点は，長期的に実施しなければ健康を維持促進するという目標は達成されないことである。

先に述べたように健康の維持促進のための行動変容に着手し維持定着させることは，比較的困難である。そこで，そのような行動変容を支援する要因の一つとして動機づけに着目し，関連研究を次節において紹介する。

2．行動変容と動機づけ

行動変容を促進するためには，行動に対する動機づけが有効に行われる必要がある。動機づけを効果的に行うためには，まず行動変容における変化の段階を理解しなければならない。その変化の段階に関しては，プロチャスカ（Prochaska and DiClemeute, 1983）が行動変容ステージという概念を提唱している。

行動変容ステージでは，表7-1に示すように5つのステージが区別され，関心の芽生えから行動の準備，そして実施から定着へと変化する各ステージが想定されている（Marcus, Selby, Niaura, and Rossi, 1992）。行動変容を促進するには，各ステージに応じて適切な動機づけを外部から与える，あるいは支援対象者自らが動機づけを高める方法を考案する必要がある。ここでは，このよ

表7-1　行動変容ステージ

ステージ	支援対象者の特徴例
無関心期	私は現在，運動をしていない。 これから先（6ヶ月以内）もするつもりはない。
関心期	私は現在，運動をしていない。 しかし，これから先（6ヶ月以内）に始めようと考えている。
準備期	私は現在，運動をしている。 しかし，定期的ではない。
実行期	私は現在，定期的に運動をしている。 しかし，始めてからまだ間もない（6ヶ月以内）。
維持期	私は現在，定期的に運動をしている。 また，長期（6ヶ月以上）にわたって継続している。

うに支援を受ける人を支援対象者と呼び，支援を与える人は支援者と呼ぶことにする。

支援者が支援対象者の行動変容ステージに応じた動機づけを高める支援を行うために，プロチャスカは意思決定のバランスとセルフ・エフィカシーという要因を活用することを提案している。

意思決定のバランスは，健康行動の実施による恩恵と負担（あるいは実施しないことによる負担と恩恵）をもとにした考え方である。健康行動をとることによる恩恵と負担の知覚を得点化した際，無関心期では恩恵の知覚得点よりも負担の知覚得点の方が高いが，維持期では反対の傾向が見られ，恩恵の知覚得点と負担の知覚得点の交差点が，関心期から準備期に存在するということが報告されている（Herrick, Stone, and Mettler, 1997；Velicer, DiClemente, Prochaska, and Brandenburg, 1985）。

セルフ・エフィカシーは，〈ある結果を生み出すために必要な行動をどの程度うまく実行できるかという個人の確信〉と定義されている。カーディナル（Cardinal, 1997）は行動変容ステージが無関心期から維持期へと進むにつれて，健康行動に対するセルフ・エフィカシーも直線的に増加することを示した。

支援者は，両者を効果的に活用しながらカウンセリングなどで支援対象者の状況を把握し，結果に応じた動機づけの手段を提供する必要がある。

3．行動変容の支援におけるICT環境の効果

行動変容のための動機づけ支援については，従来は医療従事者が支援者になって支援対象者と直接対面したうえ（Face to Face）で実施するものが主流であったが，近年では自治体や企業によるICT環境を利用したサービスが日常に浸透するようになってきた。ICT環境の利用による効果は以下の2つである。

［１］負担の軽減

　具体的なサービスの例としては，歩数計やICT環境上での健康管理サービスがあげられる。歩数計は腰に装着しなければ計測できなかったが，現在では持つ場所を選ばなくなった。また，歩数計で計測したデータや食事の摂取カロリーをインターネット上のサイトで管理できる健康情報管理サービスは，計測した情報を簡単に収集・閲覧できるように管理の手間を低減した。

［２］動機づけの手法の拡張

　高速光通信網や無線通信網，大容量小型集積回路や新規センサデバイス，ソフトウェアやユーザインタフェイスといったICT環境の向上により視覚化，インセンティブ，パーソナライゼーション，他者とのコミュニケーションなどの動機づけ手法のバリエーションが増えた。

１）視覚化
　　健康行動に関心をもたせるために，実施した健康行動のフィードバックを高める情報として，従来は気軽に計測できる項目として体重や血圧などを取得していたが，現在では骨密度，心拍数なども加わった。また，計測したデータをもとに，将来の体型やヘルスリスクを計算処理によって提示するなどの付加価値を付けることも可能になった。

２）インセンティブ
　　行動への関心をもたらす，あるいは行動を促すために，健康行動の実施に伴って付与される金銭的報酬や評価といったインセンティブは，対面上で実施する環境で用意できる範囲に限られていたが，ICT環境で用意されているサービス等も含めて提供することができた。これにより，付与するインセンティブは，いろいろな景品と交換できるポイントや行動ごとにサービスの質を向上させるという形態も加わった。

３）パーソナライゼーション
　　健康増進に向けた行動水準を高めるために，支援対象者自身に合った行動計画・目標（食事制限であれば，何をいつまでにどのくらいどうするか等のプラン）を本人の希望（状況）を組み込んで，修正できるようになった。また，行動計画・目標を進めていくうえでの日記等

の道具も，アプリケーション開発によって支援対象者自身が選んでカスタマイズできるようになった。

　4）**他者とのコミュニケーション**　健康行動を定着させるために，従来は直接会う，電話，手紙といった手段で，支援者あるいは他の支援対象者とのコミュニケーションをとっていたが，スマートフォンやモバイル PC といった情報端末，Twitter[1]などに代表される SNS（ソーシャルネットワークサービス）や掲示板等といったインターネット上のサービスによって，時間や場所を調整する必要がなく誰とでもコミュニケーションを取ることができる。

　負担の軽減においては，支援対象者だけでなく，支援者にとっても作業効率の向上という点で効果をもたらす。動機づけの手法の拡張においては，対面と ICT 環境の違いを考えなければならないが，視覚化，インセンティブ，パーソナライゼーション，他者とのコミュニケーションの中で，他者とのコミュニケーションは他の 3 者よりも考慮すべき支援要因が複雑である。

　近年の ICT 環境では，他の支援対象者との間の，他者とのコミュニケーションの利用が増加傾向にあるが，支援対象者と他者の関係が深く考慮されているとは言えない。このため，実際に他者とのコミュニケーションが行動変容においてどのような意味をもつのか，ICT 環境で考える他者に関する項目とは何かについて，次の節で説明する。

4．他者とのコミュニケーションにおける ICT 環境利用の実施形態

　行動変容に向けた他者とのコミュニケーションの実施形態は，健康学習型と健康コミュニティ型の 2 つに分けることができる。支援者と（複数の）支援対象者で構成する施策を健康学習型，主に支援対象者らのみで構成する施策を健康コミュニティ型と使い分ける。どちらも，支援者によって企画され提供される施策ではあるが，それぞれの内容が異なる。例えば，支援者が自治体，支援対象者が地域住民の場合，健康施策を提供する際の募集要項として，自治体の

1）Twitter, http://twitter.com/

広報紙やウェブサイトに記載される内容は以下のとおりである。

[1] 健康学習型
　目　的　　自身の健康に関心をもち，正しい知識を取得したうえで健康行動を実践させること。
　実施形態　　対面では，地区の公民館で住民に対して，保健師や栄養士などの専門家が教室を開く，あるいは民間企業等が運営するスポーツクラブの会員に対して，インストラクターが指導する。
　ICT環境では，ホームページ等に教材を用意し閲覧できるようにする，あるいはメールマガジン等で定期的に情報を配信する。また，双方向でコミュニケーションをとるには，支援対象者からの質問受け付け窓口や掲示板等を設ける必要がある。
　対象とする行動変容ステージ　　全ステージ

[2] 健康コミュニティ型
　目　的　　仲間づくりや情報交換によって実践効果を促進させること
　実施形態　　対面では，支援対象者間のディスカッションやグループワークを実施する。
　ICT環境では，友人・知人やSNS内サークルを活用して健康行動を共に実施する環境を用意して行動情報を共有する。
　1）**対象とする行動変容ステージ**　　関心期から維持期

　健康学習型は，支援対象者に関心をもたせる無関心期から対象範囲とし，支援者の環境に応じて直接支援対象者に動機づけを高める施策を提供する。一般的には，健康行動を実施することに対する基礎知識や行動を補助するための工夫を紹介することが多く，周囲のサポートや今回定義した健康コミュニティ型で実施する仲間作りなどもその一つとされる。
　健康コミュニティ型は，健康に関心をもっている支援対象者を対象とし，行動変容を促すための仕掛けとして，情報交換や仲間づくりの場を提供する。このときに重要な要素となるのが，前節で触れたセルフ・エフィカシーである。

バンデューラ (Bandura, 1977) によるとセルフ・エフィカシーは，成功体験，代理経験，言語的説得，心理的情緒的高揚によって高められるとされている。

健康を共通の目的とした仲間と情報交換・実践させることによって「あの人も実行している，あの人もできているのであれば私にもできる」「あの人は違った方法で実行している，あの方法であれば私にもできるな」というような代理経験が誘発される。あるいは，「仲間に励まされた」「あの人に褒められた」という言語的説得にも作用する。ICT 環境において他者から得られるセルフ・エフィカシーをねらった支援をするには，支援者が提供方法を工夫する必要がある。

5．他者情報の利用における問題

対面での支援と異なる ICT 環境で他者とのコミュニケーションにおいて考慮すべき点は，このセルフ・エフィカシーを高めるための他の支援対象者をどのように設定し表現するかということである。

対面では健康学習型と健康コミュニティ型を合わせて健康教室として実施し，支援者が時間・場所・体験等を共通に与えることで，他の支援対象者を一緒に健康教室に参加した支援対象者，あるいは仲間と認識させることができる。これにより，他の支援対象者の成功体験や激励が仲間（のあの人）の成功体験，仲間（のあの人）からの激励となる。

一方，個人情報保護法のもと公開できる情報に制約がかかる ICT 環境では，他の支援対象者を仲間と認識させるには対面で開催される健康教室とは別の観点での工夫が必要となる。不特定多数の支援対象者が存在する ICT 環境においては，支援対象者自身と他の支援対象者との関係は，大きく分けて，①個人の特定ができ，実生活上でコミュニケーションをとる関係，②個人の特定はできないが ICT 環境利用によってコミュニケーションをとる関係，③個人の特定ができず，コミュニケーションもとらない関係，の３つに分類できる。個人の特定ができるか否かの境界線は対面でコミュニケーションを取れるか否か等である。また，コミュニケーションの手段は，電話，FAX，手紙，メール，掲示板，いかなる手段でも構わない。それぞれの分類ごとに，セルフ・エフィ

カシーを高める存在として，他の支援対象者を仲間と感じさせるための工夫を組み込むことが重要である。

①，②においては，支援対象者間に仲間意識は存在すると考えられるが，③については，支援対象者間の「仲間」意識はおそらく存在しないであろう。仮に，他の支援対象者の情報を提示しても自分に関係あるデータではなく，単なるデータとしてのみ認識されると考えられる。

実際のICT環境を利用したサービスでは，セルフ・エフィカシーを高める存在として，他の支援対象者を仲間と感じさせるために2つのアプローチがとられている。

1つは，健康とは関わりのないコミュニティがすでに形成されており構成員同士のコミュニケーションが活発に行われているコミュニティを健康行動へと誘導する方法である。具体的にはmixi[2]，からだログ[3]などのSNSなどですでに何らかのコミュニティが形成されているなかにさらに健康コミュニティを形成するといったものである。ただし，この方法では健康行動における行動変容ステージを考慮しなくてはいけないため，支援者は支援対象者に関心をもたせるような支援から，継続していけるような環境を用意する必要がある。

もう1つは，健康を目的とした集団ではあるがコミュニケーションまでいたらない集団をコミュニティへと発展させる方法である。健康行動における行動変容ステージが特定でき，支援の対象範囲も前者より狭いため，ICT環境で多く見られるのがこのアプローチである。実際に海外では，健康サービスに登録している支援対象者に強制的に少人数グループを形成させ，コミュニケーションをとらせながら，一定期間行動させるサービスや自身を支援してもらう支援対象者を選択させて，互いに励まし合いを行う，時には見張り合いをするようなサービスまで見られる。国内においては，実際にサービス提供している継続支援サービス（Kzoku[4]）を用いて，匿名化された支援対象者をライバルと設定し，ライバルとなった支援対象者の健康情報を閲覧する，またライバルと設定された支援対象者には被ライバルになったことを通知するという介入を

---

2) mixi, http://mixi.jp/
3) からだログ，http://karada.goo.ne.jp/
4) Kzoku, http://diet.kzoku.jp/

実施することによって，両者において継続支援サービスへのデータ更新回数の増加やあらかじめ設定した目標の達成回数が増えたという報告がなされている。

特定のコミュニティを活用する場合よりも，上記③のように個人も特定できずコミュニケーションもとらない参加者が多く存在するICT環境では，支援対象者に提供される他者情報が自身と関係する仲間という認識をもたせることが，他者情報を活用した動機づけには重要である。そこで以下では，このような環境下にある参加者を対象として，他者情報の特性に着目した研究を紹介する。

6．他者情報と仲間意識が行動変容に与える効果の検証

他者とのコミュニケーションは，他の支援対象者の体験談や対象者間の励まし合いによる動機づけに影響を与えるが，ICT環境でサービスの運営上入手できる基本的な情報もセルフ・エフィカシーを高める可能性がある。基本的な情報とは，支援対象者の氏名，年齢，性別，住所の情報の他，支援対象者が日々計測し，ウェブサービスに登録する行動情報の歩数や摂取・消費カロリーや行動の結果である体重や血圧といった情報である。この基本的な情報の何に着目することによって仲間意識をもたせることができるのだろうか。

ICT環境であり直接にはコミュニケーションを取らない参加者同士でも共通点が多く存在する。同年代であること，同性であること，同地域に住んでいること，健康に対して同様の課題を抱えていることなどである。これらの類似点を手がかりに仲間意識への影響を与える情報属性として以下の2つの仮説を立てた。仲間意識にプラスの影響を与えることができれば，健康行動変容は促進されるとの想定である。

[1] 仮　説

支援対象者の基本的な情報であっても，

①客観的類似性の高いプロファイル情報をもつ他の支援対象者の情報は，健康行動変容を促進する。

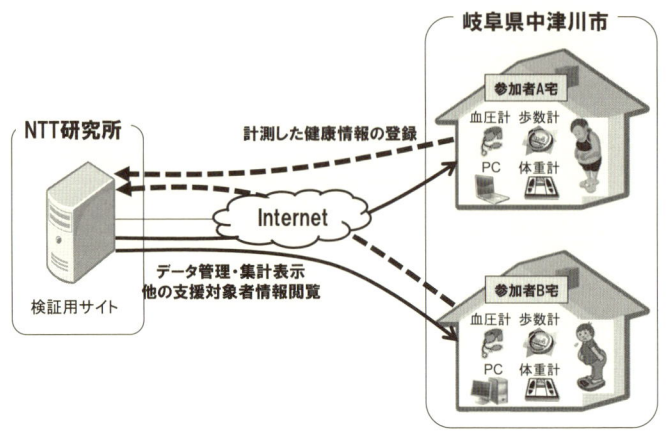

図7-1　実験に用いた機器構成

②自身よりも活動的な他の支援者対象者は，健康行動を促進する。

[2] 実験方法
 1) 参加者と募集方法　　健康的な生活習慣の獲得を目的としたウォーキングの推進の一環として，ICTによる健康情報の管理サイトを提供し，利用者（支援対象者）自身のデータや他の利用者（支援対象者）のデータを閲覧できるサイトの利用を一般市民に呼びかけた。参加者は中津川市在住の40歳以上の男女61名である。皆，検証用サイトにインターネット接続できるPC環境をもつ。

 2) 実験期間　　2009年 2 月初旬から 8 月末までの30週間，岐阜県中津川市との共同実験「中津川在宅ヘルスケアトライアル」として行った。

 3) 手続きと実験環境　　参加者には，行動情報の記録用に歩数計を貸与した。この歩数計は，検証用サイトにインターネット接続し，専用の画面上で計測したデータをサイトに登録できる機能を備えている（図7-1）。
　検証用のサイトには，以下の機能と画面構成を採用した。
　Ⅰ：年齢，性別，身長，参加者専用アイコンと参加者が計測した歩数，腹

囲，体重を記録する機能
Ⅱ：参加者が計測し記録した情報をグラフ化して提示する機能
　日，週，全計測期間の3つの中から選択することで表示形態を変える。
Ⅲ：ある参加者が計測し記録した歩数情報をもとに，その参加者専用のダ
　　ミーの他の支援対象者の歩数情報を作成する機能
　実際のICT環境を利用したサービスで提供される他の支援対象者の情報には，ばらつきが存在する。このばらつきによる要因を除くために用意した機能である。
　ダミーは，参加者歩数の関数とするタイプ，乱数タイプの2つのタイプが存在し，パラメータを変えて10種類のダミーを作成できるようにした。参加者ごとに提示するダミーのタイプは，すべての参加者で同一である。
Ⅳ：ある参加者とⅢの機能によって作成された，ある参加者専用のダミー
　　の他の支援対象者の歩数情報をアイコンと合わせて同一画面上に週単
　　位平均化して提示する機能
　図7-2の左に示すように，1月4日から1月10日までの1週間の平均歩数について，支援対象者はピンク色（図では黒灰色）の棒グラフ，支援対象者のダミーは黄色（図では白色）の棒グラフで表示する。①画面に表示するダミーは5名分で，画面上の他の人ボタンを選択すると，残りのダミー5名が表示される。旗印は，任意の期間の目標歩数を示し，目標に到達している場合には，花丸が表示される。
Ⅴ：仮説①の検証用にⅣの機能で提示する画面のタイトルに「年齢，性別，
　　体型の似た方の取組み」とアイコン表示位置の下に，参加者の年代（10
　　歳間隔），性別，BMI（body mass index）（±2）を値として提示す
　　る画面構成と，画面タイトルに「任意の方の取り組み」と提示する画
　　面構成を実験条件に応じて切り分ける機能
　図7-2の左に示すように，支援対象者の情報提示画面には，タイトル枠が参加者ごとに切り替わるような設計を行っている。また，支援対象者自身のアイコン表示位置の下に，タイトルに「年齢，性別，体型の似た方の取り組み」と表示する参加者には，各プロファイルがどの程度似ているのか表示させる。

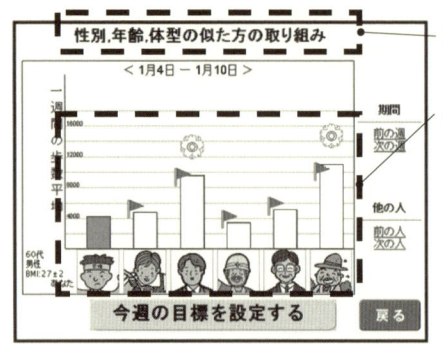

図7-2 支援対象者情報提示機能

Ⅵ：仮説②の検証用にⅣの機能で提示するダミーの支援対象者の歩数情報に1000歩上乗せして提示する画面構成と，1000歩上乗せしない画面構成を実験条件に応じて切り分ける機能

支援対象者よりも活動的な他の支援対象者として認識してもらうための機能で，図7-2の右に示すように，ダミーの支援対象者の歩数情報に1000歩上乗せして表示する条件では，1000歩上乗せしない条件よりも，支援対象者自身の歩数情報の値を上回る機会を多くしている。

Ⅶ：参加者ごとの検証サイトの利用状況を記録する機能

参加者がいつ歩数を記録したかといった情報について記録する。

参加者には基本情報として年齢，性別，体重，身長，参加者専用アイコンをトライアルの事前に登録あるいは，選択してもらった。また，日々の歩数計測，週2回程度のサイトへの歩数データ登録，週1回以上の他者情報閲覧を依頼した。

実験条件としては，プロファイル情報（性別，年齢，体型）が近い他の支援対象者であることを明示する場合（類似性明示条件）としない場合（類似性非明示条件），そして他の参加者の歩数に1000歩を上乗せをする（上乗せ有り条件）と上乗せしない（上乗せ無し条件）である。2×2の4条件は参加者間要因である。上述の各条件に15名ずつ（非明示条件かつ上乗せなし条件は16名）割り当てた。

図7-3 条件ごとの平均歩数

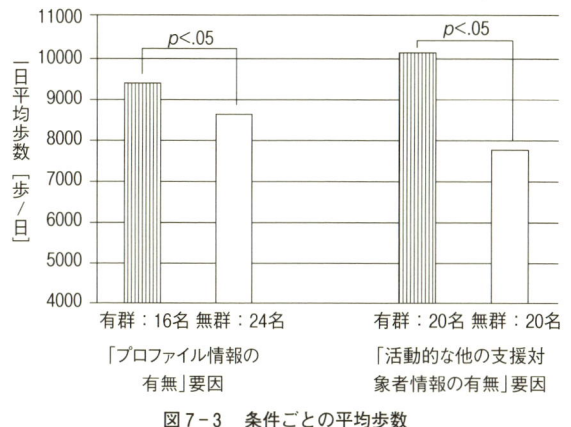

[3] 実験結果

分析の対象は以下の条件を満たす参加者40名の歩数情報とした。

(1) 検証開始から24週目までを2週間区切りとして、全12区間すべてに歩数情報が登録されていること
(2) 検証開始から24週目までの間、1回以上他の参加者情報を閲覧していること

(1)の条件で12区間に分けて、すべてに歩数データがあることとした理由は、評価期間中の前半と後半の歩数情報を調べ、時間経過による変動を知るためである。期間を2週間として区切った理由は、貸与した歩数計が最高2週間分の歩数データを保存するためである。2週間以上データが登録されていない場合は、参加者がトライアルを一時中断していると判定される。また、(2)は、他者情報を閲覧することが仮説検証のための必要条件であるためである。

この40名の歩数情報をもとに、類似プロファイル情報の有無、より活動的な参加者情報の有無の要因に加えて時間経過の影響も分析した。図7-2は、条件ごとの平均歩数である。類似プロファイル情報の有無、より活動的な参加者情報の有無、時間経過を要因とする分散分析を行った結果、時間経過を除く2つの要因の主効果が認められた(類似プロファイルの有無：$F=5.125, p<.05$、より活動的な参加者情報有無：$F=26.283, p<.05$)。

[4] まとめ

実験の結果は以下のことを示す。

- コミュニケーションを取らない参加者同士であっても，類似プロファイル情報は，仲間意識に影響を与えセルフ・エフィカシーを高めることができる。
- 活動的な歩数情報はセルフ・エフィカシーに影響を与え，健康行動を維持促進する。

個人の特定もできないうえ，コミュニケーションも取らない支援対象者の情報であっても，提供方法によって仲間意識に影響を与えることができ，行動変容を促進する効果が期待できることがわかった。

7. 今後の課題

個人の特定もできないうえ，コミュニケーションも取らない参加者同士の特性情報の中から何を用いて「仲間」意識をもたせるかについては，検証で用いたプロファイル情報の他にも有望な情報が様々あるだろう。また，代理経験を得るために提供するより活動的な他者のパフォーマンス情報としては，それぞれ有効に働くような活動量に範囲があるであろう。仲間意識にプラスの影響を与えることができれば，動機づけに有効な代理経験として働き，セルフ・エフィカシーを向上させることもできると考えられる。

対面環境であれば，互いに声をかけ合うことが，「仲間」意識向上の鍵であろう。個人の特定もできずコミュニケーションも交わさない参加者同士であっても，インターネット上でのサービス利用状況やふるまいが有効に働く場合があるかどうかについては支援対象者側の他者情報の受け取り方などを含めて，さらに調べる必要があるであろう。

ICT環境での健康行動の支援サービスには，多くの知らない人が参加する，彼らの健康行動の維持促進のために他者情報の何をどう提供するかについて，心理学や社会心理学を含む人間科学の理論や方法論を活用して，人間に寄り添う設計と検証を行い，よりよいICT環境の特定と開発を進めていきたい。

■文 献

Bandura, A. (1977). Self-efficacy: Toward a unifying theory of behavioral change. *Psychological Review*, **84**, 191–215.

Cardinal, B. J. (1997). Predicting exercise behavior using components of the transtheoretical model of behavior change. *Journal of Sport Behavior*, **20**, 272–283.

Herrick, A. B., Stone, W. J., and Mettler, M. M. (1977). Stages of change, decisional balance, and self-efficacy across four health behaviors in a worksite environment. *American Journal of Health Promotion*, **12**, 49–56.

Marcus, B. H., Selby, V. C., Niaura, R. S., and Rossi, J. S. (1992). Self-efficacy and the stages of exercise behavior change. *Research Quarterly for Exercise and Sport*, **63**, 60–66.

Prochaska, J. O., and DiClemente, C. C. (1983). Stages and processes of self-change in smoking: Towards an integrative model of change. *Journal of Consulting and Clinical Psychology*, **51**, 390–395.

Prochaska, J. O., and Velicer, W. F. (1997). The trans-theoretical model of health behavior change. *American Journal of Health Promotion*, **12**, 38–48.

Velicer, W. F., DiClemente, C. C., Prochaska, J. O., and Brandenburg, N. (1985). A decisional balance measure for assessing and predicting smoking status. *Journal of Personality and Social Psychology*, **48**, 1279–1289.

白石将浩・藤村香央織・前田裕二・伊東昌子(2010). 健康行動変容につなげるためのweb上での他者情報活用方法の検討　電子情報通信学会総合大会講演論文集　基礎・境界, 179.

原　亜希子・島宗　理　女子大学生のダイエット挫折を防止するライバル関係
〈http://www.kzoku-blog.jp/info/files/thesis_of_Hara.pdf〉

心理学への期待 2
「簡単にしてくれないと使わないよ」の意味

河﨑宜史（株式会社日立製作所）

「簡単にしてくれないと使わないよ」
　ある製造工場に導入する進捗管理システムを設計する技術者に対して，工場現場でそのシステムを使うことになるユーザ（現場の職人）が発したことばである。その工場の製造工程は10程度の作業に細分化され，それぞれ専任のチームが担当している。各チームの作業は専門性が高く，進捗や作業の管理する方法やレベルが異なる。この複数の作業管理方法を統合的に管理し工場全体の生産効率を向上させるため，この工場では統合管理システムを導入することになった。しかし，統合管理システムとなると，データを入力する対象が多くなり機能や操作が複雑になってしまう。そこでシステム開発者は，職人であるユーザのことを考慮してシンプルなシステムにした。そのようにして開発されたシステムに対して，投げかけられたのが上記のことばである。

　このことばを発した工場側の代表の人は，製品の溶接工程を取りまとめる40歳代後半の人物であり，溶接士として入社して以来ずっと溶接工程に携わってきたたたき上げの職人である。このことばを聞いたシステム開発者は，さらに簡単な使い勝手が必要なのだと判断し，管理できる項目数を減らし，驚くほど単純でわかりやすいシステムを設計し直した。

　半年後，そういった苦心の末に設計開発された超簡単システムが工場で稼動し始めた。しかし，しばらくして工場現場を調査すると，ほとんど使われてはおらず，そのシステムでは本来の目的である統括的な進捗管理ができていない状態になっていた。

苦労してこれだけ簡単にしたのに，なぜ使ってもらえないのか？

　その答えは，「簡単にしすぎた」からだった。実は，この工場で行われる製造の各工程では，各チームのリーダーが独自にエクセルを駆使して担当工程に最適な進捗管理を行っていたのだ。各工程で工場全体の効率を上げるため独自に工夫し，独自の進捗管理システムを自前で工夫し作り上げていた。それゆえ，簡単になりすぎてこれまで自分たちで行ってきた管理ができない，言わば，汎用的ではあるが専門性に欠ける簡単システムは，従来のシステムと統合管理システムを二重で使用することになり，「余計な手間が増える」ことになるのである。それが，新しいシステムを使わない理由だった。

　つまり「簡単にしてくれないと使わないよ」の「簡単」とは，開発者が抱いた一般的な意味での「簡単さ」ではなかった。職人たちの工夫に工夫を重ねた仕事内容をよく理解したうえで，どこを他の工程と共通にするともっと効率が良くなるか，他の工程も見通せることができるかなど，各工程の仕事内容や工程間の関連性を調査したうえで，「専門性を確保したうえでの簡単さを実現しろ」と訴えられていたのだった。システム開発者が本来行うべきことは，ユーザとなる職人が行っていた管理方法の良い部分とこれまでの工程ごとの管理では不十分であったところを正確に把握するための調査と，良い部分は踏襲し不十分な部分を改善した精度の高い専門的に使い勝手の良いシステムの開発だったのだ。

現場の調査で何を探り出すのか

　人が使うシステムを設計しようとするとき，設計・開発者たちは「現場に行ってユーザの生の声を聞いてこい」とよく言う。実際の使用者であるユーザに会って，話を聞くことは重要である。しかしことばの表面的な意味の陰に隠された背景，事情をしっかりと探り出すことこそが調査には不可欠なのである。

　システムの設計・開発者が現場に行き「どんな機能が必要なのか？」「何に困っているのか？」という調査を行うことがよくある。その結果「こんな機能がほしい」や「ここが困っているからこういう操作にしてほしい」等の意見や要望が数多く集まり，膨大な要望リストができあがる。すべてに対応することができないために，技術的に対応できるものを優先させる。「なぜ」「なんのために」「その背景は」という根本を理解することなく開発が進む。現場の作業者の要望は，そのままでは「思いつき」の要望である。その裏には「それがないからこう困った」「こういうことをしたい」「こういうエラーが数多く発生するから防ぎたい」などの事象が必ずある。これらの背景情報を十分に探ることをしてはじめて，要望の奥に潜む真のニーズに到達できる。一見ばらばらに思える要望もその背景を深く探ると，共通しているものが見えてくる。この共通した問題点を解決することこそが，より多くの人のニーズを満たす本来の設計に到達するための要である。

　表面的な意見や要望，なにげなく行っている行為の奥に潜む人間活動の「芯」の部分を深く探ることは簡単なことではない。システムや製品を設計・開発している技術者は開発するシステムや製品の技術的解決に興味が向く。しかし，人間活動の「芯」を探るには，開発対象のシステムや製品だけでなく，その周囲にある「他の人とのコミュニケーション」や付箋紙など「別ツールの利用」にも着目しなければならない。さらに人と人の活動にルールや制約を与える組織や社会にも目を向ける必要がある。そのためには，「人」と「人の活動」を対象として「芯」を深く探る知識と技術をもった人材が必要となる。多くの企業で製品を設計・開発・販売する人々，そしてそれらを運用する技術をもった人材は数多いが，人間活動の「芯」を深く探る知識と技術をもった人材はまだ少ない。

　多機能であれば喜ばれる時代から，「使ってよかった」「買ってよかった」と思う「ユーザエクスペリエンス（使う人の経験価値）」の向上が求められる時代になった。「ユーザエクスペリエンス」を導き出す「人」と「人の活動」を知る知識と技術をもった人材が，今後より多くの企業で望まれるようになる。心理学や社会学など「人」と対象とした調査の知識や技術をもった分野の方々のさらなる活躍に期待する。

III
社会的問題と認知

- 目撃証言と認知
- 法心理学における量刑判断の研究：
  罪と罰の主観的均衡
- エラーと認知
- 医療現場のコミュニケーション
- コラム3
  ユーザインタフェイス（UI）とユーザビリティ

● 第8章 ●●●
目撃証言と認知

仲 真紀子

🌑 1. 証言の正確性に関わる要因

　目撃者は，一般には事件や事故を直接見聞きした人のことを指すが，被害者，被疑者，共犯者も目撃者としての側面をもつ。ここでは目撃者，被害者，共犯者（これらをまとめて参考人，証人ともいう），そして被疑者による供述を合わせて目撃証言と呼ぶこととしたい。また，証言は法廷での供述だけを指すこともあるが，ここでは供述と証言を区別することなく用いる。本章では，コミュニケーションという観点から目撃証言の正確性に影響を及ぼす要因についてまとめ，どのように供述を得ればよいか，その工夫について紹介する。

［1］影響を及ぼす要因
　目撃証言を得る過程は，記憶の実験にたとえられることがある。事件や事故の目撃や体験は記憶実験でいう学習（記銘）に当たり，一定期間の後，証人が出来事を思い出すよう求められることは想起（再生，再認）に対応する。しかし，記憶の実験では実験者がすべての過程をコントロールし正解を知っていること，参加者は通常妨害のない環境で意図的に対象を記憶すること，想起は客観的に行われることなど，当然のことながら実験事態と目撃事態では異なる点も多い。表8-1はカシンらが法と心理学の専門家に目撃証言に影響を及ぼすと考えられる命題について尋ねた結果である（Kassin, Tubb, Hosch, and Memon, 2001）。彼らは64人の専門家に，30の命題につき，どの程度正しいと思うか，信頼できると思うか等の判断を求めた。表8-1は，30命題中，6割以上の専門家が「信頼できる」と答えた命題を示している（以下，各命題は表中の「見出し」により言及するが，その内容は「命題」に書かれている）。

表8-1 法と心理学者が考える目撃証言の正確さに影響を及ぼす要因 (Kassin et al., 2001を改変)

No	段階	見出し	命題	信頼性*
1	記銘	アルコール	飲酒した状態で目撃したことは，後で思いだしにくい。	90
2	記銘	凶器注目	銃やナイフなどの凶器があると，目撃者はそちらに注意がいってしまい，犯人の顔をよく記憶できない。	87
3	記銘	目撃時間	事件を目撃した時間が短ければ短いほど，その事件についての記憶は少なくなる。	81
4	記銘	色知覚	単色光（オレンジ色の街灯など）のもとでの色の判断は，信頼性が非常に低い。	63
5	記銘	ストレス	生命の危険など，極度のストレス下で目撃したことは不正確である。	60
6	想起	質問のワーディング	出来事に関する目撃証言は，具体的にどのような形式や内容の質問をされるかによって影響を受ける。	98
7	想起	ラインナップの教示	面通しの際，警察がどのような教示を行うかは，識別の正確さに影響を及ぼす。	98
8	想起	確信度の可塑性	目撃者の確信度は，識別の正確さとは関係のない他の要因によって影響を受けることがある。	95
9	想起	マグショットバイアス	最初に被疑者の写真を見てしまうと，後の面通しでその人物を選んでしまう可能性が高まる。	95
10	想起	子どもの被暗示性	幼児は大人よりも，事情聴取時における暗示や，他者からの圧力，その他の社会的影響を受けやすい。	94
11	想起	事後情報	目撃証言は，目撃者が実際に見たものだけでなく，後に見たり聞いたりした情報によっても影響を受ける。	94
12	想起	態度と期待	目撃者の出来事の知覚や記憶は，その目撃者の態度や期待によって影響を受ける。	92
13	想起	催眠による暗示	目撃者に催眠をかけると，誘導質問や誤誘導質問にひっかかりやすくなる。	91
14	想起	正確さと確信度の関係	目撃者が確信をもって証言を行っても，その証言が正確かどうかは不明である。	87
15	想起	忘却曲線	記憶の忘却は目撃直後に最も大きく，その後の忘却は徐々に少しずつ進む。	83
16	想起	提示の形式	面通しの場合，複数の人物を同時に見せ，その中から選ばせる方が，複数の人物を一人ずつ見せていく方法（つまり，人物同士を比較できない）よりも不正確である。	81
17	想起	無意識的転移	目撃者は事件とはまったく別の状況や文脈で見た人物を誤って犯人だと思いこんでしまうことがある。	81
18	想起	単独面通し	被疑者の単独面通し（被疑者1人だけを見せられ，その人が犯人かどうか尋ねる方法）は，複数の人物による面通し（複数の人物から被疑者を選ぶ方法）よりも不正確である。	74
19	想起	供述に合ったラインナップ	面通しに含まれる複数の人物が目撃者の（犯人についての）供述と似ている場合，その面通しはより正確になる。	71

20	想起	ラインナップの公正さ	複数面通しでは，そこに並んでいる人物が被疑者に似ているほど，識別は正確になる。	70
21	想起	子ども時代の偽りの記憶	子ども時代に関する回復した記憶（長い期間ののちに思いだされた記憶）は，誤っていたり，実際にはなかったことであったりする。	68
22	属性	人種間バイアス	自分と同じ人種の人を識別するほうが（例えば東洋人が東洋人を識別するなど），他人種の人の識別（例えば東洋人が白人を識別するなど）よりも正確である。	90
23	属性	子どもの証人の信用性	幼児の目撃証言は，大人の目撃証言よりも不正確である。	70

＊数値は法と心理学の専門家64名のうち「信頼できる」とした者の％を示す。

　表8-1には，記銘に関わると思われる命題，想起に関わると思われる命題，および属性に関わる命題の区別を設けた。詳しく見ると「信頼できる」とされているものの多くは「正確性を下げる」要因であることがわかる。記銘に関わる要因としては「アルコール」「凶器注目」「目撃時間（短ければ短いほど）」など，想起については「質問のワーディング」「ラインナップの教示」「マグショットバイアス」などがそうである。子どもの証言や人種間バイアスは記銘にも想起にも関わるいわば属性的な要因だが，これも目撃証言を下げる要因である。いずれにしても，記銘においても，想起においても目撃証言の正確性を阻む要因は多く，正確な証言を得るにはこれらの影響からいかに「目撃記憶」を守るかが重要な課題となる。

［2］システム変数と推定変数

　では，どのように「目撃記憶」を守ればよいだろうか。ウェルズ（Wells, 1978）は「応用目撃証言研究：システム変数と推定変数」という有名な論文で，2つの変数を区別した。第1は推定変数と呼ばれる。推定変数とは目撃証言に影響を与えるものの，法システムの中ではコントロールできない変数である。偶発的に遭遇することの多い目撃場面では，記銘に関わる変数の多くは推定変数である。例えば，目撃者がアルコールを飲んでいたとわかっても，これは後でどうこうできる問題ではない。単に，証言の正確性を割り引いて評価すべきだという推定を導くだけである。

　第2はシステム変数と呼ばれる。システム変数とは，法システムにおいてコ

ントロールできる変数であり,ウェルズは事件から目撃証言を得るまでの時間(表8-1の「忘却曲線」を参照のこと)を例としてあげている。事件発生後いつ事情聴取をスケジューリングするかは,捜査側がコントロールできる重要な変数であるからである。カシンらの調査において9割の人が「信頼できる」とした「質問のワーディング」「ラインナップの教示」「マグショットバイアス」「態度と期待」などは,システム変数の最たるものだと言えるだろう。

2. 目撃証言の想起過程

[1] 実験室からの推測

これまで多くの記憶研究が,どうすればより多く,より正確に覚えられるかを問題にしてきた。しかし,どのように想起すればよいかということについての研究は限られている。上記のシステム変数の影響を考えるならば,事件からできるだけ時間がたたないうちに事情聴取を行う,事情聴取においてはワーディングに気をつける,ラインナップでは適切に教示する,といったことが考えられる。だが,注意するといってもどう注意すればよいのか。これはいけない,あれはいけないと言っているだけでは有効な供述を得ることはできない。

記憶の実験の想起過程では,一般に,自由再生(学習したことをできるだけたくさん書き出してもらう),手がかり再生(学習したことの一部を提示し,残りを思い出してもらう),再認テスト(学習した材料と未学習の材料を示し,どれを学習したか選択してもらう)を用いる。この中では再認が最も容易であり,一般に高い正答率が得られる。しかし,この方法は目撃証言の聴取には適さない。目撃供述における「再認テスト」は,「犯人は,背が高かったですか」「車に乗っていたのは1人,2人,それとも3人?」といった選択式の質問に置き換えられるだろうが,こういった質問は,答えがわからなくとも何らかの選択を誘発しやすい。加えて,選択肢に含まれる情報は,目撃者の記憶を汚染する可能性がある(表8-1の「事後情報」を参照のこと)(選択式の質問の問題については,Brady, Poole, Warren, and Jones, 1999等を参照のこと)。

[２] 望ましい想起法

　では，自由再生のように紙に書き出してもらえばよいかというと，これも最良ではない。図8-1は，筆者の研究室で行った，小学校2年生，5年生を対象とした実験の結果を示している。この実験では，目撃者は何度も面接を受けることを模擬して2度，3度と繰り返し想起を求めた。

　まず，あるビデオを見てもらった（これが「目撃」した内容ということになる）。その後児童を4群に分け，1度目の想起を求める。第1は質問を行う条件である(質問群)。質問は，誤った情報も含まれる誘導的な質問であった(例：主人公は青信号で道を渡ったが「(主人公が)道路を渡った時，信号は何色だった？　信号が赤いのに渡っちゃったんだっけ？　どうだったかな？」と尋ねる等)。実験者が児童の前で質問を読み上げ，回答を用紙に書いてもらう。第2は自由再生を求める条件であり，見た内容を用紙に書き出してもらった（自由再生群）。第3は見た内容を1分間イメージしてもらい，その後内容を書き出してもらう条件だが，ここでは記述を省略する。第4はオープン質問（「お話しして」「そして」「それで」等）を主体とした面接条件であり，個別に実施した（面接群）。

　図8-1aに，各条件において，正しく再生された項目（正項目数）を示す。正項目数は2年生よりも5年生の方が多く，2年生では質問群＝自由再生群＜面接群，5年生では質問群＜自由再生群＜面接群という結果であった。自由再生では記憶を自発的に検索しなければならないため，低学年の児童には難しかったものと思われる。結局のところ，どちらの学年でも最も多くの正項目が得られたのは，オープン質問を主体とした面接条件であった。

　全項目数のうち，誤って想起された項目の割合（誤項目率）を算出したところ，質問群，自由再生群，面接群における誤項目率は，それぞれ27％，2％，6％であった。誤りは特に質問条件で高い。誤りの内容を見たところ，質問に含まれていた誤情報が目撃した内容であるかのように報告されているものが多かった。

　2度目の想起では，実際にあった内容を示す5つの正命題と，実際にはなかった内容を示す15の虚命題を示し（例えば「主人公が道路を渡ったとき，信号は青だった」），「見たか」「見なかったか」「わからないか」の判断を求めた。そ

a：聴取1の正項目数

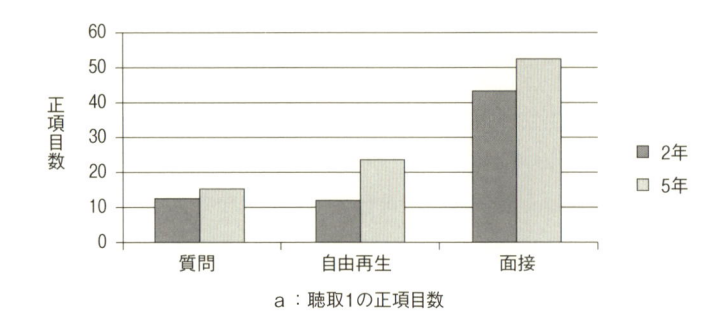

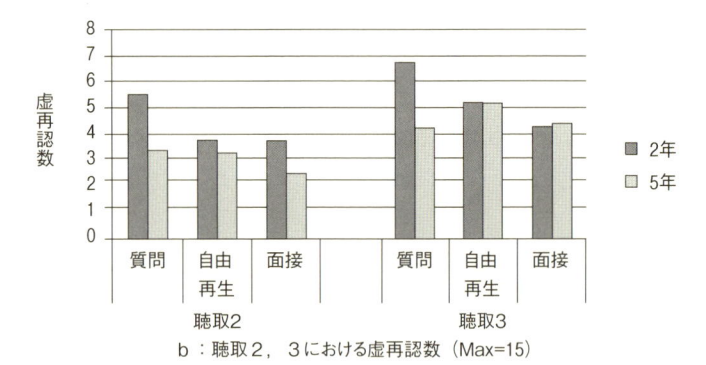

b：聴取2，3における虚再認数（Max=15）

図8-1　2年生と5年生を対象とした面接実験（仲，2012aより作成）

の結果，図8-1には示していないが，正命題についてはほぼ9割方が正しく「見た」と判断された。正しい内容の再認は容易だったと言える。しかし，図8-1b（左）に示されるように，実際にはなかった虚命題に対しても，2年生は平均して約5命題，5年生も約3命題に対し「見た」という判断をした。特に2年生では，質問群（1度目の想起で質問がなされた条件）で，虚命題への「見た」判断が多かった。

　数日後に3度目の想起を求めた。ここでも想起2と同じ正命題5，虚命題15への判断を求めた。その結果，図8-1b（右）に示されるように，2年生，5年生とも虚命題への「見た」判断がおよそ2命題分ずつ増加していた。また，2年生では2度目と同様，1度目の想起で質問が行われた質問群において，虚命題への「見た」判断が多かった。

これらの結果は、自由再生だけでは十分ではないこと、質問に含まれる情報、特に誤った情報は記憶を汚染し、それは2度目、3度目の想起にも影響を及ぼすこと、オープン質問を主体とした面接は、誤項目もやや高めるが（6％であった）、総体としてはより多くの正確な情報を引き出すことを示している。これらは児童の反応だが、メモンら（Memon, Meissner, and Fraser, 2010）は認知面接法のレビューにおいて、大人を対象とした調査や実験においても、オープン質問を主体とした面接が正確な情報をより多く引き出すことを示している。

3．面接法の高度化

［1］面接法の開発

　現場における面接法の検討は、1980年代頃からさかんになった。アメリカでは1980年代に、フィッシャーとガイゼルマンが、目撃供述を得るための認知面接法（cognitive interview）を開発した（Fisher and Geiselman, 1992等を参照のこと）。当時、警察では目撃者から情報を得るのに催眠を用いることもあった。しかし、催眠は目撃者を暗示にかかりやすい状態にする（表8-1の「催眠による暗示」を参照のこと）。また、警察官は手順表（agenda）に沿って、知りたいことの確認だけを行っていた。このことを問題にし、フィッシャーらは被面接者に発話の主導権を委譲し、主体的に記憶検索方略を用いながら語ってもらう方法を考案した。認知面接法は米国司法局のガイドライン「目撃証拠：警察のためのガイド（Eyewitness evidence: A guide for law enforcement）」にも採用され、英国でも実務において用いられている。

　被害児童への面接法の高度化も同じ頃に始まった。アメリカでもそうだが、英国でも1980年代に起きた児童虐待事案をめぐり、誘導や暗示のない聴取の重要性が指摘されるようになった（Miline and Bull, 1999／原編訳, 2003；仲, 2012b）。1992年には14歳未満の目撃者および被害者（性被害の場合は17歳未満）への面接法ガイドライン「良き実践のためのメモ（Memorandum of Good Practice）」が公刊され（Home Office, 1992：邦訳として「子どもへの司法面接：ビデオ録画面接のためのガイドライン」）、トレーニングも開始された。こ

の面接法は高く評価され，2000年には「最良の証拠を得るために（Achieving Best Evidence）」というガイドラインとしてアップデートされたが，そこでは児童のみならず，供述弱者（知的障害，発達障害，身体障害，精神障害をもつ人や事件により怯えている人）にもビデオ録画面接を行うことが推奨されている（Home Office, 2000）。

　児童の目撃者・被害者を対象としたこのような面接を司法面接（forensic interviews）と言い，現在は多くの国々で標準的に用いられるようになった。特に，アメリカの国立子ども健康・人間発達研究所（the National Institute of Child Health and Human Development: NICHD）でラムらが開発したNICHDプロトコル（Lamb, Orbach, Hershkowitz, Esplin, and Horowitz, 2007）については多くの実証的研究が行われ，世界各地で広く用いられている。筆者も2008年より，日本の福祉・司法に携わる専門家に対して司法面接のトレーニングを提供しているが，このNICHDプロトコルを用いている（図8-2にそこで用いている簡易手続きを示す）（仲，2011a）。

　開発が進んでいるのは目撃者，被害者の面接ばかりではない。英国では1970年代に虚偽自白による冤罪が発生し，被疑者取調べが見直されるきっかけとなった。1984年には「警察および刑事証拠法」という法律で被疑者面接の録音が義務づけられるとともに，聴取の方法や同定識別の方法も改められた。そして1992年からは，警察官でもあり心理学の学位ももつシェパード（Shepherd, E.）らが開発した，PEACEモデルと呼ばれる方法による研修が行われるようになった（PEACEは[P]lanning, Preparation, [E]ngagement and Explanation, Obtaining [A]ccount, [C]losure, [E]valuationの頭文字を示す。面接を行うための綿密な「計画」と「準備」，相手に話してもらうための「引き込み」と面接の意義や事件に関する「説明」，「アカウント（弁解，供述，説明）」を得ること，「終結」，面接後の「評価」を含む）。オープン質問を主体とし，被疑者に語ってもらうことを強調するこの面接法は「情報収集アプローチ」と呼ばれ，自白追求型の尋問（糾問的アプローチ）と区別される。近年，実験室実験や現実の面接を対象とした実証研究が行われ，その有効性が示されつつある（Lassiter and Meissner, 2010；Hershkowitz, Horowitz, Lamb, Orbach, and Sternberg, 2004等）。

【導入】
1．今日は__年__月__日で，時刻は__時__分です。私は_____さん【被面接者】に，_____【場所】で面接をします。
こんにちは，私の名前は_____です。私の仕事は子どもからお話を聞くことです。この会話は録画します。私がお話を忘れないように，後で見ればわかるようにするためです。他の人が見ることもありますが，○さんに迷惑がかかることはありません。

2．面接を始める前にお約束があります。
　①（本当）今日は，本当のことだけを話すのがとても大切です。本当にあったことだけを話さなければなりません。
　②（わからない）もしも私の質問がわからなかったら，「わからない」と言ってください。
　③（知らない）もしも私の質問の答えを知らなかったら，「知らない」と言ってください。
　④（間違い）もしも私が間違ったことを言ったら，「間違っているよ」と言ってください。
　⑤（その場にいない）私はその場にいなかったので，何があったかわかりません。どんなことでも，あったことを話してください。

3．ラポール：○さんのことをもう少し知りたいので聞きます。○さんは何をするのが好きですか。

4．出来事を思い出す練習：それでは前のことを思い出してお話する練習をしましょう。今日あったことを話してください。今日，朝起きてからここに来るまでにあったことを全部話してください。

【自由報告】
5．それでは，こんどは○さんがどうしてここにいるのか／ここに来たか，話してください。
（出てこなかったら次のような文言を行う）
　①○さんが［いつ，どこで］，［お医者さん，先生，児相の先生，その他の専門家］に話をしたと聞いています。その出来事について話してください。
　②○さんの_____【体の場所】に［跡，傷，あざ］があるけれど［あると聞いた］けれど，そのことについて，全部話してください。

【質問】
6．それは1回だけですか，それとも1回よりも多かったですか？⇒yesならば，それでは一番最後について／一番最初について／一番よく覚えているときについて話してください。

7．オープン質問（下記の○，△，□は子どもがすでに述べた内容を示す）
　①何があったか全部話してください。
　②○してから△までのことを，全部話してください。
　③さっき□って言っていたけれど，そのことについてもっと話してください。
　④それから？　そして？　あとは？
　⑤エコーイング（子どもの言葉を繰り返すのみ）
　⑥ふん，ふん
　　︙

図8-2　北大司法面接研修で用いているNICHDプロトコルの簡易的な手続き（仲，2011a より）

8. WH質問

9. ブレイク

10. クローズド質問

11. 暗示質問・誘導質問・開示に関する質問
    ①その人は何か言いましたか／他に誰かいましたか。
    ②このことを知っている人は他に誰かいますか／その人はどうしてこのことを知っていますか。
    ③〜されたことはありますか。

【クロージング】
12. たくさん話してくれて，どうもありがとう。
    ①（知っておいた方がよいこと）他に，私が知っておいた方がよいことは，ありますか。
    ②（話しておきたいこと）他に，＿＿＿さんが私に話しておきたいことは，ありますか。
    ③（質問）＿＿＿さんからは，何か質問はありますか。
    ④（連絡先）また何か話したくなったら，この電話番号に電話をかけてください。
13. 今は［時，分］です。これで面接を終わります。

図8-2　北大司法面接研修で用いているNICHDプロトコルの簡易的な手続き（仲，2011aより）つづき

本手続きはLamb, M. E., Orbach, Y., Hershkowitz, I., Esplin, P. W., and Horowitz, D.（2007）に基づいている。

［2］汚染のない情報を得る

　以上，種々の面接法が開発されていることを述べた。これらの面接法では記憶を汚染しないことと，たくさん話してもらうことに多大な努力がはらわれている。

　まず，記憶を汚染しないためには，面接者からの情報は最低限にすることが望ましい。そのために，どの面接法でもTEDと呼ばれる発話（Tell「お話ししてください」，Explain「説明してください」，Describe「記述してください」）やオープン質問が用いられる。NICHDプロトコルの特徴は，具体的な発話・文言が示されていることだが，そこでは有効なオープン質問として以下の①〜④，発話を促すファシリテーターとして⑤と⑥が示されている。①「話してください」（誘いかけ），②（被面接者が事象Aについて言及したならば）「Aについてもっと話してください」（手がかり質問），③（被面接者が2つの事象，A，Bに言及したならば）「AからBの間にあったことを話してください」（時間分割），④「それから」「あとは」「他には」等（それから質問），

そして⑤「はい」「うん」といったあいづち，⑥相手の発話の最後を繰り返す「エコーイング」である。TEDやこういった発話により引き出される「語り」，すなわち被面接者が単に質問に答えるのではなく主体的に語る報告を，自由報告（free narrative）と言う。

下記に一問一答によるやりとりと自由報告との違いを示す（いずれも架空の対話である）。

```
一問一答：
面「お家には誰がいるの？」        子「お母さん」
面「お母さんだけ？」              子「ううん」
面「おじさんもいるの？」          子「うん」
面「おじさん，何か嫌なことするのかな」 子「うん」
面「どんなことするの？」          子「叩いたりする」
面「どこ叩くの？」                子「背中」
```

上記のやりとりでは，被面接者は尋ねられたことだけに短い答えで回答している。特に「うん」「ううん」という応答は，どのような質問に対して行われたかが示されなければ意味を理解することができない。これに対し，下記の対話では，面接者が情報を与えることなく，被面接者から多くの情報を引き出している。

```
自由報告：
面「お家にいる人のことお話しして」    子「お母さん」
面「それから」                        子「おじさん」
面「それから」                        子「それだけ」
面「じゃ，おじさんのことお話しして」  子「おじさんは，叩いたりする」
面「うん，それで」                    子「背中をバシっと。つねったりもする。
                                        私が嫌だって言ってもやめないで…」
```

最初の「お母さん」は先の対話と同じだが，面接者が「それから」と言うことで，子どもからさらなる情報が引き出された。子どもは多くを語っており，面接者の発話（定型的で特定の内容を含まない発話）を削除したとしても，十

分に子どものことばの意味が理解できる。

先述のように,筆者の研究室では専門家に司法面接の研修を行っている。その研修の前と後に模擬面接を実施してもらい,効果測定を行った結果を図8-3に示す(仲,2011b)。図8-3aは,面接者の各発話タイプに対する被面接者の発話量(1発話あたりの平均文字数)を示したものである。図8-3bは研修の事前,事後の効果を示している。事前,事後の面接は,面接協力者(研修者の知人等)に1分程度の映像を見てもらい(研修者は見ない),その内容を面接協力者から聴き取ってもらうというものであった。映像はカウンタバランスをとっており,面接はおおむね10分程度で面接時間に事前,事後の差はない。しかし,研修後では面接者のオープン質問が増加し,被面接者の発話文字数は事前に比べ4割ほど多くなっていた。

自由報告は話しことばにおける自由再生とも言えるが,面接者は詳細を知り

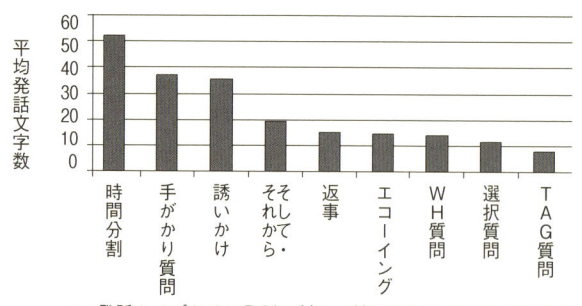

a:発話タイプとその発話に対する被面接者の発話文字数(平均)

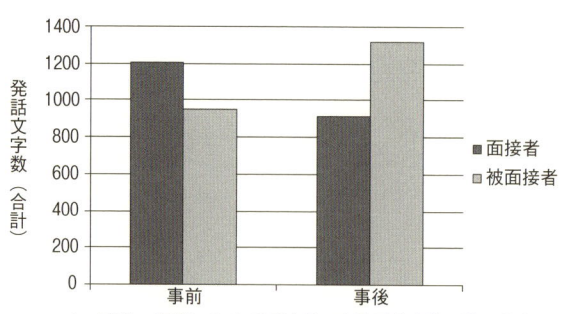

b:事前・事後における面接者の全発話文字数と被面接者の発話文字数(本題部分の合計)

図8-3 司法面接研修より ($N = 32$) (仲,2011bより作成)

たいことがらについて「～についてもっと話してください」と促すことができる。そのため，より多くの情報が得られることになる。

［3］たくさん話してもらう

面接では，被面接者の記憶を汚染しないことだけでなく，被面接者にたくさん話してもらうことにも多くの工夫が行われている。これらの工夫には，明確には分離はできないが，動機づけを高めるサポートと認知的なサポートとがある。動機面については，ほとんどの面接法が「ラポール（信頼できる関係性）」の構築段階を含んでいる。ただし，事情聴取におけるラポールは，カウンセリングなどで期待されるような親密で受容的な関係性ではない（そのような関係性は被面接者の迎合性を高める可能性があり，望ましくない）。対象者の趣味等について話してもらうことで，被面接者にリラックスしてもらい，話しやすい関係性をつくるとともに，被面接者の言語的な特徴なども査定するのが目的である。

また，NICHDプロトコルをはじめとする多くの面接法では「グラウンドルール」（「本当のことを話してください」「わからなければわからないと言ってください」等の面接室での約束事）や「エピソード記憶の練習」（卑近な出来事などを自由報告で話してもらう）などを行う。これらはいわば認知的なサポートだと言えるだろう。認知面接法では，文脈を詳しく思い出してもらう（文脈復元），最初から最後まで話してもらった後，今度は最後から最初まで話してもらう（異なる順序での再生）などの記憶検索方略を教示するが，これらも認知的なサポートである。

さて，目撃者や被害者に比べ，面接への協力が得られにくいのは被疑者への面接であるだろう。シェパード（Shepherd, 2007）は，従来の糾問的アプローチでは，①関連のないことを話させる，②犯罪へと話題を移す，③被疑者が抵抗したならば，面接者は自分が知っている（と信じていること）を告げて確認し（「あなたは○○を盗みましたね」），糾問する（認めないと被疑者が嘘をついているなどと言う），④それでも被疑者が抵抗すれば，説得し，尋問を続け，被疑者を屈服させる，⑤被疑者が屈服したならば，自白調書を書かせる（書けなければ，そのことばを録音する），⑥自白を得たならば余罪を追及する，と

いう方法が取られてきたと指摘する。そして，虚偽自白が生じるなど，この方法による問題点を指摘したうえで，PEACE モデルのような会話マネージメントを用いた取調べ法を提示した。

　PEACE モデルでは，面接者は被疑者を個人として認め，対等の人物として扱う。そして，面接官自らが房に出向き挨拶をし，被疑者の体調等への気遣いを行ったのち面接室に誘う。面接室では，①再度挨拶や録音の説明をし，②被疑者の権利（弁護士をつける権利等）を告げ，③なぜ被疑者がここにいるか，面接とは何をするところかを説明し，④期待（本当のことを話すこと，相手が話していたら遮らないこと等）について述べる。その後，⑤事務的なことがら（録音テープの交換等）や，⑥面接では何を話題にするかを説明し，⑦警告（黙秘権やあなたが話したことは証拠となるかもしれない等）を行ったうえで，⑧被疑者を引き込むための質問を行う（あなたと似た人が，現場にいたとされる等）。聴取においては，つねに対立を避け，積極的に耳を傾けることの重要性が強調される。

　日本でも，近年，認知心理学をベースとした面接法への関心が高まりつつある。厚生労働省は「子ども虐待対応の手引き」（厚生労働省，2009）のなかで「司法面接」に言及している（p.250）。警察庁は，2011年に「被害児童への客観的聴取」という，NICHD プロトコルにならう面接手続きの冊子を作成した。また被疑者取調べに関しても，警察庁は2012年3月に「捜査手法，取調べの高度化プログラム」という文書を公表した（警察庁，2012a）。そこには「心理学的な手法等を取り入れることにより，取調べ技術の体系化を図る」との記述があり（p.2），12月には認知面接法を取り入れた「取調べ（基礎編）が公開された（警察庁，2012b）。検察庁でも，知的障害をもつ被疑者への取調べなどに心理学者を立ち会わせる試行が始まった。調査・捜査面接における認知心理学の役割と責任はますます大きくなっていると言えるだろう。

■文　献

Brady, M. S., Poole, D. A., Warren, A. R., and Jones, H. R. (1999). Young children's responses to yes-no questions: Patterns and problems. *Applied Developmental Science*, 3, 47-57.

Fisher, R. P., and Geiselman, R. E. (1992). *Memory-enhancing techniques for investigative interviewing: The cognitive interview.* Springfield, IL: Charles Thomas.

Hershkowitz, I., and Elul, A. (1999). The effects of investigative utterances on Israeli children's reports of physical abuse. *Applied Developmental Science*, 3, 28-33.

Hershkowitz, I., Horowitz, D., Lamb, M. E., Orbach, Y., and Sternberg, K. J. (2004). Interviewing youthful suspects in alleged sex crimes: A descriptive analysis. *Child Abuse & Neglect*, 28, 423-438.

Home Office (2000). *Achieving the best evidence in criminal proceedings: Guidance for vulnerable and intimidated witnesses, including children.* Home Office Communication Directorate.

Home Office (1992). *Memorandum of good practice on video recorded interviews with child witnesses for criminal Proceedings.* The Stationery Office.（英国内務省・保健省（編）仲真紀子・田中周子（訳）(2007). 子どもの司法面接：ビデオ録画面接ガイドライン　誠信書房）

Kassin, S. M., Tubb, V. A., Hosch, H. M., and Memon, A. (2001). On the "General acceptance" of eyewitness testimony research: A new survey of the experts. *American Psychologist*, 56, 405-416.

警察庁 (2012a). 捜査手法，取調べの高度化プログラム　平成24年3月〈www.npa.go.jp/sousa/kikaku/20120329_1.pdf〉(2012年4月1日アクセス)

警察庁 (2012b). 取調べ（基礎編）平成24年12月〈www.npa.go.jp/sousa/kikaku/20121213/siryou.pdf〉(2012年12月13日アクセス)

厚生労働省 (2009). 子ども虐待対応の手引き　平成21年3月31日修正版〈www.mhlw.go.jp/bunya/kodomo/dv36/〉(平成22年3月31日アクセス)

Lamb, M. E., Orbach, Y., Hershkowitz, I., Esplin, P. W., and Horowitz, D. (2007). A structured forensic interview protocol improves the quality and informativeness of investigative interviews with children: A review of research using the NICHD Investigative Interview Protocol. *Child Abuse & Neglect*, 31, 1201-1231.

Lassiter, G. D., and Meissner, C. A. (Eds.) (2010). *Police interrogations and false confessions: Current research, practice, and policy recommendations.* Washington, D. C.: American Psychological Association.

Memon, A., Meissner, C. A., and Fraser, J. (2010). The cognitive interview: A meta-analytic review and study space analysis of the past 25years. *Psychology, Public Policy, and Law*, 16, 340-372.

Milne, R., and Bull, R. (1999). Investigate interviewing: Psychology and practice. Chichester, England: John Wiley and Sons.（原　聡（編訳）(2003). 取調べの心理学：事実聴取のための捜査面接法　北大路書房）

仲真紀子 (2011a). 法と倫理の心理学　心理学の知識を裁判に活かす：目撃証言，記憶の回復，子どもの証言　培風館
仲真紀子 (2011b). NICHDガイドラインにもとづく司法面接研修の効果　子どもの虐待とネグレクト，13, 316-325.
仲真紀子 (2012a). 面接のあり方が目撃した出来事に関する児童の報告と記憶に及ぼす効果　心理学研究，83, 303-313.
仲真紀子 (2012b). 子どもの証言と面接法　日本発達心理学会（編）根ヶ山光一・仲真紀子（責任編集）発達科学ハンドブック4．発達の基盤：身体，認知，情動　新曜社　pp. 284-296.
Shepherd, E. (2007). *Investigative interviewing: The conversation management approach.* Oxford, UK: Oxford University Press.
Wells, G. L. (1978). Applied eyewitness-testimony research: System variables and estimator variables. *Journal of Personality & Social Psychology,* 36, 1546-1557.

● 第9章 ●●●
法心理学における量刑判断の研究：罪と罰の主観的均衡

伊田政司

🌐 1．法心理学

　現実の社会の中で「法」と人間の意識や行動との関わりは深い。個人と法制度との関わりは日常あらゆる社会的な場面に及び，また，司法手続き全般にも様々な人間的要素が関わる。ここに法と心理学の接点が存在し（木下・棚瀬，1991；村井，2005），わが国においても法心理学[1]と呼ばれる領域が形成されるようになってきている（菅原・サトウ・黒沢，2005；Bull, Cooke, Hatcher, Woodhams, Bilby, and Grant, 2007／仲監訳，2010；岡田・藤田・仲，2009）。「法と心理学会」が発足した2000年から2008年までの学会誌「法と心理」に現れた学会シンポジウム・ワークショップおよび論文の総数327件からその研究動向を分析した石崎（2009）によると，研究領域は19カテゴリーに集約された。それぞれ法と心理学が協力して研究を行うことが求められている領域であり，基礎的な心理学の知見が期待されている。最も報告の多かったのは目撃証言や供述に関わる心理学的研究で，次いで子どもの証言能力に関する研究であった。これらは法の実務においても重要であるため国際的にも法心理学の分野で関心が高い分野である。3番目にわが国において新しく制定された裁判員制度において特にその動向が注目されている裁判官・裁判員の判断傾向に関する研究があげられている。本章では，このうち，一般市民による量刑判断に関する

---

[1] ブル ら（Bull et al., 2007／仲監訳，2010）は犯罪心理学を〈司法手続きが直面する問題に心理学的知識や方法を応用する〉学問領域として定義している。この定義は Criminal Psychology に対して当てられたものであるが，訳者はその節の見出しを「犯罪／法心理学とは何か」と訳出しているようにこの定義は包括的な「法心理学」の定義として妥当と思われる。なお，広義には「司法手続き」の他に，法哲学，法社会学や倫理学と心理学の接する領域が含まれる。

心理学的研究を取り上げる。

2.「罪の重さ」「罰の厳しさ」の心理尺度構成

　私たち法の素人も報道等を通じて得られるきわめて限られた情報からではあるが，裁判結果を知るとき，その刑は「軽すぎる」のではないか，逆に「重すぎる」のではないかなどと素人なりの「判決」を下している。このような一般市民が特に法的な基準からではなく日常的な経験に基づいて行う量刑判断を以下では一般市民による量刑判断あるいは素朴量刑判断と呼ぶことにする。

　罰の重さについて量的な直感的判断が行われていることから，罪の重さについてなんらかの主観的な物差し（心理学的尺度）を構成することが可能かもしれない。

　サーストン（Thurestone, L. L.）は対応する物理的刺激次元が存在しない場合にも一次元的な心理尺度を構成する方法を考案し，図9-1に示されるように罪の重さの心理尺度構成を行っている。すなわち，2つの犯罪名を比較してどちらの罪がより重いか，という一対比較判断を求めその選択比率を尺度上の距離に置き換えることにより罪の重さの間隔尺度を構成した（Coombs, Dawes, and Tversky, 1970/小野訳, 1974）。

　一方，スティーブンス（Stevens, 1966）は提示される刺激に対して感じられる該当感覚の強さの程度を直接数値によって報告を求めるという単純な方法（量推定法；magnitude estimation）によって，物理学的な刺激次元とそれに対応する感覚次元の関係はベキ関数によって記述できるとする心理物理学的法則性を見出していた。すなわち，刺激の強度（ρ）とそれに対応する感覚的な強さ（ψ）の間には一般的にベキ関数（$\psi = k\rho^{\beta}$　ただしここで，kとβは実験によって定まる定数）が成立し，感覚次元によってベキ指数（β）の値が異なることが見出された。スティーブンスはこの方法によって感性・感覚のみでなく，社会的態度の心理学的測定も可能であることを例証している。

　セリンとウォルフガング（Sellin and Wolfgang, 1964）はこの方法によって米国における判事（少年裁判所），警察官，学生を対象として様々な罪状について量推定法による「罪の重さ」判断を求めた。これらの主観的な「罪の重さ」

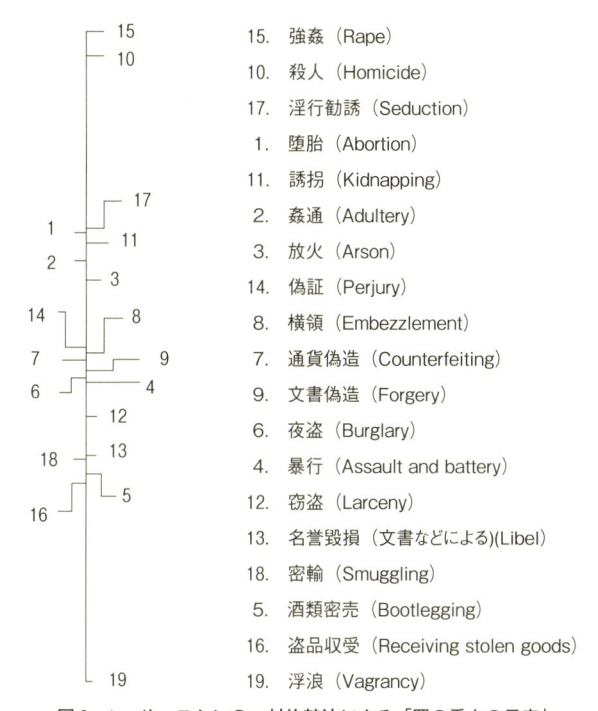

```
              ┌─ 15       15. 強姦（Rape）
              │  10       10. 殺人（Homicide）
              │           17. 淫行勧誘（Seduction）
              │            1. 堕胎（Abortion）
              │           11. 誘拐（Kidnapping）
              │  ┌─ 17     2. 姦通（Adultery）
         1 ───┤  11        3. 放火（Arson）
         2 ───┘  ─ 3      14. 偽証（Perjury）
      14 ─┐ ┌─ 8           8. 横領（Embezzlement）
       7 ─┤ │              7. 通貨偽造（Counterfeiting）
             ─ 9           9. 文書偽造（Forgery）
       6 ─┘  ─ 4           6. 夜盗（Burglary）
             ─ 12          4. 暴行（Assault and battery）
      18 ─┐  ─ 13         12. 窃盗（Larceny）
         ─┤  ─ 5          13. 名誉毀損（文書などによる）(Libel)
      16 ─┘               18. 密輸（Smuggling）
                           5. 酒類密売（Bootlegging）
                          16. 盗品収受（Receiving stolen goods）
              └─ 19       19. 浮浪（Vagrancy）
```

図9-1 サーストンの一対比較法による「罪の重さの尺度」

一対比較法によって得られる間隔尺度のため尺度の単位の大きさは任意であるが，「罪の重さ」の順序とともにその差の程度を読み取ることができる。
（Coombs et al., 1970／小野監訳, 1974, p.57 図3.7「犯罪全体の尺度」をもとにして作図）

　（ψ）を調査対象地であったペンシルバニア州が定めたそれぞれの罪状に対する拘置期間の上限（ρ）に対してプロットしたところ両者の間にはベキ指数およそ0.7のベキ関数が成立することが示された。

　図9-2に警察官と学生による判断の結果を示した。罪の重さの判断にはばらつきがみられるものの調査対象となった警察官および学生という異なる集団間で質的な一致（罪の重さの順序関係）のみでなく量的（罪の重さの程度）にもおおむね一致することが示された[2]。さらに，セリンとウォルフガング（Sellin and Wolfgang, 1964）は罪状が重なった場合には個々の罪状に対する「罪の重さ」の尺度値に加算性が成立することを示している[3]。

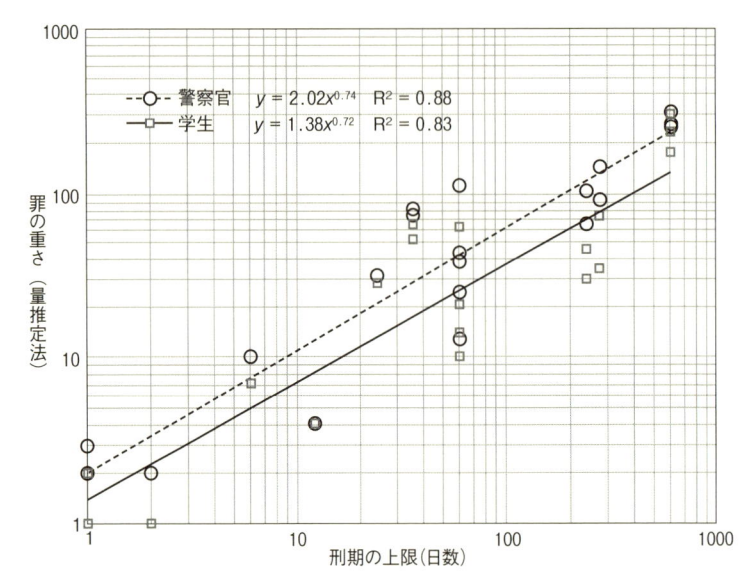

図9-2 量推定法による主観的な罪の重さと拘置期限の上限（日数）

Sellin and Wolfgang（1964, Appendix E-8，p.400.）をもとに警察官および学生による量推定判断（幾何平均値）に対する回帰直線をそれぞれ求め，作図した。対象となった罪状はささいな事件から殺人を含めた21事例であった。

グラフ中の回帰式：
警察官 $y = 2.02x^{0.74}$ $R^2 = 0.88$
学生 $y = 1.38x^{0.72}$ $R^2 = 0.83$

罪と罰の主観的均衡

　素朴な量刑判断においては主観的な「罪の重さ」と「罰の厳しさ」が釣り合わないとき，「軽すぎる」あるいは「重すぎる」といった印象が生ずるのではないだろうか。心理尺度構成を行うことによって「罪の重さ」と「罰の重さ」の主観的な均衡を検討することができる。セリンとウォルフガング（Sellin and Wolfgang, 1964）では「罪の重さ」判断は拘置期間に対してベキ指数がおよそ0.7となったことから（図9-2），「罪の重さ」と「罰のきびしさ」が完全に

2）このことから刑法における「量刑スケール論」や「幅の理論」（井田，2007）を経験的な観点から論ずることができるかもしれない。心理尺度値はある集団（または個人）の平均的な傾向として定義されるものであり，点として推定されているが，そこにはあるばらつきの幅が存在している。

3）刑法においても複数の罪を犯した場合（併合罪）にどのように刑を定めるべきか，という議論がある（井田，2007）。「罪」の数え方そのものにも私たちの認知的制約が関わっている。主観的な罪の重さの尺度において見られた加算性は「併合罪」の重さについての素朴な法律学と呼べるかもしれない。

は比例していないことになる。しかし，主観的な「罰の厳しさ」が拘置期間に対してベキ指数0.7のベキ関数に従うならば，両者の間には比例的な均衡が成立することをスティーブンス（Stevens, 1966）は予想した[4]。

この点を検討したゲシャイダーら（Gescheider, Catin, and Fontana, 1982；Gescheider, 1997／宮岡監訳，2003）は米国ニューヨーク州で定められている罪名について「罪の重さ」判断を量推定法によって求め，それぞれ刑罰に定められている拘置期間の上限に対してプロットしたところ両者の間にはベキ指数0.5のベキ関数があてはまることがわかった。すなわち，セリンとウオルフガング（Selling and Wolfgang, 1964）と同様に主観的な「罪の重さ」と刑罰としての拘置期間は比例しておらず，特に重い罪に対しては拘置期間が短いと判断されているように見える。しかし，「罪の重さ」と均衡しているのは主観的な「罰の厳しさ」であろう。そこで，拘置期間に対して主観的な「罰の厳しさ」の判断を量推定法によって求めたところ，主観的な「罰の厳しさ」は拘置期間に対してベキ指数0.5のベキ関数に従うことがわかった。すなわち，主観的な「罰の重さ」に対して主観的な「罪の重さ」をプロットしたところほぼ線形の比例的な関係が得られ，両者はおおむね均衡していることを示している。なお，身体への侵害に対する罰の重さは過小な傾向が見られ，他方，モノへの侵害については罰が重すぎると判断している傾向が示されていた。このような方法によれば「罪と罰」という社会的な価値判断について全般的な均衡状態が成立しているか否かを把握することが可能であると思われる。また，心理尺度に加算性が成立していることから量刑判断を行う際に影響する諸要因の効果を調べることも可能であると思われる。

4）「罪の重さ」「罰の厳しさ」の心理尺度をそれぞれ
$$\psi_1 = \rho_1^\alpha, \quad \psi_2 = \rho_2^\beta$$
とする。ただし単位を決める定数を省略している。いま，両者が均衡しているとすると，
$$\rho_1^\alpha = \rho_2^\beta$$
両辺の対数をとると
$$\log \rho_1 = (\beta/\alpha) \log \rho_2$$
が得られる。両者が比例的に均衡するときには傾き1のベキ関数が成立することが予想されるので「罰のきびしさ」は「拘置期間の上限値」に対してベキ指数0.7のベキ関数となることが予想された。

3. 量刑判断に関する実験的研究

　罪や罰についての心理尺度構成法を用いた研究結果より，「罪の重さ」と「罰の重さ」の心理尺度を構成することが可能であり，また米国における過去の研究であるが「罪の重さ」と「罰の重さ」はほぼ均衡していることが示された。しかし，個々の事件事例に対する量刑判断には法の専門家同士の間においてさえ，また，法の専門家と一般市民の間にも，さらに一般市民の間にもそれぞれ相違が見られることがある。

　刑罰としての量刑の枠は法律によって定められているが，わが国においては裁判官（現在では裁判員を含めた裁判構成体）の裁量の範囲が広く，事件の特性に応じた量刑を下すことができるという利点があるが，専門家である裁判官にとっても難しい判断が求められている。裁判官のもつ思想背景，人格の特徴，あるいは価値観など個人的な条件によって判決は影響を受けるべきではないのであるが，人である裁判官の個人的特徴が法解釈上の相違としてではなく判決に反映される可能性はないのであろうか。

　吉野（1991）によると，わが国における量刑判断研究は専門家として裁判官の行う量刑判断の適正化という観点から行われてきている。わが国においては量刑判断に一般市民が関わることは戦前の一時期をのぞいてはなく，一般市民の量刑判断が直接法廷へ影響を及ぼすことはなかったためであろう。しかし，司法への市民参加が裁判員裁判として実施されたことを契機として，一般市民の行う量刑判断にはどのような特徴が現れるのか，刑法学においても（本庄，2006；井田，2007），法の実務においても（前田・会田・井上・野原，2007）議論を呼んでいる。

　ある罪にたいして，どのような，そしてどの程度の刑罰がふさわしいのであろうか。裁判員裁判においては一般市民が量刑の合議に加わることになり，一般市民の量刑判断の研究は重要性を増していると言えよう。量刑判断は多様な価値観をもった社会的価値判断であり，罪に見合った刑罰は結局のところ社会的な合意が得られるものでなければならないからである。

[1] 植松正の先駆的研究

これらの研究に先立ち，植松(1949)は法の専門家としての検事および判事，非専門家として小学校教諭(「訓導」)，大学生等を対象として専門家と非専門家の量刑判断について実験的研究を行っている。

植松は学部では心理学を学び，その後法学を学び，裁判の過程の中に様々な心理学的課題を見出し，それらを実験心理学の手法によって検証している。すなわち，植松(1949)はその著作『裁判心理学の諸相』において「目撃証言の信頼性」「責任の問題」「量刑判断」等に関する先駆的な研究を行っている。これらは，今日においても法心理学の課題であり，その先見性を見ることができる。

植松(1949)は，価値判断が関わり専門家の間にも見解の相違が現れることが予想された事件事例を題材として，その概要を短い文章によって提示し，それらに適用される法律的な予備知識をあわせて提示したうえで，量刑判断およびその理由を求めた。

この方法によれば，同一の事例を専門家・非専門家が判断することにより専門家・非専門家それぞれの判断傾向について，比較検討することができる。もちろんここで提示される事件についての情報はきわめて限定されたものであるから実際の裁判における条件とは異なっており現実的でない，という批判を予想したうえで，植松(1949)は司法研修等においても同様の演習を行うことがあり，専門家・非専門家の判断の類似・相違を調べるためには同一の事例を用いて実験的研究を行うことが必要であることを論じている。

その結果，専門家と非専門家の判断には次のような特徴が見出された。

1. 非専門家の量刑判断は専門家に比べて重い傾向がある
2. 非専門家の量刑判断のばらつきは専門家と比べて大きい
3. 専門家による判断のばらつきは小さいものの専門家の間にも個人差が見られる
4. 量刑の順序関係に注目した場合には専門家・非専門家で著しい差異は見られない
5. 量刑判断の理由・根拠については専門家の方が多くの観点をあげていた

［２］素朴量刑判断に関わる要因

次に素朴量刑判断に影響を与えると考えられる要因に関する実験的研究を見てみよう。

１）主観的尺度の相違　植松（1949）の手法に倣い，現代の裁判事例を素材として実際の裁判の判決結果と非専門家として法学を専攻しない学生による量刑判断の相違を見たところ，基本的には植松（1949）と同質の結果が得られた（伊田・谷田部，2005）。すなわち，非専門家の量刑は平均的には実際の判決よりも重い傾向にあったが，その順位に着目すると専門家・非専門家の間には統計的な一致が見られた。このことから，量刑判断における量的差異は刑罰に対する「罰の厳しさ」の主観的尺度の相違に由来するものと考えられる（伊田，2009）。

２）「責任能力」に関わる要因　法的には量刑判断において刑を減軽する要件が定められている。心神喪失，心神耗弱，飲酒や薬物の影響，少年であることなど責任能力に関わる要件である。これらをどのように理解し受容するかによって量刑判断におおきな相違が生ずる。例えば，重大な犯罪を対象とした調査結果によると，専門家の多くは「少年であること」は刑を軽くする，あるいは，罪を問うことができない条件であると考えていたが，一般の人々の多くは減軽の要因としては捉えていないことが報告されている（前田ら，2007）。心神喪失，心神耗弱，飲酒，薬物の影響等の要因についても同様に量刑判断における考慮の仕方には専門家と一般市民の間に相違が見られる（伊田・石田，2007）。

３）人物の印象　本来量刑判断に影響してはいけないことであるが，人物の外見的魅力が罰の重さに影響を与える可能性も指摘されている。例えば，エフラン（Efran, 1974）は模擬陪審実験によって「容疑者」の写真を提示しその魅力の程度を変数として量刑判断を求める実験を行っている。その結果によると魅力的であると判断された「容疑者」に対してはそうでない「容疑者」に対するよりも軽い罰が与えられた。また，魅力的な「被害者」にはより高い賠

償金が支払われるべきである，という判断が行われた。しかし，いつも魅力ある人物が「得をする」わけではなく，詐欺容疑の場合にはむしろ再犯の可能性が考慮され魅力的な「容疑者」の方に厳しい罰が与えられた。さらにディオン（Dion, 1972）によると子どものいたずらを対象にした実験では魅力的な子どもはそうでない子どもと比較して，同じいたずら行為を行ってもそのいたずらは「たいしたことではない」と判断される傾向にあり，与えられる罰も軽い傾向があった。人物の印象はこのように量刑判断ばかりでなく，容疑事実の認知そのものにも影響を与える可能性がある。

4）感情をゆさぶる証拠　一般の市民が裁判員裁判や陪審員に加わるとき事件によっては非常に残酷な証拠写真を見ることになるかもしれない。このような感情を大きくゆさぶる証拠（gruesome evidence）は判決や量刑判断への影響が大きいことが予想される。そのような証拠の法廷での取り扱い方について実験的な検討が加えられている（伊東，2009）。

5）自白証拠　「取り調べの可視化」は現在司法手続きにおける重要な問題として議論され，その手段として取り調べを録画記録することが検討されている。録画が中立性を保つ有力な選択肢であると思われているからである。しかし，指宿（2008）によると，ラッシターら（Lassiter, Ware, Lindberg, and Ratcliff, 2002）は「自白録画」資料は録画条件（証言者を正面，証言者と取り調べ者を同時に横方向から，等）によっては自白の任意性の評価や有罪心証に強いバイアスを生じさせることを心理学実験によって明らかにしている。取り調べ録画は見る者に強い印象を与え，一見客観的・中立的に見えるがゆえに用い方によってはかえって誤った判断が導かれる可能性があることに注意を喚起している。指宿・黒沢（2010）はこの判断バイアスは知覚過程において発生すると考え，視覚的錯覚についてそれが錯覚であることを知っていてもその見え方は変わらないのと同様にこのバイアスを抑制することは非常に困難であることを指摘している。

6）評議の過程　裁判員裁判あるいは陪審員裁判における評決は集団的な

意思決定であるから、個々人の判決・量刑に至る思考過程に加えて、評議の過程における社会心理学的な相互作用がみられるであろう。すなわち、難しい価値判断を迫られた場合には認知的負荷を軽減するヒューリスティックスに頼ろうとするかもしれない。また、専門家集団の意見は評議の進行の仕方によっては評決に強い影響力を与える可能性がある。ちょうどアッシュ（Asch, S. E.）の集団圧力に関する実験にみられるような同調行動が生ずるかもしれない。したがって、評議の仕方について集団的な意思決定過程としての分析が必要とされる（杉森，2002）。言語学的な分析やコミュニケーションの構造を分析することによりどのような評議が行われたのかを検証可能にする方式が模索されている（藤田，2008；堀田，2009）。

4．裁判員裁判における量刑判断

　裁判員制度は裁判の過程において「一般市民の健全な常識によって法律専門家の偏見を是正する」ことが重要な目的とされている（井田，2007）。特に、量刑判断にはいわゆる市民感覚が直接的に反映されるところであろう。

　先に見たように素朴量刑判断には様々な心理学的要因が影響する可能性がある。裁判員制度における量刑判断はどのようなものになるのだろうか。裁判員裁判の施行に先立ち、本庄（2006）は予想される問題として、「量刑のばらつき」「刑の厳罰化」、従来の「量刑相場」と裁判員の主体性確保の課題について検討している。すなわち、陪審制等市民参加の司法制度をとっている諸外国における実証研究の結果に照らし、量刑のばらつきに関しては大きくなることを予想している。厳罰傾向については、市民は一般的に裁判所の下す判決は軽いと判断する傾向があるが、実証研究によれば「厳罰傾向」「寛刑化」をそれぞれ予想する結果があり、判断は罪状によって異なっているため一般的な予想は困難であるとしている。しかし、「刑が軽すぎる」という不満が述べられてきた少年犯罪については厳罰傾向が、また、死刑判決については躊躇される局面が予想されることから、重罪については刑の長期化がそれぞれ現れるようになることを懸念しつつも、本庄は、判決は最終的に「量刑の社会的役割」を考慮して決定されるべきであるから、従来とは異なる新しい量刑基準が形成される

ようになる点に一般市民が裁判員として量刑判断に関わる意義を見出している。

　裁判員制度が開始されてから1年あまりの間に裁判員裁判によって下された判決は懲役期間の平均値で見ると検察側求刑の77％程度であったことが報じられている。刑事裁判では検察側求刑の8割前後の量刑が下されることが多いとされてきたことから，全般的には従来の裁判制度における判決と著しい相違は見られていない（朝日新聞2010年5月18日）[5]。しかし，従来の判決とは異なる面も現れている。保護観察が付加された執行猶予判決は過去2年間と比較して2割程度増加した（朝日新聞2010年4月17日）。また，情状面の考慮においても変化が見られ，従来の基準よりも寛刑の判断が出された例，逆に求刑以上の量刑となった例も見られるように，判断の幅はやや広がっている。これらは量刑判断についての事前の検討（本庄，2006；井田，2007）や実験的研究の結果と符号するものであり，裁判員が加わったことによる変化と見ることができる。懸念されていた死刑が求刑された裁判が現実のものとなり，はじめての死刑判決も下された。極刑をどのように捉えたらよいのか，重い課題は残されたままである。

5．なぜ罰するのか：応報と予防・矯正

　私たちは法を犯した者には罰が必要である，という考え方にほとんど異を唱えることはなくそれを疑うこともない。罰について一般の市民はどのような考え方をもっているのであろうか。罰の効果についての一般的信念に関する研究によると刑罰には応報，予防，矯正の役割が期待されている（Furnham, 1988／細江監訳，1992）。ブルら（Bull et al., 2007／仲監訳，2010）は刑罰の歴史的変遷を概観したうえで，刑罰の主要な動機として「応報的懲らしめ」と「予防」の2つの観点があることを論じている[6]。

　カールスミスら（Carlsmith, Darley, and Robinson, 2002）は「応報的動機」

---

[5] ただし，最近（2004年および2005年）の二度にわたる刑法の一部改正によって刑の上限が全般的に引き上げられたため，求刑そのものが従来と比較して「厳罰化」する傾向が現れてくる可能性がある。

「予防的動機」を取り上げ，刑罰の動機について実験的に検討している。応報的動機づけに関わる要因として「結果の重大性」，予防的動機づけに関わる要因として「再犯可能性」や「検挙率」を取り上げ，これらの変数を操作した事件例文を大学生に提示し，それらに対してふさわしい懲役期間を求めたところ，「結果の重大性」が大きいほど重い量刑を下し，「再犯可能性」や「検挙率」は量刑に影響しなかったことから，素朴量刑判断は「応報的動機」を基本的な動機づけとして行われていることを主張している。綿村・分部・高野（2010）は事件の種類を変数として加え，同様に量刑判断に影響を与える要因として結果の重大性と再犯可能性および事件の発生頻度を操作した実験を行っている。量刑判断過程の統計的因果関係モデルを検討した結果，客観的な結果の重大性とともにそれに対する認知的評価である主観的な結果の重大性が量刑を決定することを明らかにし，量刑は応報的な観点から行われていることを示している。このように，私たちのもつ応報的な動機づけはきわめて強いものがあり，刑罰はそれに根ざしている。

他方，刑罰には犯罪の予防および教化の効果が期待されてもいる。厳しい刑罰は犯罪の一般的な予防に役立っているのであろうか。また刑罰によって問題とされる行動を矯正することは可能なのであろうか。刑罰による犯罪の抑止効果については否定的な見解が通説であるとされている（黒沢，2005）。このような複雑な事象間の関係を明らかにすることは難しいが，例えば，ザイゼル（Zeisel, 1985／佐藤訳, 2005）は米国における死刑制度を廃止した州と存続している州におけるそれぞれの殺人事件の発生率を比較検討し，殺人事件の発生率には死刑制度の有無による差異は見られなかったことを示している。

社会復帰のための働きかけは困難な課題であり，多面的に取り組まれてきている。わが国ではすでに江戸時代後期に社会復帰のための具体的な更正プログラムを備えた「人足寄場」が設置されていた。近代的な教化思想に先駆け，世界的に見ても先進的な施設であったと評されている（瀧川，1994）。刑罰の歴史を振り返ると，刑罰の方法や考え方は社会の変化とともに変わるものであ

6）刑法学では「責任」と「予防」の二分論が量刑判断の枠組みとされ，「責任」概念には様々な要因が関わることを考慮して，量刑は「応報を基本とし，予防により修正する」と捉えられている（井田，2007）。

り，社会の進歩とともに，より人道的で適切な方法がとられるようになってきていることを読み取ることができる（Bull et al., 2007／仲監訳, 2010）。矯正や教化の分野は心理学と関係が深く，法と心理学の協働的な取り組みが模索されている（廣井・村本・中村・中川・サトウ，2011）。刑事政策的な観点からも心理学的・人間科学的知見が反映されるようになることが期待されているのである（本庄，2002）。

　最後に，今後，量刑判断について法心理学が取り組むべき課題としていくつかあげておきたい。①罰を与える動機・理由づけに関する研究を通じて量刑判断に影響する要因を明らかにし，裁判手続きにおいてより公平・公正な判断ができるような人間科学としての情報を提供できるようにすること，②量刑判断の傾向や変化を継続的に把握し「罪と罰の均衡」を検証していくこと，③刑罰の効果について理解を深め，心理学的・行動的事実に基づいたよりよい処遇の方法を探求すること。

　法心理学は心理学研究を社会的文脈の中に位置づける試みでもある。これらの取り組みを通じて人間理解はより深まり，その深化によって心理学的知見が社会においてさらに尊重されるようになることを期待したい。

■文　献

朝日新聞（2010）．「裁判員判決の量刑：検察側求刑の77％」（2010年5月18日）
朝日新聞（2010）．「保護観察付き判決2割増：候補者の半数辞退認める：裁判員裁判，来月で一年」（2010年4月17日）
Bull, R., Cooke, C., Hatcher, R., Woodhams, H., Bilby, C., and Grant, T. (2007). *Criminal psychology: A beginner's guide.* London: Oneworld Publications.（仲真紀子（監訳）(2010). 犯罪心理学：ビギナーズガイド　有斐閣）
Carlsmith, K. M., Darley, J. M., and Robinson, P. H. (2002). Why do we punish?: Deterrence and just deserts as motives for punishment. *Journal of Personality and Social Psychology*, **83**, 284-299.
Coombs, C. H., Dawes, R. M., and Tversky, A. (1970). *Mathematical psychology: An elementary introduction.* Englewood Cliffs, NJ: Prentice-Hall.（小野　茂（監訳）(1974). 数理心理学序説　新曜社）
Dion, K. K. (1972). Physical attractiveness and evaluation of children's transgressions. *Journal of Personality and Social Psychology*, **24**, 207-213.

Efran, M. G. (1974). The effect of physical appearance on the judgment of guilt, interpersonal attraction, and severity of recommended punishment in a simulated jury task. *Journal of Research in Personality*, **8**, 45-54.

Furnham, A. F. (1988). *Lay theories: Everyday understanding of problems in the social sciences*. Oxford: Pergamon Press. （細江達郎（監訳）田名場　忍・田名場美雪（訳）（1992）．しろうと理論：日常性の社会心理学　北大路書房）

藤田政博（2008）．司法への市民参加の可能性：日本の陪審制度・裁判員制度の実証的研究　有斐閣

Gescheider, G. A., Catin, E. C., and Fontana, A. M. (1982). Psychological measurement of the judged seriousness of crimes and severity of punishments. *Bulletin of the Psychonomic Society*, **19**, 275-278.

Gescheider, G. A. (1997). *Psychophysics: The fundamentals* (3rd ed.). Mahwah, NJ: Lawrence Erlbaum. pp. 322-325.（芝崎朱美（訳）社会的コンセンサスの尺度化とベキ法則　宮岡　徹（監訳）片倉憲治・金子利佳・芝崎朱美（訳）（2003）．心理物理学：方法・理論・応用　下巻　北大路書房　pp. 121-124.）

廣井亮一・村本邦子・中村　正・中川俊彦・サトウタツヤ（2011）．「司法臨床」の可能性：司法と心理臨床の協働をめぐって　法と心理，**11**，1-37.

本庄　武（2002）．刑罰の積極的一般予防効果に関する心理学的検討　法と心理，**2**，76-91.

本庄　武（2006）．裁判員制度下での量刑手続きの課題　法と心理，**5**，14-19.

堀田秀吾（2009）．裁判とことばのチカラ：ことばでめぐる裁判員裁判　ひつじ書房

指宿　信（2008）．取り調べ録画制度における映像インパクトと手続法的抑制策の検討　判例時報，1995号（H.20年4月21日号），3-11.

指宿　信・黒沢　香（2010）．取り調べの可視化　法と心理，**9**，82-87.

井田　良（2007）．変革の時代における理論刑法学　慶應義塾大学出版会

伊田政司（2009）．裁判員制度における市民の量刑判断　岡田悦典・藤田政博・仲真紀子（編）裁判員制度と法心理学　至文堂・ぎょうせい　pp. 207-217.

伊田政司・石田綾子（2007）．責任能力・情状の要因と素朴量刑判断（しろうと判決）　第8回法と心理学会大会　予稿集（於北海道大学）

伊田政司・谷田部友香（2005）．刑事事件に対する主観的量刑判断　法と心理，**4**，71-80.

石崎千景（2009）．日本における法と心理学研究の動向と展望　法と心理，**9**，31-36.

伊東裕司（2009）．裁判員の判断に対する感情的要因の影響　岡田悦典・藤田政博・仲真紀子（編）裁判員制度と法心理学　至文堂・ぎょうせい　pp. 196-206.

木下冨雄・棚瀬孝雄（編）（1991）．法の行動科学　応用心理学講座5　福村出版

黒沢　香（2005）．陪審制・裁判員制による刑事裁判の研究　菅原郁夫・サトウタツヤ・黒沢　香（編）法と心理学のフロンティア　第1巻　北大路書房　pp. 123-167.

Lassiter, G. D., Ware, L. J., Lindberg, M. J., and Ratcliff, J. J. (2002). Videotaping custodial interrogations: Toward a scientifically based policy. In G. D. Lassiter, and C. A. Meissner (Eds.), *Police interrogations and false confessions*. Washington, DC: American

Psychological Association. pp. 143-160.
前田雅英・会田悦三・井上　豊・野原俊郎（2007）．量刑に関する国民と裁判官の意識についての研究：殺人事件の事案を素材として　司法研修所司法研究報告書第57輯第1号　平成15年法曹界
村井敏邦（2005）．刑事司法と心理学：法と心理学の新たな地平線を求めて　日本評論社
岡田悦典・藤田政博・仲真紀子（編）（2009）．裁判員制度と法心理学　至文堂・ぎょうせい
Sellin, T., and Wolfgang, M. E. (1964). *The measurement of delinquency.* New York: John Wiley & Sons. (Reprinted (1978). Patterson Smith Publishing Corporation.)
杉森伸吉（2002）．裁判員制における市民―専門家の異質性の融和：社会心理学的考察　法と心理，2，30-40.
Stevens, S. S. (1966). A metric for the social consensus. *Science*, 151, 530-541.
瀧川政次郎（1994）．長谷川平蔵：その生涯と人足寄場　中央公論社
菅原郁夫・サトウタツヤ・黒沢　香（編）（2005）．法と心理学のフロンティア　第1巻　北大路書房
植松　正（1949）．法心理学の諸相　世界文化社
綿村英一郎・分部利紘・高野陽太郎（2010）．一般市民の量刑判断：応報のため？それとも再犯抑止やみせしめのため？　法と心理，9，98-108.
吉野絹子（1991）．量刑とその予測　木下冨雄・棚瀬孝雄（編）法の行動科学　応用心理学講座5　福村出版　pp. 261-283.
Zeisel, H. (1985). *Say it with figures* (6th ed.). New York: Harper & Row.（佐藤郁哉（訳）（2005）．数字で語る：社会統計学入門　新曜社）

● 第10章 ●●●
エラーと認知

申　紅仙

　私たちはこれまで多くの失敗や忘れ物を経験している。些細な「うっかりミス」もあれば，スピード違反や赤信号で渡るといった「ルール違反」もある。とっさのときに適切な判断と行動をとることも容易ではない。判断ミスもまた頻繁に起こり得る問題である。

　航空・医療・原子力・鉄道などの高い信頼性が求められるような産業では，些細なミスが巨大な事故につながってしまうため，多くの取り組みがなされている。これらの取り組みは，複雑で面倒な印象をもたれることがあるが，実はシンプルで覚えやすく，日常生活でも活用できるものが多い。そうでなければ作業員に受け入れられないからだ。

　本章では人間のエラーとそのメカニズム，産業界で行われてきた取り組みだけでなく，自然災害や事故リスクや日常生活に関わるリスクの捉え方についてのポイントを提供したい。

1．ヒューマン・エラーと不安全行動

［1］ヒューマン・エラーとは

　リーズン（Reason, 1990）は，「ヒューマン・エラーとは，計画された一連の精神的または身体的活動が，意図した結果に至らなかったものであり，これらの失敗には，他の偶発的事象の介在が原因となるものを除く」としている。これは，個人内の計画（意図形成）から行為にいたるまでの心的プロセスに焦点を当て，その発生メカニズムを理解することでエラー低減を図ろうとしているものである。単に「エラー」ではなく「ヒューマン・エラー」としているのは，単純な器具の操作から巨大システムのコントロールまで含めて，人間と機械・システムとの関係の中で，機械側ではなく人間側のエラーを強調している

ことを意味している。

［2］エラーのタイプ：計画段階と実行段階に分ける（スリップ，ラプス，ミステイク）

1）スリップとミステイク　ノーマン（Norman, 1981）は一連の行動を〈計画（意図の形成）の段階〉と〈（計画を）実行する段階〉に分け，計画の間違いを「ミステイク（mistake）」，実行段階での過ちを「スリップ（slip）」とした。ミステイクは「Aボタンを押すべき状況でBボタンと判断し，Bを押した」のように，計画自体が間違っていたエラーである。逆に，スリップは「Aボタンを押そうとして（うっかり）Bを押してしまった」失敗例のように，意図は正しいが実行段階で失敗したエラーである（図10-1）。うっかりミスとも言えるスリップは，実行時に注がれる注意の減少・混乱が原因とされてい

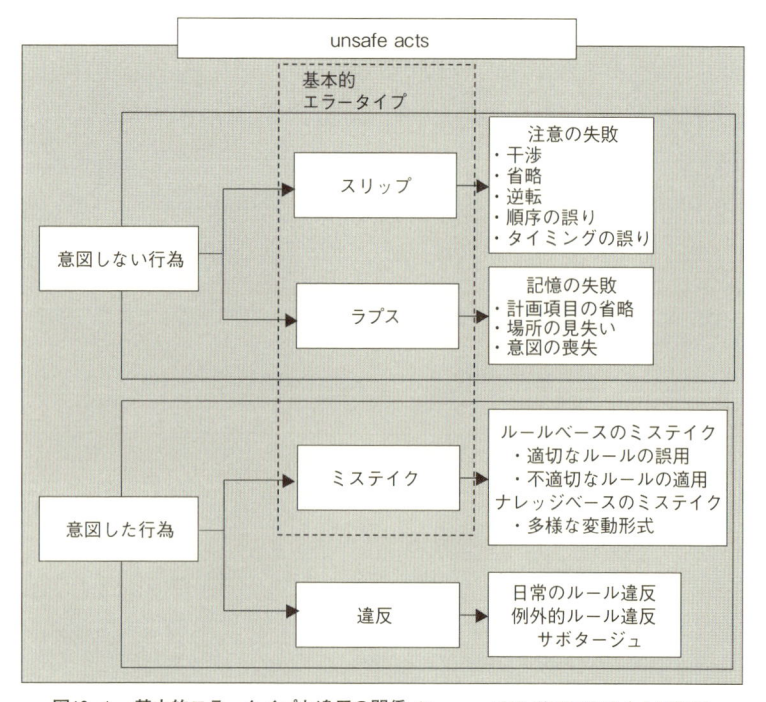

図10-1　基本的エラータイプと違反の関係（Reason, 1990／邦訳1994をもとに作成）

る。彼の提唱するATS（Activation-Trigger-Schema：スキーマ−活性化−始動）システムモデルによると，人間はある意図を形成させると，脳内では，知識・経験・行動を備えた脳内モジュール(以降スキーマ)が活性化される。しかし，脳内ネットワークが入り組んでいるため，部分的に共通する周辺スキーマや下位スキーマも同時に活性化される。注意をしっかり注ぎながら行動できれば，正しく実行できるのが，慌てていたり，ボーっとしたりすると(注意の減弱)，なにかのきっかけで他のスキーマに飛び移ってしまう。例えば，目玉焼きを作ろうとしていたのに，ボーっとしているうちに，いつのまにか，毎朝作っているスクランブルエッグを作ってしまった失敗が当てはまる。

2）ラプスとそのほかのエラー　ノーマンはそのほかにも意図した内容を保持できなかった記憶に関わるエラーを「ラプス（laps）（例：工具を取りに行ったのに呼び止められてそのまま戻ってしまった）」，雑な扱いを「ハンブル（humble）」とし，様々なタイプのエラーをATSモデルの意図形成−活性化−トリガーの段階ごとに分類した。これらのエラータイプは，日常生活で起こる失敗や個人の作業ミスの形態をよく捉えている。

これまで紹介したエラーが発端となり重篤な結果を招いてしまった事例を表10-1に簡単にまとめた。日常生活でも産業界でも，ほんの些細なミスから重

表10-1 単純なミスから重篤な結果を招いた事故のケース（本章で扱うエラーに関連した事例）

事故内容	発生年月	事故発生の発端
ドーバー海峡フェリーヘラルド・オブ・フリー・エンタープライズ号沈没事故（死者188）	1987年3月	カーゴドア閉め忘れ
患者取り違え事故（産科）	1987年9月	同姓患者取り違え
NASA　衛星の距離計算で100kmずれ	1999年10月	単位の勘違い（メートルとフィート）
ジェイコム株大量誤発注，株式市場が大混乱に（ジェイコム・ショック）	2005年12月	単純な入力ミス（61万円1株売り→1円61万株売り）
祖父が保育園に孫二人のうち一人を預け忘れ，9ヶ月の男児が車内に約7時間放置。熱中症で死亡。	2010年6月	預け忘れ

篤な事故につながってしまうので十分な注意が必要である。一般に，私たちが犯してしまいがちなミスは，次に説明される「不安全行動」が重なると事故リスクが巨大化するとされている。

［3］不安全行動とヒューマン・エラー

リーズンは事故につながりうる行為である不安全行動（unsafe acts）を，意図的なものとそうでないものに分け，スリップとラプスを意図しないものに，意図的なものにミステイクと違反行為を配し，人間の犯すエラーと違反の関係を整理した（図10-1）。

芳賀（2000）は，意図的にとられた不安全行動をリスクテイキング（あえて危険を冒すこと）の一種と捉え，「本人又は他人の安全を阻害する意図を持たずに，本人又は他人の安全を阻害する可能性のある行動が意図的に行なわれたもの」と定義した。ヒューマン・エラーと不安全行動の違いは，ヒューマン・エラーは，自ら取った行為が意図した結果に終わらなかったものであり，（意図的な）不安全行動とは，自動車の運転時に起こるスピード違反や高所作業時の安全帯不着用のように，その行為がルールから逸脱すると知りながらもあえて取る行動とすることができる。

また芳賀（2000）は，リスクテイキングとルール違反の発生理由と状況についても整理した（表10-2）。これによると，リスクテイキングは，リスクの評価が小さいとき，行動を実行した際の利得が大きいとき，または安全行動をとったときのコストが大きいときに実行されるとし，ルール違反にはルールへの賛成度やルールへの理解，組織の実行率などが関わるとしている。

先述したように，エラーも不安全行動が重なるときにリスクは増大する。不安全行動は，各自のリスクに対する考え方（主観）によって発生頻度が変わるため教育や罰則，集団活動などによって低減させる試みがあるし，うっかりミス（エラー）は気づかないうちにやってしまうことが多いため大変厄介ではあるが，機器のデザインやシステム，指差し呼称などの対策が推奨されている。次節では，それらの試みを紹介する。

表10-2　不安全行動とルール違反の要因（芳賀，2000より）

リスクテイキング（不安全行動）の要因
（a）リスクに気づかないか，主観的に小さい
（b）リスクをおかしても得られる目標の価値が大きい
（c）リスクを避けた場合（安全行動）のデメリットが大きい
（d）リスクテイキング行動自体に効用がある
ルール（マニュアル）違反の要因
（1）ルールを知らない
（2）ルールを理解していない 　　なぜそうしなければならないか，なぜそうしてはいけないかを分かっていない
（3）ルールに納得していない 　　理屈は分かっていても心から賛同しているわけではない
（4）みんなも守っていない
（5）守らなくても注意を受けたり，罰せられたりしない

2．エラーおよび不安全行動と対策

［1］うっかりミス（スリップ）および忘れ（ラプス）の対策
　1）注意をむける工夫によってエラーを防ぐ：「指差呼称」　指差呼称は，鉄道，バス，医療，製造業など，産業界で事故防止のために広く普及している動作である。具体的には，作業前の状態を目視し，人さし指で対象を差し，作業内容を発声し（例えば「バルブ開口！」），作業を行った後に，指を差して発声しながら確認する一連の行為である（「開口終了！よし！」）。
　芳賀・赤塚・白戸（1996）は，「指差呼称あり」「指差のみ」「呼称のみ」「指差呼称なし」の条件で，ランダムに点灯するランプの色に対応するボタンを押させて，各条件のエラー率を調べた。その結果，最もエラー率が低かったのは「指差呼称」条件で，次いで「指差のみ」「呼称のみ」となり，最もエラー率が高かったのは「指差呼称なし」であった。注目すべきは「指差呼称」条件では「指差なし」条件に比べ，エラー率が6分の1から7分の1にまで低下した点にある（芳賀ら，1996）。またアイカメラを使用した実験でも「指差呼称あり」の方が有意に視線を向ける回数が多く（視線到達回数），見ている時間（視線停留時間）も長いことがわかっている（芳賀，2007）。
　指差呼称の効果は，①注意の方向づけ，②目・耳・口などの多重確認の効果，

	チェックすべき内容	事例
コンパティビリティ	色や方向性が人間の自然な行動と一致しているかどうか。	音量のつまみは右に回して増量となり、蛇口は温水が赤、冷水が青となる。つまみと針の動き（矢印が示す方向）が反対方向でN P操作で、操作）
マッピング	操作するボタンやつまみなどの配置と本体側の位置が対応しているかどうか。	右図のガスレンジとつまみの配置が一番間違いが少ない。ガスレンジとつまみの位置のマッピング正例（Chapanis, 1997, 人間工学 正田，恒星社厚生閣より）
冗長性	文字や色、絵などの複数の要素で情報を伝えているかどうか。	男子トイレや女子トイレには、形（ズボンとスカート）、色（青と赤）、文字（男性、女性）などで表記されている。
アフォーダンス	対象の使用方法について使用者に知覚させる形状や特徴、機器類や道具が持つ形状が操作者の行動をサポートするようなデザインが施されているか。	ドアノブの位置に平らな板があれば、自然に押して開けようとするし、その位置に取っ手があれば引こうとする。アフォーダンスとドアの取っ手のデザイン（手を引っかけて引くためフォード（支持）している）
フール・プルーフ	失敗を受けつけないようにデザインが施されているか。	フロッピーディスクやUSBなどは正しい方向にしか挿入できないようにデザインされている
フェイル・セーフ	なにか異常が発生したときに安全側にはたらくような設計がなされているか	バスから停留所に降りるとき、乗降口付近に立つと危険なためドアが開閉しないようになっている。
C/D比	インプット（入力）とアウトプット（出力）のタイミングもあっているか。操作具のコントロール control）と表示移動距離（指針とかカーソル線）の可動エレメント（ディスプレイ display）との比の変更量をC/D比という）	つまみでCDプレーヤの音量をあげようとして、つまみの感度が悪いためにすう秒遅れて反応してしまったら、いっこうに音量が変化しないために、つまみをどんどん回してしまい、数秒後には大音量になってしまう。USBの差し口（左側）とSDカードの差し口（右側）（正しい方向にしか挿入できない工夫がなされている）

図10-2 使いやすいデザインの要素（申, 2007aより）

③脳の覚醒水準を高める，④焦燥反応の防止，などがあげられる。このため，指差呼称を実行する際に注意を注がないまま確認作業を行っては意味がない。指差呼称は，エレベーターのボタンを押す間違いや鍵の締め忘れ防止など，職場だけでなく日常生活でも気軽に行える対策である。ぜひ活用いただきたい。

2）デザインによるエラー防止対策　ノーマンは，認知工学に基づき，使いやすさ（ユーザビリティ）を実現させるためにデザインに考慮されるべき要素をあげており，コンパティビリティ，マッピング，可視性，冗長性，フール・プルーフ，フェイル・セーフ，C／D比（control-display ratio）などがある。これらの要素を考慮した機器類のデザインは，スリップに代表される「うっかりミス」を防ぐことに有効である。図10-2に用語説明と具体例を整理した。特にフール・プルーフは，エラーを受け付けないデザインであり，スリップエラーの防止に直結した工夫とも言える。例えば，USBは正しい方向にしか挿入できないデザインとなっている。このデザインによって，間違っても，やり直すことで正しく挿入できるのである。また，異常を検知して安全側に働くようにするフェイル・セーフがある。これは飛行機のドアが閉まっていないようなエラーが起こっても離陸できない，つまり事故につなげない工夫である。

3）記憶エラー（ラプス）対策：メモの工夫　ラプスは記憶に関わるエラーであり，記憶を脳内で正確に保持できなかったか，思い出し（検索）ミスが原因である。したがってこの対策は，気付かせるためのもの，つまりメモやチェックリスト，アラームなどで適切に思い出すように工夫することで減らすことができる。いつも持ち歩くものは，まとめておき，外出時に必ず通るところに置くことでリスクがかなり減るだろう。また，仕事中に呼び止められて，作業工程がわからなくなるという場合には，呼び止められても作業のおさまりが良いところまで作業を中断しない，書き込むためのペンか目印となるものをあらかじめ準備しておいて互いにミスの出ないようにする必要があるだろう。

［2］判断まちがい（ミステイク）と不安全行動対策：学習や教育，訓練など
　ミステイクと不安全行動は，未習熟や教育不足，訓練不足などが原因であり，

目に見える決まり

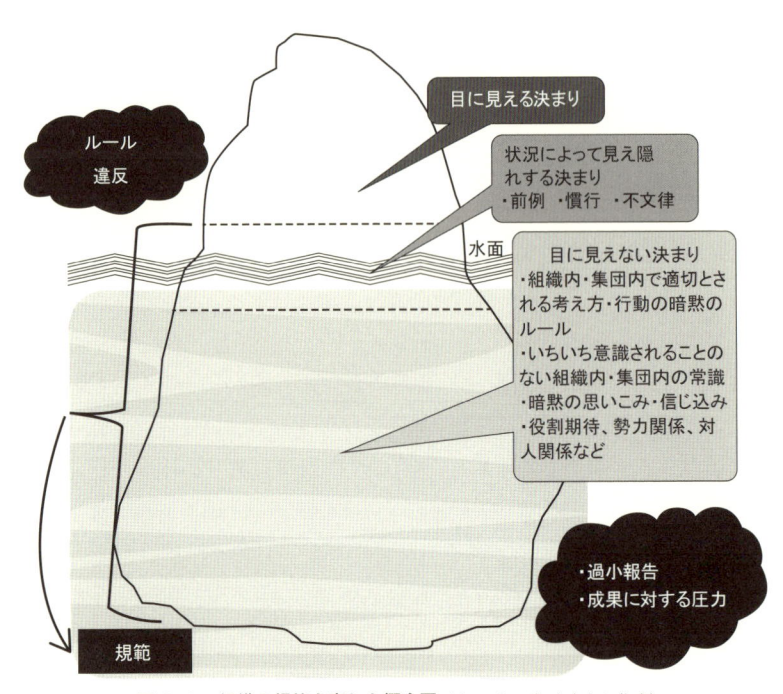

状況によって見え隠れする決まり
・前例 ・慣行 ・不文律

水面

目に見えない決まり
・組織内・集団内で適切とされる考え方・行動の暗黙のルール
・いちいち意識されることのない組織内・集団内の常識
・暗黙の思いこみ・信じ込み
・役割期待、勢力関係、対人関係など

ルール違反

・過小報告
・成果に対する圧力

規範

図10-3　組織の規範を表した概念図（山口（2008）をもとに作成）

やはり教育や訓練で補うしかない。代表的な活動と訓練として KY 活動とリスク・アセスメントがある。KY 活動の KY とは，危険予知（Kiken Yochi の略）である。もともとは住友金属で開発されたものであり，現在，建設現場や製造業，消防活動などの安全管理・事故防止対策として広く導入されている。KYは，通常，一日の作業を開始する前に行われ，当日の作業に対する危険を予知し，安全確保上のポイント・対策を作業員に周知させ，安全の徹底を図ることを目的としている。次に，リスク・アセスメントは，事故にはいたっていないものの，このまま放置すれば事故が起こってしまうかもしれない危険有害要因（不安全な要因）を評価し，対策を立てて重大事故を未然に防ぐ方法である。リスク・アセスメントでは，各作業現場の作業内容から「危険源(潜在リスク)」を特定し，リスクを推定・評価，「重大性」と「頻度」などを加味しながら，優先度の高いものから対策を講じていく。

　KY はこれまで長年取り入れられてきたため，形骸化が指摘されている（申

ら，2001)。リスク・アセスメントは，参加者によっては議論が活発にならず，評価が適切になされない可能性もある。とはいえ，KYは短時間でできるため，日常業務の中に取り入れられる気軽さがあるし，リスク・アセスメントは，時間はかかるが結果の質の高さや参加者のコミュニケーション不足解消や安全意識の向上などの効果がある。仕事の内容に応じ，長所・短所を理解したうえで取り入れていくことが望ましい。

　日常の危険や，仕事での文脈に埋め込まれた危険などは，図10-3に示すように，組織風土やコミュニケーション風土（文化）が看過できない影響を与える。これらの問題を考慮し，適切な対応をとるためには，人々の注意を喚起するだけではなく，組織による支援体制や制度作りが必要となる。

3．事故・災害リスクをどのように捉えるべきか

[１] エラー，即，事故とは限らない

　赤信号で横断歩道を渡っても必ず事故になるとは限らないように，エラーも意図的な不安全行動も，つねに事故に直結するわけではない。そして残念なことに私たちはエラーや不安全行動で無事であると「事故にならなかった。大丈夫だ」という誤った経験を記憶・学習してしまう。不安全行動には，早く済むなどのそれなりのメリットもあり，繰り返しやすい。繰り返すうちにデメリット（危険）に対する感受性が鈍くなると言われている。このことが，不安全行動がなかなか減らないことの要因とも言えよう。しかし，重篤な事故の背後には，同じようなエラーや不安全行動が多くあったことも事実である。例えば，ハインリッヒは過去に発生した事故を分類し，ある法則を見出した(Heinrich, 1931)（図10-4）。それは，同一人物が起こした大きな事故（１件）の背後に，軽度または重度の同様の事故が多数発生しており（29件），またその背後には無数の無事故や危ない状況がある（300件）というピラミット様のものであった。不安全行動の繰り返しは，このモデルの底辺の部分か，さらなる背後の領域に相当するものである。この法則は事故発生の構図を１：29：300の330件にまとめ理解しようとしたもので，現在，この法則で示される数値は，航空や原子力などの高い安全性（高信頼性）が求められる産業などの，すべての産業に

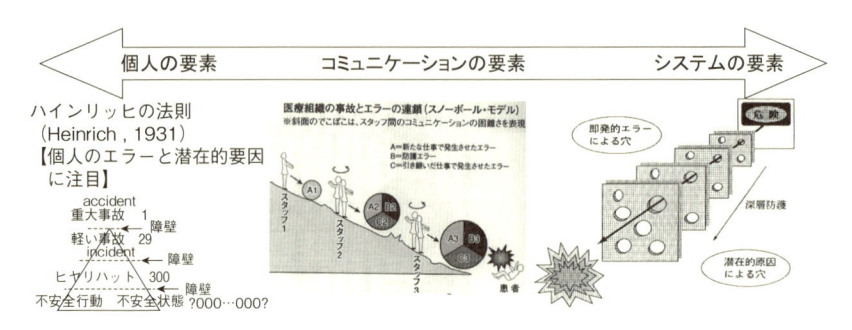

ハインリッヒの法則
（Heinrich et al., 1980）
【個人のエラーと潜在的要因に注目】

スノーボールモデル
（医療組織の事故とエラーの連鎖）山内，2000より）
【個人のエラーと成員間のコミュニケーションエラーに注目】

スイス・チーズモデル
（Reason, 1990）
【個人・集団の他，機器類，ルールなどの要素を含めたシステムの潜在的原因に注目】

図10-4　代表的な事故発生モデル（中，2007a を改変）

は当てはまるわけではない。この数値をそのまま当てはめてしまうと300件の事故にいたらないような事象（インシデント）が起こると1件の重大な事故になってしまうわけであり，事故が頻繁に起こることになってしまう。重要なことは，大事故の背後には不安全な状態が多く存在する点である。実際に事故を分析すると，事故の発生前からエラーや不安全行動が繰り返されている状態で，たまたま何らかの不運が重なって事故にいたったケースが多い。ハインリッヒの法則は，怪我にいたらなかった情報（インシデント）を収集し，重篤な事故にいたる前に危険源を見つけて改善することの重要性を示している。

[2] 人はリスクをどのように判断し行動しやすいのか
　1）災害時の住民のリスク対応と避難の意思決定　　東日本大震災（2011年3月11日14時46分，最大震度7（栗原市））では，広範囲にわたる大津波によって甚大な被害を被った（死者15,874名，行方不明者2,744名，負傷者6,114名（内閣府緊急災害対策本部2012年11月27日現在））。

　津波発生時の避難の遅れ　　甚大な被害をもたらした震災であったが，避難の困難さに限定して考えると，実はそこまで悪条件が重なったわけではなかった。まず，発災時刻が14時46分と，明るい時間で就業および就学時間内であっ

たことと，多くの学校や企業では比較的連絡の取りやすい場所にとどまっていたこと，さらには地震発生から津波襲来までに30分以上の避難のための余裕があったこと，などは避難をスムーズに遂行させ，被害を最小限にとどめるための好条件が比較的整っていたはずであった。しかし実際には，①高台への避難よりも家族捜索を優先したり，②家屋にとどまったり第1波襲来後に家に戻ってしまったり，③学校での避難開始が遅れたり，④避難時に，徒歩でなく乗用車を利用して避難した，などの防災教育・訓練の内容とは逆の行動がみられてしまった（申，2012）。

災害時の人間の行動特性　これまでの自然災害から得られた教訓として，住民の避難開始のタイミングは総じて遅い傾向にある。また非常事態であるのに正常な範囲として誤認し「避難の必要はないと思う」傾向も指摘されている（正常化のバイアス）。避難開始後の行動も問題が多い。例えば「いつもの慣れた道を通る」，「乗用車を使用する」問題がたびたびあげられている。例えば，集中豪雨で，浸水被害が発生したときにも，低地にもかかわらず普段使用する道を通ってしまい，乗用車ごと冠水した窪地に突っ込んで流されてしまった事故や，独居ビルの地下室で避難が遅れてしまったために地下室に閉じ込められ溺死してしまった事故などもある。これらの事故は，一見して，無謀な行動に見えるだろう。しかし当事者はリスクを正しく認識できないまま，普段の行動を取っただけであって，リスクを正しく認識できない限りは誰にでも起こりうる問題である。

津波発生時の避難と乗用車利用　東日本大震災を機に津波発生時の避難方法が再考されるようになった。津波発生時の避難指導は長年「徒歩」であった。しかしながら茨城県が震災後に行ったアンケート結果によると，実際に避難した人の「徒歩による避難」は約3割にとどまり，「自動車での避難」が66％と大きな割合を占めていたことが明らかとなった（茨城県生活環境部消防防災課，2011）。乗用車での避難理由として，「避難所が遠かった」「災害弱者がいた」などがあげられている。徒歩での避難が困難であり，やむなく自動車での避難を選択したということは，次の災害でも自動車での避難を選択することを意味しており，無視できない問題である。今後は，乗用車での避難を踏まえた計画的な道路整備や迂回路の分担なども検討していく必要があるだろう。しかしな

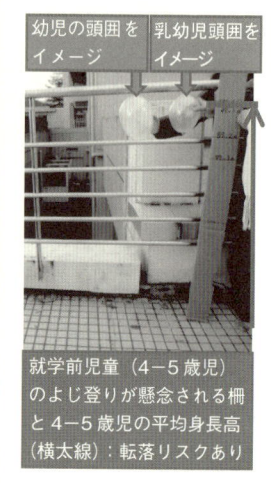

写真 子どものヒヤリ・ハット体験が発生した場所
幼児の使用が考慮されていない施設では、様々な怪我・事故のリスクがみられる。

（写真内ラベル）
・【転落リスク】幼児のよじ登りが懸念される柵
・就学前児童のよじ登りが見られた天窓と4-5歳児の平均身長（横太線）：強化ガラス未使用の場合は落下リスクを考える必要がある。
・幼児の頭囲をイメージ／乳幼児頭囲をイメージ
・就学前児童（4-5歳児）のよじ登りが懸念される柵と4-5歳児の平均身長高（横太線）：転落リスクあり

がら行政が自動車での避難を無条件に容認することは難しいだろう。実際に津波発生時の自動車での避難は大きなリスクを伴うからだ。最終的には住民の自己責任となる可能性が大きい。

2）リスクのバランスを考える：見えないリスクと受容リスクを考える
リスクの感受性を高める
　子どもへの転用・共用の危険性　申（2011）は、大学附属幼稚園が併設される大学構内の建築デザインを調べ、幼児と大学施設共用のリスクを指摘している（城，2008；申，2011）。大学構内のデザインは本来大学生を対象としており、子どもが使用した場合には、落下・擦過傷・歩き煙草との接触・乗用車との接触など、街中の移動中のリスクとほぼ変わらない。保護者と園児が身近に捉えていることから、客観的リスクと主観とのギャップが懸念された。また近年、市民や入学希望者の家族へ施設を開放する大学も多く、子ども向けに特

別教室を開催する機会も増えている。これらは，本来は別の目的で使用されていたものを子どもに開放し共用・転用するものであり，新しいリスクを生み出していることを認識すべきである。遊び場やホテルや百貨店などのキッズルームなど，一時預かり施設の設計も含めて，施設の安全を考えていく必要がある。今後，転用・共用を含め，子どもの目線高を考慮した柵の設定，発達段階ごとのリスクと行動特性を考慮した安全対策は，ますます重要となるだろう（写真参照）。

リスクをどこまで受容するか

子どもの事故リスクと保護者のリスク認知　　近年，住環境の高層化が進むなか，ベランダ・柵・窓から子どもが転落する事故が相次いでいる。家屋内での転倒や浴室内の溺死，家電製品による火傷なども後を絶たない。人口動態統計によると，0歳から14歳の死因第1位は先天的疾病を除外すると，「不慮の事故」であり，0～4歳では，当然ながら月齢が低いほど家庭内事故が多い（厚生労働省，2010）。保護者を対象に，子どもの事故に対する責任の所在について調べた結果，事故の重大性が高い項目（高所からの転落や火傷，歩き煙草，浴室での転落）は，親や保護者の責任が大きく，保護者または保育者が危険を取り除き子どもに注意を払うことが必要と認識していることがうかがえた（八藤後，2007；阿部，2010；申，2011）。他方，怪我がおおむね軽くすむような項目では，責任意識は比較的小さく，むしろ子どもに怪我を含めて危険を経験させることの必要性を認識しているようであった（図10-5，図10-6）。

長期的視点：保護者・保育者の過保護とリスクバランス　　日本では家庭内事故を防ぐセーフティグッズや感染リスクを考慮した除菌グッズが多く商品化されており，保護者もしばしば過敏に対応する。その結果，外出中に思わぬリスクに遭遇したり，免疫力低下・アレルギーリスクが高まったり，子どもの事故・健康リスクをかえって高めてしまうこともある。そのほかには，東日本大震災による放射線汚染による不安から，保護者の過剰な反応が子どもの成長に影響を及ぼしかねないリスクも指摘される（申，2012）。

　子どもの安全と健やかな成長を担保するためにも，保護者・保育者の安全意識の高さとリスクに対するトータルなバランス感覚，そして子どもの発達に合わせた住環境デザインと支援体制が求められる。

164　第Ⅲ部　社会的問題と認知

事故別責任評価

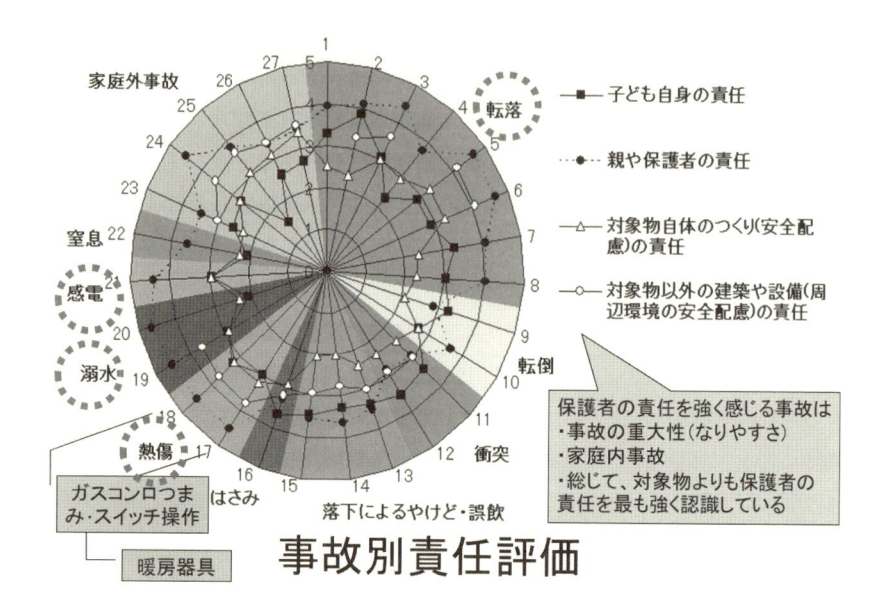

- 子ども自身の責任
- 親や保護者の責任
- 対象物自体のつくり(安全配慮)の責任
- 対象物以外の建築や設備(周辺環境の安全配慮)の責任

保護者の責任を強く感じる事故は
・事故の重大性(なりやすさ)
・家庭内事故
・総じて、対象物よりも保護者の責任を最も強く認識している

図10-5　事故別責任評価（阿部，2010）
（項目は八藤後（2007），人口動態統計を参照）

安全配慮責任に関する項目別評価

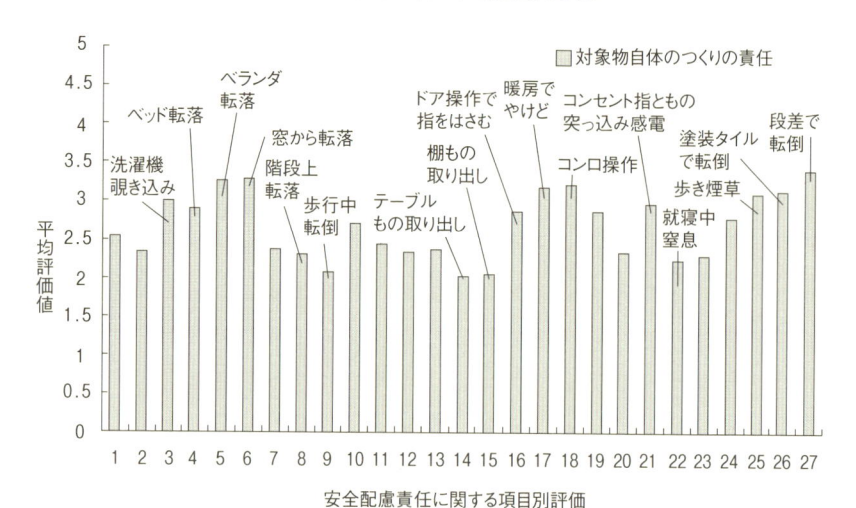

図10-6　安全配慮責任に関する項目（阿部，2010；申，2011）

4．おわりに

　失敗を防ぐためには，「エラーを発生させないための対策」「エラーをしても事故に至らせない対策」「事故となっても被害を最小限に抑えさせる対策」がある。エラー防止には，指差呼称の実行・機器類のデザイン・作業環境の改善等があり，エラーを事故にさせない対策には，フールプルーフ・フェールセーフ・訓練などが，事故を最小限にとどめるためには，事故の現状把握と正しい意思決定，適切な操業停止，正しい避難の実施などがあげられるだろう。

　残念ながら，事故防止には万能薬はない。リスクを適切に判断するための特効薬もない。危険に対するイメージ力と安全意識を高め，対策を施し，という具合に日ごろからコツコツと真摯に取り組んでいくしかない。とはいえ，リスクに対して臆病になりリスクを過度に避ける必要もない。チャレンジなくして技術や科学の発展はありえないからである。例えば，身体にメスを入れるといった医療行為は，行為そのものがリスキーでもあるという側面をもっている。自転車や自動車も死亡事故というリスクを知りつつも両者を利用している。これは私たちがリスクを受容し，それぞれのメリットとコストのバランスを保ちながら日常生活を送る必要があることを示している。そして目の前のリスクを見過ぎるあまり，新たなリスクを生み出してしまう可能性を忘れてはならない。

　長期的視点と客観的な立場からリスクを見つめることで，よりよい意思決定を下すことが可能となる。また，自身の判断でリスクを受容するときには，その行動について責任をとるという感覚をもつことも今後は求められるだろう。

　これまでエラーや不安全行動と対策，リスクについての考え方について紹介した。職場のみならず日常生活に活用いただければ幸いである。

付　記：本章の中で，エラー分類の説明は「ヒューマンエラーはこうして防ぐ」（申紅仙（2009），「安全と健康」2009年1月号～3月号）を，災害時のリスクでは「自然災害時の退避行動と自動車利用の問題について（申紅仙（2012），高速道路「時評」2012年9月号）をもとに加筆修正しました。

■文献

阿部慶子（2010）．子どもの事故の責任についての保護者の意識調査　常磐大学2009年度卒業論文

芳賀　繁（2000）．失敗のメカニズム　忘れ物から巨大事故まで　日本出版サービス

芳賀　繁（2007）．指差しが眼球運動に及ぼす効果—指差呼称によるエラー防止効果のメカニズムの検証—　日本人間工学会第48回大会発表論文集（2007年6月）

芳賀　繁・赤塚　肇・白戸宏明（1996）．「指差呼称」のエラー防止効果の室内実験による検証　産業・組織心理学研究，9（2），107-114.

Heinrich, H.W. (1931). *Industrial accident prevention: A scientific approach.* New York: McGraw-Hill.

廣井　脩・中村　功・中森広道（1999）．1999年福岡水害と災害情報の伝達　災害の研究，31，109-126.

城　好江（2008）．常磐大学構内における幼稚園児の安全を考えたヒヤリ・ハット地図　常磐大学2007年度卒業論文

厚生労働省（2010）．平成22年人口動態統計月報年計（概数）の概況，統計表第7表死因順位（1～5位）別死亡数・死亡率（人口10万対），性・年齢（5歳階級）〈http://www.mhlw.go.jp/toukei/saikin/hw/jinkou/geppo/nengai10/toukei07.html〉

内閣府緊急災害対策本部〈http://www.kantei.go.jp/saigai/pdf／201211271700jisin.pdf〉（2012年12月現在）

Norman, D. A. (1981) Categorization of action slips. *Psychological Review,* 88, 1-15

Reason, J. (1990). *Human error.* Cambridge, MA: Cambridge University Press.（林　喜男（監訳）（1994）．ヒューマンエラー—認知科学的アプローチ—　海文堂）

Reason, J. (1997). *Managing the risks of organizational accidents.* Brookfield, VT: Ashgate.（塩見　弘（監訳）（1999）．組織事故—起こるべくして起こる事故からの脱出　日科技連出版社）

申　紅仙（2007a）．仕事の能率と安全　山口裕幸・金井篤子（編著）よくわかる産業・組織心理学　ミネルヴァ書房　pp. 163，pp. 171.

申　紅仙（2007b）．11.5自然災害と人間工学　大島正光（監修者）・大久保暁夫（編集委員長）人間工学の百科事典　pp. 258-261.

申　紅仙（2011）．親は子供の事故リスクをどのように捉えているのか　人間工学会関東支部41回大会

申　紅仙（2012）．自然災害時の避難行動と自動車利用の問題について　高速道路と自動車2012年9月号（時評）高速道路調査会　p. 11.

申　紅仙・正田　亘（2001）．作業現場におけるコミュニケーションに関する一考察—2つの建設現場のKYMから—　産業・組織心理学会第17回大会論文集

山口裕幸（2008）．セレクション社会心理学24　チームワークの心理学—よりよい集団づくりをめざして—　サイエンス社

山内隆久・山内桂子（2000）．医療事故—なぜ起こるのか，どうすれば防げるのか　朝日新聞社．

八藤後　猛（2007）．子供の事故をめぐる保護者の誤解と生活環境改善による事故防止の

重要性―重大事故に潜む小さな事故の芽をつみ取れないわけ―　野村　歓（編）子どもを事故と犯罪から守る環境と地域づくり　中央法規出版　pp. 22-33.

● 第11章
医療現場のコミュニケーション

南部美砂子

🌀 1. はじめに

　本章では，医療現場のコミュニケーションについて，認知心理学の視点から考えてみたい。「医療現場＋コミュニケーション＋認知」という三者の組み合わせは，次の2つの考え方に基づいている。

> 1．医療現場のコミュニケーションは，医療の質の向上や安全管理（事故防止）において，重要な役割を果たす。
> 2．人の知的な営みは，個々の頭の中に閉じているのではなく，社会的な状況の中で協働的に成立する。

　これらを前提におきながら，医療現場のコミュニケーションを協働的な認知過程として分析し，医療の質の向上や安全管理のための鍵を見つけだすというのが，本章のねらいである。その本題に入る前に，まずは前提となる2つの考え方について述べておこう。

［1］医療現場におけるリスクとコミュニケーション

　そもそも医療行為は，本質的にリスク（損害や損失の発生可能性）を伴うものである。患者を助けるということは，必然的に患者を傷つける可能性を含んでおり，患者に有害な転帰（outcome）をもたらす事故（accident）や，結果として事故にはいたらなかったヒヤリ・ハットなどのインシデント（incident）は，医療行為のあらゆる段階で，あらゆる関係者において起こり得る。

　さらに，医療現場のリスクの大きさには，作業システムの独自性も密接に関

係している。例えば，入院病棟における看護業務のフィールド調査から，以下のような作業システムの特徴があげられている（原田・重森・渡辺，2004；松本・往住・原田・南部，2009；南部・原田・須藤・重森・内田，2006）。

・個々のタスクの規模は小さい
・複数のタスクが同時に存在している
・それらのタスクは類似性が高い
・各タスクは医師や看護師，薬剤師など様々な職種の関係者の手を経て達成される（社会的分散）
・各タスクは達成までに時間がかかる（時間的分散）
・各タスクは複数の場所を経て達成される（空間的分散）
・各タスクの遂行過程は患者の状態などに応じて流動的に変化する

原田ら（2004）は，こうした作業システムを捉える枠組みとして「縦の糸・横の糸」モデルを提案している（図11-1）。例えば，看護師による投薬タスクには，医師の処方，調剤部へのオーダー，調剤部からの配布，薬剤の受け取りと確認，投薬準備，処置，予後のモニタリング，カルテや看護日誌への記録などが含まれる。1つのタスクを見ると，その遂行過程には複数の異なる職種の関係者が関与しており，それゆえ時間的にも空間的にも分散していることがわかる（縦の糸）。また1人の看護師を見ると，複数のよく似たタスクを同時並行的に遂行していることがわかる（横の糸）。最終的にタスクを完了させる看

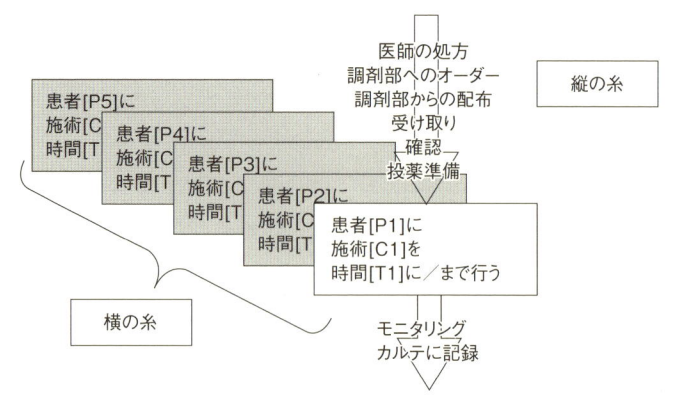

図11-1　医療タスクの「縦の糸・横の糸」モデル（原田ら，2004）

護師にとっては，かなり複雑で認知的負荷の高い作業システムである。

こうした作業システムでは，関係者間のコミュニケーションがきわめて重要な役割を果たすと考えられる。個々のタスクを安全かつ確実に遂行・達成するためには，異なる職種の関係者間（縦の糸）と，同じ職種の関係者間（横の糸）の，2つの方向での情報の受け渡しや共有が必須となる（松本ら，2009）。

関係者間のコミュニケーションなくして，医療行為は成立しない。したがって，医療行為そのものに伴うリスクや，作業システムに由来するリスクを管理し，安全を確保するためには，現場で行われているコミュニケーションを詳細に把握する必要がある。日々のコミュニケーションの中でリスクに関する情報がどのように扱われているのか，またどのようなコミュニケーションが安全の境界を拡大したり脅かしたりするのかを明らかにすることによって，医療安全のための実践的な手がかりを得ることができると考えられる。

［2］認知の社会性

コミュニケーションは，高次の複雑な認知的活動である。近年の認知科学的なコミュニケーション研究では，〈認知とは個人の頭の内部に閉じたものではなく，常に社会的状況にひらかれ，個々の状況により多様である（香川，2011）〉という考えに基づいて，実験室から飛び出し，リアルな世界の中にある様々な実践現場を対象として，コミュニケーションの詳細な分析が行われている。

茂呂（1997）は「認知の社会性」という概念によって，コミュニケーションを協働的な認知過程として捉える枠組みを提示している。「私たちの知的な営みは，そもそも相手があってはじめて成立するものであり，相手の応答に依存しながら遂行可能になる」という前提のもと，コミュニケーションの中でどのようなことばが発せられたのか，どのような相互作用が行われたかを詳細に記述・分析していくことにより，コミュニケーションの参加者が相互につくりあげる認知的な世界を描き出すアプローチである。

医療現場のコミュニケーションを分析するうえで，こうした考え方はかなり有用である。コミュニケーションを線形的な情報のやりとりとして捉える従来の枠組みの中では，情報がきちんと伝達されたか，伝達の経路に問題はなかったかといった点に注目した分析が行われ，その結果として，「必要な情報を，

不足なく，確実に伝達する」という改善策が引き出されがちである。しかし，ただでさえ認知的負荷の高い作業システムの中にいる現場の関係者にとって，確認作業が追加されるような改善策は，効果的であるとは言いがたい。

これに対し，コミュニケーションを協働的な認知過程として捉える枠組みでは，その状況の中で関係者間の意図推定や共有理解がどのように達成されていたのか（あるいはどのように失敗したのか）を明らかにすることができる。これにより，特定の個人や情報伝達の問題としてではなく，現場全体でいかにして多様な情報を共有していくかという認知的な課題として，より前向きな安全管理を検討してくことが可能になると考えられる。以下では，こうした枠組みによって医療現場のコミュニケーションを分析した南部ら（2006）の研究を紹介する。

2. 医療現場における協働的な認知過程の分析

医療現場におけるコミュニケーションの実態を把握し，その問題や可能性について探索的に検討することを目的として，南部ら（2006）は，入院病棟の看護師を対象としたフィールド調査を実施した。この調査では，21名の看護師に業務時間中ずっとICレコーダーとタイピン型マイクを装着してもらい，患者や医師，他の看護師など様々な相手とのコミュニケーションの様子を音声データとして記録した。10日間で，内科，外科，産科など複数の病棟から，のべ35件，約100時間の音声データを収集した。

音声データに含まれるすべての発話を書き起こし，発話だけではわからないこと（その時の作業内容など）についてはヒアリング等の追加調査をして，病棟内の看護師を中心としたコミュニケーションについて質的な分析を行った。ここでは，協働的な認知過程としての特徴がよく現れている対話事例を抜粋して紹介する。

［1］対話者間の共通基盤

コミュニケーションは，単なる情報の伝達や交換ではなく，対話者が互いの知識や共有情報，態度や信念などを推測し，これを「共通基盤（common ground)」として利用しながら新しい情報を共有していく協働的な認知過程である（Clark, 1996）。ここではまず，そのことを端的に示す対話事例を紹介したい。［対話事例１］は，検査室の受付における医療者間のやりとりである（以下，事例中の「対象看護師」はICレコーダーを装着した調査対象の看護師のこと。その他は対象看護師の対話相手）。

［対話事例１］

1	対象看護師	：すみません，ちょっと（病棟名）のMRI
2	検査室受付	：はい……お名前は
3	対象看護師	：（患者名）さまで
4	検査室受付	：はい，向こうでお待ちください
5	対象看護師	：はい，はい

　この事例では，必要最小限と思われることだけが発話されている。医療者間のコミュニケーションでは頻繁に観察されるパターンである。この短いやりとりがコミュニケーションとして効果的に成立するためには，

・検査室という場所
・看護師と検査室の受付担当という互いの役割
・患者を連れているという状況
・訪れた時間

などの情報が，コミュニケーションの前提として両者の間で共有されている必要がある。これが検査室の受付ではなく，どこか別の場所で偶発的に行われたとしたら，状況を把握し文脈を共有するために，互いにもっと多くのこと（例えば，患者の状態や検査の目的・内容，予約時間に関する詳細など）を発話しなければならない。

　このような効率的かつ効果的なコミュニケーションは，対話者間であらかじめ共有されている（と認識されている）情報，状況，環境，文脈などの共通基盤によって支えられている。例えば，「昨日見た？」「うん，見たよ！」という短いコミュニケーションが成立するのは，対話者が互いに映画好きだということや，その日テレビで放送されるある映画を楽しみにしていたということを共通基盤として認識しているからであり，この短いやりとりに含まれる意味を互

いに理解することによって，それがまた両者の新たな共通基盤として組み込まれていくのである。

したがって，線形的な情報の伝達や交換に注目する対話モデルのもと，必要な情報を不足なく伝達することだけを目標にしてしまうと，コミュニケーション自体が負担になってしまうだけでなく，対話者間にどのような共通基盤があるのか，安全管理のためにそれをどう活かしていくかという視点が抜け落ちてしまうことになる。それゆえ，協働的な認知過程としての対話モデルが必要となるのである。

[2] コミュニケーションのなかの潜在的リスク

コミュニケーションを協働的な認知過程として捉える対話モデルのもとでは，[対話事例1]のような短い発話のやりとりで効率的かつ効果的にコミュニケーションが成立する事例だけでなく，コミュニケーションそのものが潜在的リスクを含んでいる事例も見出すことができる。次の[対話事例2]は，ナースステーションでの看護師間のやりとりである。

[対話事例2]

1	対象看護師	：ごめーんもらっていきたい人がいるんだけど
2	看護師A	：あ，いいでーす，な，なにさんですか
3	対象看護師	：なんだっけな……あ，この人
4	看護師A	：Tさん
5	対象看護師	：ごめんなさい

対象看護師は，準備作業を行っていた看護師Aのところに点滴を受け取りに来たが（1），処置対象の患者の氏名を伝えることができず（3），看護師Aとともに，その場にあった薬剤のラベルを手がかりにして対象患者を同定している。この事例では，点滴の実施というタスクとその遂行過程が両看護師の共通基盤となっていたために，わずかな発話と物理的な手がかりによって互いの意図を推定し，理解を共有すること（患者を同定すること）ができたと考えられる。

しかしここでは，効率的なコミュニケーションを支えている共通基盤が，逆に，ひやりとするような危うさにつながっている。このとき薬剤のラベルは，対象看護師の頭の中にあるべき対象患者の氏名という情報を，思い出すための手がかりとしてしか機能していない。本来であれば，頭の中の情報と外の物理的な環境にある情報を対応づける手続きは，安全管理のための重要なチャンスであるはずだが，ここではそれが見過ごされてしまっている。

　さらに注目すべき点は，認知的負荷の高い状態で作業を行っている看護師にとって，この事例のように対話相手を情報資源として利用することが，タスク遂行における不確実性を低減するための典型的な方略となっている可能性があるということである。自分がもっている情報が曖昧であったとしても，コミュニケーションの中で確認できればそれでよしとする方略が用いられている場合，もしそこで対話者間の共通基盤が不十分，あるいは不適切であったとしたら，患者の同定を誤る危険性はきわめて高いと考えられる。

　それでも，[対話事例2]では欠けた情報を外にある情報で補うことによって，コミュニケーションの目的を達成することができていたが，次の事例にはもっと深刻な問題が含まれている。[対話事例3]は，内科における患者の転科・転床に関するやりとりである。

[対話事例3]

1	対象看護師	：あ，Bさーん，Bさん，あの，てん，転科，じゃないや，転床の人の，カルテとかって，あごめん
2	看護師B	：うんだいじょうぶ
3	対象看護師	：ある？
4	看護師B	：誰の話？
5	対象看護師	：Tなんとかさん
6	看護師B	：T・S
7	対象看護師	：うん
8	看護師B	：あたしね，誰のを用意して帰ったのかがわかんなくて
9	対象看護師	：（笑い）
10	看護師B	：I・Hはあったでしょ？
11	対象看護師	：うんない，よね
12	看護師B	：ない，ちょっと待って
13	対象看護師	：うん

14	看護師B	：用意するね
15	対象看護師	：うん

　この日は，複数の患者の転科・転床が予定されていた。対象看護師はそのうちの1人の書類を受け取りに来たが，［対話事例2］と同様に，患者の氏名を正確に伝えることができず（5），看護師Bが患者Tを同定して（6），ここで目的が達成されたかのように見える（7）。しかし，その直後の看護師Bの発話（8）は，患者の氏名と受け入れ準備の対応づけがB自身にとっても曖昧であることを示しており，結局両者はお互いの不確実性を解消できないまま対話を終了してしまっている（9-15）。このあと，看護師Bが「用意するね（14）」と述べたことが実行されて，患者とその対応に関するより詳しい情報が確認され，不確実性が解消される可能性もある。しかしそれは，逆に言うと，それまでの間ずっとこの曖昧な状態が留保されたままになるということである。

　この事例では，そもそも対象看護師の頭の中にあるべき情報がなかったというだけでなく，お互いの情報が曖昧であるにもかかわらず，それらが部分的に適合した（ように思える）ことによって，そのまま正しい情報として両者の共通基盤に組み込まれてしまっている。ここで注目したいのは，「相手がそれに合うようなことを言った」ことが根拠となって，曖昧な情報が正しい情報として認定され，共有されているという点である。これは，コミュニケーション自体がもたらすリスクと言ってもよいだろう。こうした潜在的なリスクが作業システムのなかに埋め込まれることにより，事故やインシデントへと発展する可能性が増大すると考えられる。

　もうひとつ，コミュニケーション自体がもたらすリスクが明確に現れている事例を取り上げる。［対話事例4］は，内科のナースセンターにおける看護師間のやりとりである。

[対話事例4]

1	対象看護師	：もしかして，○○さんのお薬やってくれた？
2	看護師C	：あはい，はい，あ薬？，ううん，あ，ナースコールやりました？
3	対象看護師	：ううん，頼まれたんだけど，やってくれたのかな？
4	看護師C	：わかんない
5	対象看護師	：……ここに置いてあったんだけど
6	看護師C	：他の人がやってくれた
7	対象看護師	：よかった

　対象看護師と看護師Cは，同時的に，異なるトピックについて互いに質問し（1，2），またそれにいずれも否定の返事をしている（2，3）。看護師Cからの問いかけはそこで終わっているが，対象看護師はさらに「やってくれたのかな？（3）」と繰り返し，看護師Cに再確認をしている。このあとに続くやりとりは，両者が異なるタスク遂行の文脈上にいて，コミュニケーションの目標を共有していないことを端的に示している。対象看護師の再確認に対し，看護師Cは「わかんない（4）」「他の人がやってくれた（6）」という不明確な返事をし，それを受けて対象看護師が「よかった（7）」と承認したところで対話は終わってしまっている。「なぜ」準備した薬剤があるべきところにないのか，「いつ」，「誰が」それを代行したのかは明らかにされないまま，置いてあった場所から薬剤がなくなったことをもって，タスクを完了したという認識に至っている。またここでも，[対話事例3]と同様に，「相手がそう言った」ということを根拠として，曖昧な情報が共通基盤に組み込まれているのである。

　ここまでに取り上げた[対話事例1，2，3，4]のようなやりとりは，病棟における医療者間のコミュニケーションの中で頻繁に観察されている。これらを単に「必要な情報が伝達されなかった」事例と見なすのは早計だろう。これらの事例は，対話者間の共通基盤が，一方では効率的かつ効果的なコミュニケーションを成立させ，もう一方ではコミュニケーションのなかの潜在的リスクにつながっていることを示唆している。そもそも高リスクである医療行為，作業システムにおいて，コミュニケーションは諸刃の剣である。そのため，明示さ

れない対話者間の共通基盤や，意図推定，理解共有の過程を含めて，安全管理のためのコミュニケーションのあり方を考えていくことが重要になる。

3．効果的なリスク共有コミュニケーション

　南部ら（2006）の対話データの中には，潜在的なリスクの存在をうかがわせる事例だけでなく，効果的にリスク情報が共有されている事例も数多く含まれていた。こうした事例は，安全管理のための具体的なコミュニケーション技術を検討するうえで，非常に有益である。

［1］オープン・クエスチョンからの展開

　次の［対話事例5］は，産科病棟のナースステーションにおける看護師間の申し送りのやりとりである。申し送り全体はかなり長い対話データであるため，ここでは効果的なリスク共有コミュニケーションの契機となった部分のみを抜粋する。

［対話事例5］

| 1 | 対象看護師 | ：そういう時，どうしてます？ |
| 2 | 看護師D | ：えっと，あの上の方とかに相談を，したんですけど |

　看護師Dはこのとき，担当患者の様子について客観的な情報のみを伝えていた。申し送りにおいて，話し手から聞き手へ「必要な情報を不足なく伝達する」という意味では，十分な内容である。しかし対象看護師の「そういう時，どうしてます？（1）」というひと言は，このコミュニケーションを，単なる「情報伝達」から「問題の発見・共有」へと大きく変化させる契機となっていた。

　質問には，相手に「はい」か「いいえ」の返答を促すクローズド・クエスチョンと，さらに詳細な情報提示を促すオープン・クエスチョンの2種類がある。「どうしてます？（1）」という質問はオープン・クエスチョンである。この

質問によって，対象看護師と看護師Dは［対話事例5］のあと，ある患者と看護師らの間にコミュニケーション上の問題が生じているということに，互いに気づいていくやりとりへと発展することができた。さらにそのあと，対象看護師は，患者本人とのコミュニケーションを通じてこの問題の原因を見つけだし，的確な対応へとつなげていったのである。

多忙な業務の中では，申し送りもなるべく効率的に行いたいと考えがちであろう。しかしこの事例のように，「相手に語らせる」ためのひと言を出発点として，結果的に「患者を含むチームとしての安全管理」が達成されることもある。そこでは，個々の関係者が「もしかしたらここに（見えない）問題の芽があるかもしれない」と気づくこと，すなわち「リスク認知」が，リスク共有コミュニケーションへの展開を支える基盤となっている。自分の気づきを相手の語りにつなげるオープン・クエスチョンは，効果的なコミュニケーション技術として注目すべきである。

［2］リスク認知とリスク共有

次の［対話事例6-1］も，個々の関係者のリスク認知がコミュニケーションによって共有されたことを示している。外科のナースステーションにおける看護師間の申し送りのやりとりである。

［対話事例6-1］

1	看護師E	：あ，Sさんみるよねー
2	対象看護師	：うん
3	看護師E	：あーのマイスリーを出して欲しいのと，不眠時の
4	対象看護師	：うん
5	看護師E	：もうノートには書いてあるんだけど
6	対象看護師	：あ，はいはいはいはい
7	看護師E	：なんかね，プロマックっていう薬が始まったんだけど
8	対象看護師	：ん？，うん
9	看護師E	：なんか，昨日の朝で切れてて私書いて帰ったんだけど
10	対象看護師	：うん
11	看護師E	：チェックされてないのね
12	対象看護師	：あー
13	看護師E	：処方されていないんだけど，それはあえて，処方していない

```
                        のかー
14  対象看護師   ：あーわかった
15  看護師E     ：（　）ないのか，ちょっとわかんないのね
16  対象看護師   ：プロマックとマイスリーね
17  看護師E     ：そう，それ，不眠時の
18  対象看護師   ：はいはいはい
```

ここで注目したいのは，「○○を確認してください」というような明示的な発話がなくても，対話者が互いの意図を理解しているという点である。看護師Eは，

・患者Sに新しい薬剤の投与が行われていること（7）
・その薬剤が前日の朝になくなっていたこと（9）
・それを看護日誌に記入したこと（9）
・チェックされていなかったこと（11）

に言及したうえで，「処方なしが意図的なのか否か」が「わかんないのね」と述べている（13, 15）。看護師Eはここまでの発話で，「処方忘れ」の可能性や，確認の必要性について，明示的に語ることを一切していない。しかし相手の対象看護師は，看護師Eの発話が完全に終わらないうちに，「あー（12）」，「あーわかった（14）」という発話によって「理解」を表示している。

このようなコミュニケーションが成立する背景には，それぞれのリスク認知が存在している。問題が発生する可能性を個々に認識できるからこそ，明示的な語りがなくても効率的に互いの意図を推測し理解を共有することができたと考えられる。

さらに［対話事例6-1］の約2時間後，対象看護師は担当医師と，確認のためのコミュニケーションを行っている。申し送りにおけるリスク共有は，そこからさらに，［対話事例6-2］に示す看護師-医師間のリスク共有コミュニケーションへと拡大していったのである。

［対話事例6-2］

```
1  対象看護師   ：あ……Sさんの，プロマック？
2  医師A       ：はい
```

3	対象看護師	:	継続,ですか?,あえてやめた,とかって,なんか処方されてなかったみたいなんですけど
4	医師A	:	( )
5	対象看護師	:	はい,あと,マイスリーの5ミリの処方と,明日からの指示お願いします

　この事例から,[対話事例6-1]では明示的に語られていなかった看護師Eの意図を,対象看護師が的確に理解していたことがわかる。[対話事例6-2]の医師の発話には残念ながら聞き取れない部分があるため,この件が実際に「処方忘れ」であったか否かは不明である。しかし,[対話事例6-1]において「処方忘れ」のリスクを認知した看護師Eが,そのことを直接的に対象看護師に伝えるのではなく,その判断材料となった複数の情報を提示することによって相手自身のリスク認知を促していた点は大変興味深い。ともにリスクを見出し共有していくコミュニケーション技術が,結果として[対話事例6-2]のような問題解決への展開を支えていたと考えることができるだろう。これも[対話事例5]と同様に,単なる情報伝達を超えたリスク共有としてのコミュニケーションのあり方を示す好例である。

[3] コミュニケーションによるセーフティ・ネットの構築

　[対話事例5],[対話事例6-1]として取り上げた申し送りは,そもそも関係者によるリスク情報の共有を目的とした場面であり,効果的なリスク共有コミュニケーションが行われやすい状況と言えるかもしれない。そこでもう1つ,申し送り以外の事例も見ていくことにする。[対話事例7]は,産科における看護師間のやりとりである。

[対話事例7]

1	対象看護師	:	Fさん,Gさん(別の看護師),母子手帳いまお母さん探しているので
2	看護師F	:	はい,わかりました
3	対象看護師	:	届けてくれると思うので,預かってもらってもいいですか?
4	看護師F	:	わかりました

関係する対話データ全体を掲載することができないため、ここでは短い事例を1つだけを取り上げたが、注目したいのは、このようなコミュニケーションが複数の関係者との間で、時間的にも空間的にも分散したかたちで行われていたという点である。対象看護師は、「退院手続きに伴う母子手帳の受け渡し」について、病棟全体の中に問題解決のための文脈、いわばセーフティ・ネットのようなものをつくりあげていたと考えられる。これにより、対象看護師がもしその場にいられなかったとしても、円滑に問題を解決することが可能になる。

このような効果的なリスク共有コミュニケーションの事例は、数名の対象看護師に集中して観察された。［対話事例5］と［対話事例7］の対象看護師は同じ人物であり、彼女はこれらの他にも、患者の語りを促すことによって不安を低減させたり、複数の関係者に分散している情報を調整するようなコミュニケーションを行っていた。本人がそれらを意図的に行っていたかどうかは不明であるが、コミュニケーションを「関係者が共同で行う問題解決」として捉え、病棟全体の中で広くリスク共有コミュニケーションを展開していくことは、現場の安全管理において重要なスキルの1つと言えるのではないだろうか。

4. まとめと課題

本章では、医療現場のコミュニケーションを協働的な認知過程として分析し、医療の質の向上や安全管理につながるコミュニケーションのあり方について考えてきた。ここで紹介した事例は、入院病棟における、看護師を中心としたコミュニケーションに限られているが、発話に現れない対話者間の共通基盤や、それに基づく意図推定、共有理解、個々の対話者のリスク認知、リスク共有のためのコミュニケーション技術といった認知的な要素は、医療安全のために検討すべき基本的な課題と言えるだろう。

最後に、このような現場を対象とする研究の、方法上の課題について述べておきたい。人の知的な営みを社会や文化との関わりのなかで理解するためには、実験室ではなくナマの現場に入っていくことが重要である。しかしそれは、現場の関係者、特にゲートキーパー（佐藤，2002）となる人物との信頼関係な

しには実現しえないものである。ゲートキーパーに研究目的を説明し，理解を得て，さらに現場全体の理解と同意を得る手助けをしてもらう。その過程にどれだけの力を注げるかが，その研究の正否にかかっていると言っても過言ではないだろう。また，より豊かなデータの収集と個人のプライバシーの問題は，つねにトレードオフの関係にある。研究者としては，ビデオカメラなどを使って隅々まで記録したいところであるが，実際にはそれがかなわない現場も多い。特に医療現場では，患者への倫理的な配慮は最大限になされるべきであり，調査への協力が患者の負担になるようなことは絶対に避けなければならない。現場の状況によっては，録音や撮影について患者に説明し同意を得るための時間を確保することができないケースもある。こうした困難や制約の中で，いかにして現場の問題解決に貢献できるような研究を行うかが，つねに問われているのである。

　現場は厳しい。しかしそれだけではない。「現場でしかわからないこと」は確かに存在し，また現場は問題解決のために認知心理学の視点を求めている。その面白さと貢献のあり方を知るために，試しにいちど実験室を飛び出してみてほしい。現場に出る認知心理学分野の仲間が，今後さらに増えていくことを願っている。

■文　献

Clark, H. H. (1996). *Using language*. Cambridge, MA: Cambridge University Press.
原田悦子・重森雅嘉・渡辺はま（2004）．医療事故防止のための看護タスクモデル―「縦の糸・横の糸」モデルの提案　看護研究, 37（2），93-97.
香川秀太（2011）．状況論の拡大：状況的学習，文脈横断，そして共同体間の「境界」を問う議論へ　認知科学, 18（4），604-623.
松本斉子・往住彰文・原田悦子・南部美砂子（2009）．看護の場における対話―医療安全を目的として―　人工知能学会誌, 24（1），53-61.
茂呂雄二（編）（1997）．対話と知―談話の認知科学入門　新曜社
南部美砂子・原田悦子・須藤　智・重森雅嘉・内田香織（2006）．医療現場におけるリスク共有コミュニケーション―看護師を中心とした対話データの収集と分析　認知科学, 13（1），62-79.
佐藤郁哉（2002）．フィールドワークの技法　新曜社

心理学への期待3
ユーザインタフェイス（UI）とユーザビリティ

伊藤　潤（ソニー株式会社）

はじめに

　私は20年近く，人と機器の接面であるユーザインタフェイス（略称UI）と機器の使い勝手に関わるユーザビリティ関連の業務に従事している。これらは，日ごろの社内における会話で頻繁に出てくる用語である。UIやユーザビリティに関わる2つの話題を紹介する。1つは社内で語彙を共有し，コミュニケーションの円滑化を目指して作成したe-learning研修について。もう1つは，相手も当然知っていると誤解したため，ディスコミュニケーションを引き起した失敗事例である。

社内向け e-learning 研修の設計と開発

　近年，家電商品のデジタル化や多機能化によりUIに関わるソフトウェアの規模が爆発的に大きくなっている。それにつれ，UI設計に直接関わるメンバの数が急激に増えた。このため，UIやユーザビリティに対する知識レベルが様々な人々が一緒にUI設計をするように変わってきている。知識にレベル差があるメンバ間でUIの会話をしたとき，一見会話が成立しているように思えても，実は互いにまったく違った心的イメージを描いていたことが後で判明し，UI設計の手戻りにつながるといった問題が発生するようになったのである。

　そこで，UIやユーザビリティに関するコミュニケーションを円滑にするための共通語彙を定義し，普及させることを目的とした e-learning 研修を数年前に設計開発した。共通語彙の普及を実現するために，①共通語彙の数は極力絞って10とし，研修の間にしつこいくらい繰り返してことばを覚えやすくすること，②実例をたくさん用意して理解しやすくすること，③共通語彙に対応したアイコンを作成し，文字とイメージの両面で印象を強めてことばを覚えやすくすることの3つを考慮した。さらに，（1）受講終了前に簡単なテストを用意し正解しないと修了できないようにしたこと，（2）受講者に共通語彙のアイコンと説明を記したカードを渡し，日々の業務の中で思い出すきっかけにしてもらうこと，といった工夫も加えている。

　10の共通語彙は7つのキーワードと3つの手法で構成されている。7つのキーワードとはユーザビリティについて議論する時に重要で，象徴的な「群化」「対応付け」「フィードバック」「制約」「一貫性」「フェイル・セーフ」「アフォーダンス」です。3つの手法とは主にユーザビリティ向上に役立つ手法である「ペルソナ」「シナリオ法」「ペーパープロトタイピング法」である。

　この研修は，これまでの4年間で1,000人近くが受講している。受講生の代表的な声としては「実例をもとに解説や改善案の説明が行われていたので，非常にわかりやすかった」などで，研修の設計と開発時に意識したことが実現できていることが確かめられた

のである。

まさかユーザインタフェイス（UI）を知らなかったとは

　近年の家電商品のデジタル化や多機能化により，製品の使い方を教えてほしいという問合わせが，お客さまからコンタクトセンターに数多く寄せられるようになっている。これら製品の使い方に関する問合わせを分析すると，製品 UI のユーザビリティに対する知見を得られると期待できるのである。しかしながら，これらの問合わせから製品の不具合を効率的に発見し対処するために構築された従来の仕組みのままでは，UI のユーザビリティ知見を得ることは難しいことがわかってきた。なぜなら，製品は仕様書どおりに正しく動作しているが，利用するお客様が使い方をわからずに困っている，という状況を把握する手法がなかったからである。そこで，お客様の困っている状況に着目した，新しい分類手法を考案した。そして，この分類手法をコンタクトセンターのオペレータの方々が，問合わせ内容記録時につける分類項目の 1 つとして，追加することにしたのである。

　さて，オペレータの方々に，新しい分類手法について最初に説明する場で事件が起きた。こちらのやりたいことを説明すると，質問や逆提案が返ってくるなど議論は活発なのだが，互いの話がまったく噛み合わない。「ですから……」と説明の仕方をいくら変えても，噛み合わない状況に変化がないのである。予定の時間が尽き，困り果てた頭にふと浮かんだ質問「ところで，ユーザインタフェイスってご存知ですよね？」に対し，「わかりません」ときっぱり。なんと，相手が「ユーザインタフェイス」の概念を理解していることを前提に話していたから噛み合わなかったのである。茫然としつつも，次回までに「ユーザインタフェイスとは」の解説書を作ることを約束し，その場を終えたのだった。

　そして 2 回目，作成した解説書を持参し説明をした。「なるほど，ユーザインタフェイスについて，よくわかりました」との回答を得てほっと一安心。しかし，数日後届いたメールに絶句することとなった。「先日は，ユーザインタフェイスの説明ありがとうございました。ところで，分類手法の説明資料の中にある「UI」という言葉，今度はこちらの説明もお願いします」。

IV
職業的熟達と認知

- 企業デザイナーとしての熟達
- 仕事場におけるチームマネジメントとプロジェクト規模
- コラム 4
  「仕事,経験,熟達,成長」のデザイン
- コラム 5
  ICT サービスの設計と心理学
  :心理学の透明性向上への期待

● 第12章 ●●●
企業デザイナーとしての熟達

松本雄一

🔵 1. はじめに

　本章ではデザイン技能の育成について，アパレル企業における事例をもとに議論する。アパレル企業に所属するデザイナーは，その多くが専門学校や芸術系大学を経てデザイン技能を形成したうえで企業に入社するが，高いデザイン技能を有していても，すぐに企業で製品作りに携われるわけではない。企業の中で「製品化する」という過程には，また異なる技能が必要とされる。この視点は従来のデザイン技能の研究にはあまり含まれていない。本章ではその具体的なデザイン技能の内容と，その育成メカニズムについて明らかにする。

🔵 2. 先行研究の検討

　デザイン技能の研究においては，まずデザイナー個人の認知過程とそのデザイン過程を研究対象にする方法がある。これは熟達研究と同様に，デザイン過程の観察によって明らかにするものである。例えばジョーンズ（Jones, 1970）は，デザイン過程は分散（divergence）・変換（transformation）・収束（convergence）の3段階で表現できるとし，これをもとに予測できる結果に応じてやり方を変えていくことが重要であるとした。またイーストマン（Eastman, 1970）は工業デザイナー6人に浴室のデザイン問題を課し，その過程を詳細に観察することで，過去の経験から自分なりの制約条件を設定し，同時につねに具体的なデザイン・エレメント（この場合では浴槽や流しなど）を操作していたことを見出した。クラウスとマイヤー（Krauss and Myer, 1970）はデザイン現場の観察から，デザイナーが当初予想されたシステマティックな作業過程

ではなく，むしろイメージのままに空間を構成する要素を操作しながら逐次的に決定していく作業にかなり時間を費やしていたことを明らかにしている。同様の主張はショーン（Schön, 1983）の「省察的実践家（reflective practitioner）」研究にも見られる。彼の建築デザインの指導の事例は，熟達したデザイナーが初心者との対話から行為の中の省察を通じて，問題の枠組みの作り方を指導する姿を詳述しているが，既知の問題状況を未知の特殊な状況として見ることで，今の状況に対して前のやり方（レパートリー）を逐次的に試行するという過程が中心であるとしている。そしてエイキン（Akin, 1986）は建築デザインにおいて特殊な事例を一般的な形に表象化し，それらを操作することでデザイン問題を解決していることを示したうえで，デザイン技能の教授においては，宣言的知識のみならず手続的知識をダイレクトに教授すること，その際目標とその行動を意識させることなどを提案している。これらの研究はサイモン（Simon, 1973）の，デザインを「構造化されていない問題（ill structured problem）」を「構造化された問題（well structured problem）」の部分に分解して考える問題解決の過程であるという主張に沿うものであり，個人の認知過程に焦点を当てた研究であると言える。

　しかしデザイナーが1人で完成品を作るということは，特に工業製品を対象にした場合ほとんど考えられない。世間に流通している製品は，デザイナー以外の多くの人々が関わることで製品化されるのである。デザイナーの技能の育成については，この「組織の中でのデザイン作業」という視点をもつ必要がある。そのうえで個人の熟達を捉えることが望ましいと言える。

　組織の中でのデザインを取り扱う研究は経営学の「デザイン・マネジメント」研究に見られる。その中でも本章で紹介するデザイン技能の育成に関しては，デザイン組織のマネジメントについての研究が示唆を与えてくれる。そこでは専門のデザイン責任者をおくこと（中村，2007），組織横断的なチームづくり（奥出，2007），チームメンバーの編成（Nadler, 1991）など，組織構造や構成メンバーの重要性を指摘している研究がある。またデザイナーに他部門との調整・統合的な役割の付与（Lorenz, 1986；Fujimoto, 1991），デザイン現場の独立性の確保（佐藤，1999），デザイナー同士の相互作用（Schön, 1983）の促進など，デザイナーの役割や環境整備の必要性を主張する研究もある。

しかしデザイン・マネジメントの研究に，人材育成の必要性やデザイナーに必要とされる要件を議論する研究はあるが（例えばLorenz, 1986など），組織従業員としてのデザイン技能の育成についての研究は少ない。これはデザイン・マネジメント研究が企業的成果(製品の売上や利益率，新製品開発数など)につながるマネジメントを希求するところに内在する問題であると言えるが，組織の中でデザイナーがどのように組織人としての技能を身につけるか，組織側がどのようにそれを育成・支援しているかという視点をもつ必要があると考える。

3. 方　法

本章で取り扱う事例はインタビュー調査により収集されたデータをもとに構築している。今回はアパレル企業A社（後述）に所属するデザイナーやパタンナー（型紙作り担当），マーチャンダイザー（営業担当）の合計26人に対してインタビュー調査を行った。内訳は男性8人・女性18人，デザイナー20人・パタンナー2人・マーチャンダイザー4人であり，デザイナーのうちチーフ・デザイナーが6人（男性1人・女性5人），新人デザイナー（入社3～5年目）が14人である。

インタビューではまず人事部や業務企画部の社員に，本調査の趣旨を説明し，また調査対象やデザイン業務について説明を受けた。そして人事部の社員をインタビューの協力者として対象者を紹介してもらった。対象者の選定にはこちらで大体必要な条件（年齢や勤続年数など）を提示し，それに基づいて協力者に選定してもらった。

インタビューは基本的には対象者との1対1の対面形式で行われた。一部のインタビューは上司や協力者が立ち会った。質問項目はあらかじめガイドラインとして用意し，それに基づいて実施し，必要な事項については随時詳しい説明を求めるという，半構造化インタビュー（May, 2001）によってデータを収集した。インタビューの内容は録音され，筆者によって文書化された。今回の事例はそのデータに基づいて構成されている。

4. 事例分析

［1］アパレル企業における製品化の工程

　本章の調査対象であるA社は，アパレル企業として多くの製品を企画・製造し，直営店や百貨店などを通じて全国に製品を販売している。その企画・製造・販売は製品特性に基づいて編成された組織によって行われる。それらの組織には，マーチャンダイザー，デザイナー，パタンナー，営業，生産などの部署がある。デザイナーはこの組織に所属し，その組織のデザイン特性に基づいた製品をデザインするのである。

　アパレル企業においては，製品はデザイナー1人の手では決して製品にすることはできない。量産化を前提とした製品デザインでは，デザイナーだけでなく，より多くの人々の手を経て，製品化されるのである。その製作工程は，大きくコンセプト・テーマ設定，デザイン，パターン，試作・生産の4つの工程に分けることができる（図12-1参照）。

　デザイナーは何もない状況からデザインをしていくわけではなく，そこにはデザインの大枠となる制約条件がある。それが「デザイン・コンセプト」である。デザイン・コンセプトは製品を作る部門が創設されるときに設定された，部門の製品全体を貫く統一的な製品の特徴であり，短いことばで表現されていることが多い。製品のデザインは，その部門のデザイン・コンセプトに則ったものでなければならない。これから大きく外れるようなデザインは，たとえ良

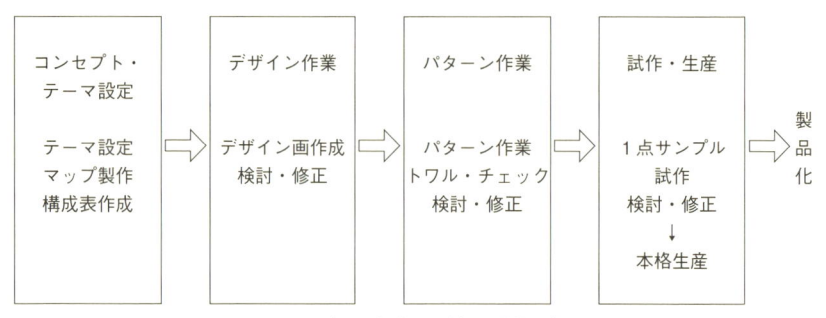

コンセプト・テーマ設定	デザイン作業	パターン作業	試作・生産	製品化
テーマ設定 マップ製作 構成表作成	デザイン画作成 検討・修正	パターン作業 トワル・チェック 検討・修正	1点サンプル 試作 検討・修正 ↓ 本格生産	

図12-1　アパレル企業での製品の製作プロセス

いデザインであっても，その組織で製品化されることは難しいのである。それに加えて，シーズンやトレンドに合わせて，デザインをより細かく規定する条件，「テーマ」を設定していく。仮の例をあげれば，デザイン・コンセプトが「猫の毛並みのような柔らかいスタイル」というものなら，冬シーズンのテーマが「チェシャ猫のようなボリューム感」という感じである。そこから具体的な製品の素材，色柄，アイテムとその数量を決定する。

　次のデザイン作業では，デザイナーはコンセプトやテーマを踏まえて，デザイン画の形でデザインをしていく。そしてデザイナーのチーム内で議論したうえで，チーフ・デザイナーの承認を経て，パタンナーの手に渡り，パターン作りとその検討がなされる。そして試作の段階で再び検討が行われる。この段階でイメージどおりのものができていない場合は修正を迫られるか，あるいはそこで検討終了ということもあり，すべて製品化されるわけではない。このような一連の工程において重要な点は，デザイン画がすんなりと製品になるのではなく，要所要所においてそれがチェックされるシステムになっているということである。パターンや試作の時点で出来映えが悪ければ製品化されない。つまり，デザイナーにとってデザインの製品化のためには，多くの関門をクリアしていく必要があるのである。

[2] **製品化に必要な技能と熟達者・初心者の違い**
　本項では製品化に必要なデザイン技能について説明する。A社に入社するデザイナーは通常，入社前に服飾専門学校や芸術系大学において，デザイン画の描き方や服飾についての知識など，基礎的なデザイン技能をすでに習得している。そして厳しい入社試験をくぐり抜けて入社した新人デザイナーは，すでに相当なデザイン技能をもっている。しかしそれでもA社で即戦力になることは少ない。企業デザイナーとして一人前になるには，①デザイン・コンセプトの理解，②製品への個性の主張，③他部門との協働，という技能を獲得する必要があるのである。

　1）デザイン・コンセプトの理解　A社のデザイナーにとって重要となる技能には，まず「デザイン・コンセプトの理解」があげられる。前述のよう

にこのデザイン・コンセプトを組織内で理解・共有することが，デザインの重要な条件になる。しかしコンセプトを理解する手がかりとなるのは，それを表現する短いことばと，実際にデザインされた製品しかない。

　この理解において，所属する組織のデザイン・コンセプトを説明してもらい，そのプロトコルを比較すると，熟達したデザイナーと新人デザイナーには明確な差が見られた。例えば先述の例に用いた架空のデザイン・コンセプト「猫の毛並みのような柔らかいスタイル」を使って説明すると，熟達したデザイナーはそのデザイン的な特徴に加えて部門創設の歴史やその当時の流行，モチーフに使う過去のスタイル，アイテム構成，そしてターゲット層の年齢や特徴，具体的なライフスタイルにいたるまで，よどみなくその内容を説明したうえで，例えば「猫の毛並みのような贅沢感とナチュラルな柔らかさを表現していこうとしている」「素材のもつ風合いから猫っぽさを見せていけたらいい」といったような表現を用いていた。ここから，主体的にデザインを生み出すという意図をもっていることが読みとれる。

　これに対して新人のデザイナーの説明は，「聞くところによるとすごく高価な素材を使っているらしい」「上の人が説明しているように言うと，猫のように誰にでも好かれる服だそうです」というような表現を用いていた。上司の意見や評判を借用するような説明をしていることは，まだデザイン・コンセプトをうまく体得できていないことを示している。しかし新人デザイナーも製品作りに直接関係するところはしっかりと把握していた。例えば製品の対象とする年齢層である「ターゲット」は新人デザイナーのどのプロトコルにも含まれており，コンセプトを理解するうえでの端緒と考えられる。

　デザイン・コンセプトを理解させるための指導は，ほとんどが仕事の中でのデザイン画の手直しやコミュニケーションを通じて行われていた。特徴的な方法は，具体的な事物に対して，新人の前で熟達したデザイナーが，コンセプトに合っているかどうかの選別を繰り返す作業であった。それを繰り返すうち，今度は新人の方から熟達者の方に判断を仰ぎ，それをまた熟達者が判定するという過程を経る。そうすると新人は自然に，コンセプトに合ったもの，合っていないものが選別できるようになると言う。このような指導方法をとる背景には，デザイン・コンセプトはデザインにおいて制約条件として機能するが，あ

くまでデザインの大枠であり，過度にデザインを制約するものであってはならないという点がある。デザインの過度の拡散を防ぐとともに，そこからさらなる創造性を生み出すものでなければならない。デザイナーたちはあえて感覚的な側面の強い，ゆるやかな制約条件として扱うことで，デザイン・コンセプトに創造性につながる可塑性を付与しているのである。

２）製品への個性の主張　重要な２つめの技能は「個性の主張」である。デザイン・コンセプトの枠内でしかデザインしないのでは，似たようなデザイン，あるいは当たり障りのない製品しかデザインすることはできない。またトレンドや他の組織，および競争相手もつねに変化していくなかで，その時々のテーマほどではなくとも，コンセプトもそれらに適応・発展させていかなければ，顧客にとって価値のある製品を生み出すことは困難になる。その意味でつねに新しいデザイナーなりの「提案」を，大枠は決められている中で行うことが，デザイナーに求められる重要な要件のひとつである。

　特に新人デザイナーの斬新な発想は，時代に即応したデザインをする原動力にすることもできる。しかしあまり奇抜な，デザイン・コンセプトに挑戦的なデザインの製品を多く市場に流通させることは，既存の顧客を手放すことにつながる。そこでキャリアの長い熟達したデザイナーは，デザイン・コンセプトに忠実なデザインを多く生み出すことで，バランスをとっていると言う。松本（2011）の言うデザイン・コンセプトに対する内向き・外向きのマネジメントを，ベテランと新人で役割分担しているのである。このような役割分担が，既存の顧客を大事にしながら，流行に対応したデザインも生み出すという両立を果たしているのである。

　新人デザイナーははじめはデザイン・コンセプトを理解するのに精一杯で，最初のうちはその枠内でデザインをしようとする。経験を積むにつれて，徐々に個性を発揮し始めることになるが，重要なのはただデザイン画を描くだけではなく，それを製品化し市場に流通して消費者に届けてはじめてそれは「提案」となるということである。熟達したデザイナーは自身の個性をデザイン画に出すことはもちろん，それを製品化する過程においても，パタンナーとのコミュニケーションや試作を通じて具体的な製品として形にするための技能ももって

いるし，また営業とのコミュニケーションを通じて，市場のニーズも加味し，「個性を反映した売れるデザイン」をすることもできるのである。それに対して新人デザイナーは自身の個性や主張をデザイン画にすることはできるが，いざそれを製品化する段階ではデザイン・コンセプトを踏まえていなかったり，パターンや試作段階で自身のイメージをうまく伝えられないこともある。自身の個性を反映させたうえでいかに製品化するのかという点において，熟達したデザイナーと新人デザイナーには技能の差が存在するのである。

3）他部門との協働　アパレル企業のデザイナーにとって重要な技能の3つめは「他部門との協働」である。いくらデザイン・コンセプトに沿って，なおかつ個性あるデザインを生み出せたとしても，それを製品にすることができなければ意味がない。分業が徹底しているアパレル企業においては，そのためには他部門との協働が不可欠である。デザイナーはまず分業体制の中で，しっかり役割を果たすという「協業」の技能を学んでいく。しかしその段階を越えると，他部門の技能をうまく利用し，創造的な商品を作り上げる「協働」の技能を獲得していく。デザイナーはこの「協業から協働へ」という段階を経て熟達していくと言える。パタンナーや営業部門との協働も不可欠であるが，ここでは代表的な協働として縫製工場との事例を取り上げる。

縫製工場との協働がうまくできなければ，デザインが良くても良い製品にはならない。デザイナーが製品の質を高めていくには，工場に的確に自分の意思を伝える必要がある。実際に縫製段階では数多くの細かな指示が必要であるが，新人ではなかなかその指示が伝えられなかったり，逆に工場側に否定されたりすることもあると言う。しかしその「協業」の技能が向上すると，さらに工場を巻き込んで「協働」することで，新しい商品が生み出せるようになると言う。あるデザイナーは，工場側が取り組んだことのない，難しい編み方を必要とするニットの製品を，粘り強い協働によってイメージどおりになるまで試作を繰り返し，実現させていた。この成功によってデザイナーと工場側は新しい製品を作ったという経験ができ，それは次に同じようなことがあったときも協働するという信頼関係が構築できる。相互作用はデザイナーと縫製工場のコミュニケーションの結果，信頼が構築されてはじめて可能になる。

第12章　企業デザイナーとしての熟達　　*197*

　ある熟達したデザイナーは，新人デザイナーが一人前になる条件として，「自分（新人）が思っていた以上の製品ができたとき」と答えている。これは他部門のアイディアや知識・技能を活用し，協働・相互作用がうまくできるようになることを意味していると言える。

[3]　**新人デザイナーの技能形成**

　本項では新人デザイナーがいかに技能を形成し，また育成されているかについて説明する。新人デザイナーは技能を獲得するうえで，どのように学習を進めているのであろうか。

　1）雑用に埋め込まれた技能　　デザインの指導は基本的には，日常業務の中で仕事をしながら学ぶ職場内訓練（on-the-job training: OJT）によって行われている。今回の事例において特徴的であった事実として，新人デザイナーが先輩のサポートとして様々な「雑用」に携わっていたことがある。その内容はサンプル用の生地や服材を発注したり，品質管理データの整理，生地サンプルの整理，荷物の発送・運搬，文具や道具の発注，電話番，製品作りの書類の作成，資料のカラーコピーなどである。新人デザイナーは最初は先輩たちのアシスタント的な立場で，デザインについてもサポート的な役割を果たしている。通常「雑用」ということばにはネガティブなイメージがもたれがちである。しかし事例からは，新人時代に携わる雑用は，技能の獲得にとって重要な意味をもつことが示唆されている。

　新人は先輩の雑用を通じて，デザインに必要な基礎的な技能の獲得および確認を行い，また先輩のデザインの様子を見ながら，その技能を学べる環境にいることができる。雑用の意味を理解しているデザイナーにとっては，そのような視点をもつことで「雑用に埋め込まれた技能」という存在が浮かび上がってくる。ある新人デザイナーによると，例えば先輩の道具の発注については，その過程で先輩の使う道具の種類を知ることができる。荷物の発注では，将来自分と取引をする取引先を知ることができ，電話の応対ではそれと接する機会を得ることができる。また保存用のサンプル作りでは，様々な素材を自分の目で見，分類する機会を得ることができる。そして資料のコピーでは，資料自体の

価値の他に，デザイン・コンセプトを具体例によって示されているのと同じである。そこからより効果的にコンセプトを体得することができると考えられる。

このように新人デザイナーが携わる雑用には将来自身が必要とする技能や知識が内在しており，それを意識して作業するのと，まったく意識せずただこなすだけでは，技能の獲得に相当な差が出る。新人の時期にそのような雑用による知識や技能を獲得しておくことが，今後のデザインやその技能形成にプラスになることは自明である。

雑用のもたらす技能はそれ自体の価値もあるが，それに取り組む動機づけという問題も考慮すべきである。あるデザイナーは取り組む雑用が自分の技能を向上させることにつながるとわかったとき，その作業をポジティブに捉え直すことができた。雑用に埋め込まれた様々な知識や技能が浮かび上がって見えることで，雑用はたんなる雑用でなくなる。それに気づかない初心者は雑用に消極的であるが，それに気づいた新人デザイナーは，自分なりの熟達につながる仕事という意味づけを行うことができた。しかし誰もがそれに自身で気づけるわけではない。

ここで問題となるのは，雑用をこなすにあたって，新人デザイナーに「雑用は技能が多く内在する場である」と教えることの是非である。先輩デザイナーがいちいち教えていくと，新人はそのことに気づくが，それ以上の探求心が弱くなってしまうおそれがある。逆に新人が気づくまで待つという方法は，自分で気づいたということで，技能の体得の程度は，教えられるよりも高くなるであろう。しかしそれに気づかなければ，いつまでたっても技能が身につかないという事態に陥る可能性もある。

この問題についてある熟達したデザイナーは，新人のタイプ，デザインに対する興味に応じてすぐ教えるか，その意味に気づくまで待つかを使い分けていた。デザイナーとしての資質がある新人に対しては気づくまで待つか，あるいは気づくきっかけだけ指摘し，それ以上は自身で探求させる。あまり資質が感じられない新人は細かく指摘し，気づきや学習を支援するというのである。熟達したデザイナーはこのような指導方法の使い分けを行っていたのである。

2）雑用を通じた組織への「参加」　雑用の代表的なものとして，職場の朝の掃除があった。この「新人が掃除をする」という行為には2つの意味が含まれていた。1つは技能獲得の契機としての意味である。新人はこれから様々な技能を獲得，あるいは先輩から指導してもらわなければならないが，その最初の段階での掃除という仕事は，先輩とコミュニケーションするきっかけを作る。自分の机を掃除してくれる後輩との間には自然と会話が生まれ，そこから様々な技能が獲得されるのである。そしてもう1つは，組織に「参加」を深めるという意味である。基本的技能は習得しているとはいえ，即戦力にはならない新人が組織に受け入れられるには，まず掃除という役割をもって組織に加わらなければならない。レイヴとウェンガー（Lave and Wenger, 1991）の「正統的周辺参加（legitimate peripheral participation）」の文脈で考えれば，職場の掃除をすることでその新人は先輩から，その所属する組織に「正統的に」「参加」することを認められ，その「周辺」において技能を獲得していくことができると考えられるのである。ある新人デザイナーは，新人が掃除をやらなければならないことは知っていたので，先輩に指示される前から自主的に職場の掃除を行った。それを見て組織の成員は，掃除は新人がやるものなのだと改めて認識した。これは組織の成員が，新人を「掃除をする人」として認識し，その組織への参加を認めたということでもある。やがてその新人が多忙になり，掃除が負担になってきたのを見た先輩は掃除を当番制にし，組織のルールを改善したのである。この事例で新人は，掃除を通じて組織の先輩に自分たちと同じ立場であると認められ，組織への参加を果たすことができたことを示している。

5．考　察

［1］制約条件の感覚的理解と言語化

　事例において熟達者と初心者の大きな差であり，かつ重要な技能として「デザイン・コンセプトの理解」があった。デザイナーは制約条件としてのコンセプトを，具体例や製品，そして一言で表現されたことばをもとに，選別を繰り返すことでその内容と意味を感覚的に理解していた。もちろんデザイナー自身

の意図を説明するためにことばで説明することは重要であるし，それが熟達の指標にもなっているが，基本的にデザイナーの感覚的理解を必要以上にことばに置き換えることはなかった。これは言語化することによりイメージが固着化することを防ぎ，流行や環境の変化に柔軟に対応できる可塑性を確保していたと考えられる。熟達化は学習した事項を言語化できることと同義ではない。このことはデザイン技能の研究において留意すべき事項である。

しかし企業デザイナーは同時に，自身のデザインについてその内容や意図を他者に説明することが求められる。それができなければ自身のデザインを製品化するため，他者の理解を得ることは難しい。したがってデザイナーは感覚的理解と言語的説明の間のトレードオフを解決する必要があり，その可否が熟達したデザイナーと新人デザイナーの差であると考えることができる。その差が表れていたのが，2つめの重要な技能である「個性の発揮」である。事例ではデザイン・コンセプトの枠内につねに収まる製品だけではなく，そのデザイナーなりの個性を発揮し，またそれを製品化することが重要視されていた。それは感覚的理解だけでなく，他者に説明できてはじめて可能になる。感覚と言語の両立性こそが，デザイナーに求められる技能の重要な点であると言える。

［2］デザインから製品化・売上につなげる技能

3つめの重要な技能として「他部門との協働」があげられていた。事例でもデザイナー同士だけでなく，パタンナーやマーチャンダイザー，縫製工場との協働の様子を知ることができた。デザイナーには他部門との協働に必要な技能が求められるということであり，その獲得なくして，デザインを製品化し，また市場に流通させることはできないのである。

しかしその協働を経て製品化される過程で，デザインがさらに向上することもわかった。1つは製品の質の側面である。デザインの時点よりも，パタンナーや縫製工場の協力を得ることにより，製品の質が高まる。それは熟達したデザイナーが「自分が思っていた以上の製品ができる」と言っているように，他部門との相互作用を経て実現するものである。もう1つは売上という側面である。マーチャンダイザーとの協働により，市場に流通して消費者に受け入れられる製品を作ることができるのである。このように考えるとウェイド（Wade，

1977）が「デザインは社会的活動である」と指摘しているように，デザインは分散的・社会的な側面もある程度有していることが言える。

そして他部門との協働は，デザイナーによるデザイン・コンセプトの理解があってより高いレベルで実現するし，それは個性の主張においても同様である。つまり事例からは組織的なデザインにおいて重要な技能として3つを指摘したが，それらはいずれも相互関係にあるのである。

［3］雑用と状況的資源を用いた学習

次にデザイン技能の指導および学習についてである。事例において特徴的であった事実として，新人デザイナーが先輩のサポートとして様々な「雑用」に携わっていることがある。しかし携わる雑用の中には，将来必要となる様々な技能や知識が埋め込まれていることがわかった。新人デザイナーが雑用に携わることでそれは顕在化し，先輩の技能を盗んだり，デザイン・コンセプトの理解を促進したりする。学習資源は実践によって顕在化するが，アパレル企業で必要なデザイン技能は多分に社会的な意味合いを含んでいる。それを身につける意味でも，多様な実践の場としての雑用は，技能形成に一定の有効性をもつと考えられるのである。

しかし新人デザイナーにも雑用を煩わしいと考える者と，それが技能獲得に役立つと考える者がいた。状況に埋め込まれた学習資源は自然にその有効性が理解できることもあるが，理解できない者に対しては支援が必要であることを示唆している。デシとフラスト（Deci and Flaste, 1995）の研究における取り入れ（introjection）と統合（integration）により，熟達をもとにした雑用の意味の内在化（internalization）を支援することで，学習への内発的動機づけが可能になるのである。それについてある熟達したデザイナーは，新人のタイプ，つまりデザインに対する興味の多寡によって，指導の方針を変えていた。デザイナーとしての資質の高い新人に対してはきっかけだけを与えることで，生田（1987）の言う「解釈の努力」が引き出され，深く探求することにつながる。そうでない場合は内在化を支援する形で，ある程度深く指導したり，答えまで導く支援が必要とされる。学習資源の利用はこのような内在化による動機づけと組み合わせて議論すべきであり，それはデザイン技能についても同様で

あると言える。

［4］正統的周辺参加と中心的な課題

新人デザイナーの携わる雑用の意味としてもう1つ，それにより組織への参加を深めるというものがあった。レイヴとウェンガー（Lave and Wenger, 1991）の「正統的周辺参加」の枠組みで考えると，雑用に携わることで組織の周辺に身を置く正当性を確保し，徐々に参加を深めながら技能を獲得するという過程である。しかし正統的周辺参加の事例と異なるのは，新人デザイナーは雑用に携わりながら，同時に製品用のデザイン（練習を含む）や，デザイン・コンセプトを理解するような中心的なタスクにも携わっていたことである。ここから2つの点が示唆される。1つは新人デザイナーでも基礎的な技能はすでに獲得しており，波多野・稲垣（1983）の言う定型的熟達者のレベルにはすでに達している。そして組織の中で自身のデザインを製品化するという適応的熟達者のレベルに達するためには，周辺的なタスクとしての雑用とともに中心的なタスクにも携わることで，多様な実践を経験する必要があると考えられるのである。もう1つは学習の視点の違いである。中心的なタスクは実践による学習であるのに対し，周辺的な雑用は先輩の仕事ぶりを観察し，見て学ぶ学習である。新人デザイナーは2つの異なるスタイルの学習を交互に行っており，これがデザイン技能の育成に典型的でかつ効果的な学習のスタイルである可能性がある。新人は実践での問題意識をすぐ観察に活かしたり，観察で得た知見をすぐ実践できる環境にある。そしてそのリンケージこそが，雑用の意味を内在化する鍵と言えるのである。

［5］企業デザイナーとしての熟達

最後にデザイン・マネジメントの視点から企業デザイナーの熟達について述べる。新人デザイナーは企業で働く以前は専門学校や芸大で，一通りのデザインに必要な技能を身につける過程で，「1人で服を完成させる」ことに取り組んできた。しかし先述のとおり，企業では多くの場合あらかじめ定められたデザイン・コンセプトのもとで，分業体制の1つの部門としてデザインすることを求められる。デザイン・コンセプトの理解，個性の主張，他部門との協働と

いう3つの技能を獲得しながら，新人デザイナーは分業体制における協業について熟達していくと言えよう。

　今回の事例から示唆されることは2点である。まず第1に企業デザイナーは，2段階で熟達していくということである。まずは協業技能の獲得段階である。前述の3つの技能は企業や所属部門の組織内に埋め込まれているものであり，新人デザイナーは正統的周辺参加を通じてその技能を学んでいく。デザイン・コンセプトの理解が重要な課題であるが，同時に分業体制の中での製品化のプロセスで，しっかりと役割を果たせるようにならなければならない。しかし熟達が進むと，デザイナーは他部門を巻き込んで協働し，他部門の技能を利用して，より良い製品を作れるようになる。デザイン・コンセプトの理解も進んでいるため，協働技能を活かしてそれに挑戦・拡張するような製品も生み出せるようになる。このように「協業→協働」へと熟達することが，企業デザイナーの熟達段階として考えられよう。

　第2に企業デザイナーは，所属する部門のデザイン・コンセプトを一方では守りながら，他方では拡張・変革していくという，「内向き・外向きのマネジメント」（松本, 2011）を行っているということである。コンセプトに忠実なデザインをする（＝内向き）ことで既存の顧客のニーズに応えながら，同時にコンセプトに挑戦するようなデザインをする（＝外向き）ことで，つねに流行や時代に適応している。新人デザイナーにとってデザイン・コンセプトの理解は最重要であるが，それは内向き・外向き両方向のデザインを繰り返すことによって熟達していくと考えられるのである。

6．おわりに

　本章ではデザイン技能の育成について，アパレル企業における事例を用いて考察してきた。企業デザイナーの熟達はたんにデザイン技能の向上だけでなく，分業体制の中でどのように役割を果たしていくかという，協業についての熟達が大きな意味をもつこと，正統的周辺参加を通じての技能の獲得には，雑用を通じた周辺的学習と，デザイン・コンセプトの理解という中心的タスクに同時に取り組むことが有効であることが示唆された。

ロレンツ（Lorenz, 1986）はデザインが企業間の競争に優位性をもたらす源泉になるとしているが，その意味で企業デザイナーは重要な役割を担っている。その育成が企業の将来と，ファッションの未来に関わる大きな課題であると言えるであろう。

■文　献

Akin, Ö. (1986). *Psychology of architectural design*. London: Pion.

Deci, E. L., and Flaste, R. (1995). *Why we do what we do*. New York: Putnam's Sons.（桜井茂男（監訳）（1999）．人を伸ばす力―内発と自律のすすめ　新曜社）

Eastman, C. (1970). On the analysis of intuitive design processes. In G.T. Moore (Ed.), *Emerging methods in environmental design & planning*. Cambridge, MA : MIT Press.（環境デザイン研究会（訳）（1975）．新しい建築・都市環境デザインの方法　鹿島出版会）

Fujimoto, T. (1991). Product integrity & the role of 'Designer-as-Integrator'. *Design Management Journal*, 2（2），29-34.

波多野誼余夫・稲垣加世子（1983）．文化と認知　坂本　昂（編）現代基礎心理学7 思考・知能・言語　東京大学出版会　pp. 191-210.

生田久美子（1987）．「わざ」から知る　東京大学出版会

Jones, C. J. (1970). *Design methods*. New York : Wiley-Interscience.

Krauss, R. I., and Myer, R. M. (1970). Design: A case history. In G.T. Moore (Ed.), *Emerging methods in environmental design & planning*. Cambridge, MA : MIT Press.（環境デザイン研究会（訳）（1975）．新しい建築・都市環境デザインの方法　鹿島出版会）

Lave, J., and Wenger, E. (1991). *Situated cognition: Legitimate peripheral participation*. New York: Cambridge University Press.（佐伯　胖（訳）（1993）．状況に埋め込まれた学習：正統的周辺参加　産業図書）

Lorenz, C. (1986). *The design dimension: The new competitive weapon for business*. New York: Basil Blackwell.（野中郁次郎（監訳）・紺野　登（訳）（1990）．デザインマインドカンパニー　ダイヤモンド社）

松本雄一（2003）．組織と技能―技能伝承の組織論　白桃書房

松本雄一（2011）．製品デザイン・プロセスの組織的マネジメントの事例研究―デザイン・パラダイムの発展について―　ナレッジ・マネジメント研究年報, 10, 33-47.

May, T. (2001). *Social research*（3rd ed.）. Buckingham: Open University Press.（中野正大（訳）（2005）．社会調査の考え方：論点と方法　世界思想社）

Nadler, G. (1991). Design teams: Breakthroughs for effectiveness. *Design Management Journal*, 2（2），24-28.

長沢伸也（2003）．デザインマネジメントの展望　長沢伸也・岩谷昌樹（編著）デザインマネジメント入門　京都新聞出版センター

中村史郎（2007）．経営資源としてのデザイン　一橋ビジネスレビュー, 55（2），26-35.

奥出直人（2007）．デザイン思考と創造的イノベーションのマネジメント　一橋ビジネスレビュー，**55**（2），62-75．
佐藤典司（1999）．デザインマネジメント戦略　NTT出版
Schön, D. A. (1983). *The reflective practitioner.* New York: Basic Books.（柳沢昌一・三輪建二（訳）（2007）．省察的実践とは何か──プロフェッショナルの行為と思考　鳳書房）
Simon, H. A. (1973). The structure of ill structured problems. *Artificial Intelligence,* **4**, 181-201.
Solso, R. L. (1995). *Cognitive psychology* (4th ed.). Boston, MA: Allyn & Bacon.
Wade, J. W. (1977). *Architecture, problems & purposes.* New York : John Wiley.

● 第13章 ●●●
仕事場におけるチームマネジメントとプロジェクト規模

伊東昌子

1．チームマネジメントの問題

　近年では組織経営においてチームによる業務遂行の重要度が増し，チームレベルで優れた業績をあげるマネジメントスキルが管理職に求められるようになってきた（Mohrman, Coohen, and Mohrman, 1995）。山口（2009）はチームの活動に関して，機能的協働の重要性を説く。機能的協働とは，〈メンバーどうしが目標を共有し，効率的に課題遂行するために，互いの行動をモニターし，心理を推察しながら互いに努力を調整し，一つのまとまりあるチーム活動に融合する行為〉（p.56）である。

　機能的協働を実現させる要因に関しては，リーダーシップに着目する研究と，チームが自律的に成果をあげる要因に関する研究が行われてきた。リーダーシップに関しては，リーダーがメンバーとの相互作用を通して影響を及ぼし，チームを目標に向かわせる交流型リーダーシップ（Fielder, 1967；House and Dessler, 1974；三隅, 1984）や，リーダーが自ら率先して状況を読み変化に適応的に対応しつつ，メンバーにも変革を創出するよう働きかける変革型リーダーシップ（Bass, 1998；古川, 1998）が重視されてきた。現代の専門性が高い管理職には両者を適切に発揮すること（フル・リーダーシップと呼ばれる（Avolio, 1999））が求められている（山口, 2009）。

　一方，チームの自律的活動を強化する取り組みに関しては，チームメンバーに目標の設定，スケジュール管理，メンバー選出，昇格，降格，予算の確保や技術的問題の解決までも委ねる自律管理型チームの導入が試みられてきた。この試みの成果については，チームが自律的な自己組織化に成功すれば生産性が上がる（Purser and Cabana, 1998）が，メンバー間の貢献度に差がある場合

には業務的にも心理的にもコンフリクトが生じることが報告されている（Manz and Sims, 1987）。

　チームメンバーの機能的協働とは，上述のように，メンバーどうしが目標を共有し，効率的な課題遂行のために協働することである。その実現に向けた適切なリーダーシップやマネジメントのあり方は，仕事の目標や規模ならびに課題の複雑さに依存すると考えられる。しかしこの点は十分には検討されてきていない。この問題に関して，本章では，情報技術システムの開発プロジェクトを率いるプロジェクトマネジャーを対象として，プロジェクトの規模や複雑さとリーダーシップを含むマネジメントのあり方の関係を，彼らの「思い」や実践知を探る認知心理学的手法を用いて探究した研究を紹介する。

2．プロジェクトマネジャーとは

　1990年代より，情報技術（IT）の急激な進歩を背景に，様々な産業領域において業務のIT化が進められた。業務のIT化のための業務調査，システム設計，システム開発は，業務主体である企業や公的機関から製造販売会社に発注する形で行われる。例えば，わかりやすいイメージとしては，JR東日本（東日本旅客鉄道株式会社）が切符販売システムの製造と駅への導入を大手電子機器製造会社に注文することを思い浮かべて欲しい。受注した製造会社はシステム開発プロジェクトを立ち上げ，プロジェクトチームやプロジェクトプロセスを管理推進させる責任者として担当プロジェクトマネジャー（PM）を任命する。

　ITシステム開発を率いるPMは，IT技術に関する専門性に加えて，プロジェクトマネジメントに関する専門性も求められる。日本ではモダン・プロジェクトマネジメントの知識体系であるPMBOK（Project Management Body of Knowledge）（Project Management Institute, 2000）や，PMの実績水準を定義したITスキル標準（ITスキル標準センター，2008）が整備されてきた。PMの実績水準に関しては7段階が区別され，レベル5以上が高水準とされ，全工程に責任を負う。PM育成ハンドブック（ITスキル標準プロフェッショナルコミュニティ・プロジェクトマネジメント委員会，2009）では，表13-1に示

表13-1 各水準のPMに求められる経験と実績 (PM育成ハンドブック, 2009)

5W1H レベル	なにを(プロジェクト規模等) What	どのように How	どの範囲で Where	だれを Whom	タイム When	モチベーション Why
レベル【7】	500人以上または10億以上複雑なまたは国際的なプロジェクト	全体／全工程に総責任	社会異企業間	社会全体のステークホルダー*すべて	期待される期間での遂行	国内社会に貢献 国際社会に貢献
レベル【6】	50人以上500人未満、5億以上複雑な内容・契約のプロジェクト	全体／全工程に総責任	対象組織	企業あるいは複数企業間のステークホルダーすべて	期待される期間での遂行	企業戦略に貢献 PMコミュニティに貢献
レベル【5】	10人以上50人未満、1億以上複雑な内容・契約のプロジェクト	全体／全工程に総責任	対象組織	企業あるいは複数企業間のステークホルダーすべて	期待される期間での遂行	企業戦略に貢献 PMコミュニティに貢献
レベル【4】	10人未満のプロジェクト	サブプロジェクトの責任 作業の実施責任	対象組織	プロジェクトレベルのステークホルダー	期待される期間での遂行	業務戦略に貢献
レベル【3】	あらゆるプロジェクト(規模に無関係)	作業の実施者	対象組織	担当するプロジェクトレベルのステークホルダー	期待される期間での遂行	業務戦略に貢献
レベル【1-2】	設定なし	設定なし	設定なし	設定なし	設定なし	設定なし

＊ステークホルダー：利害関係者のこと。顧客やシステムの利用者、プロジェクトに関わる企業などが含まれる。

すスキルと経験の一覧表が示されている。

　PMの責任内容については、カブル(Kubr, 2002)によれば、システム開発に関わる調査、計画策定、遂行、進捗管理、品質管理などを行い、予算内かつ期限厳守でシステムを顧客に納入し稼動させることである。そのためPMは多数のメンバー(所属の部や企業が異なることがある)や顧客と巧みにコミュニケーションを取りながらリスクを探索・発見し、対応策を講じ続けて、メン

バー間の機能的協働を維持・構築しなければならない。

　PMに必要な経験と実績を明示的に整理するだけではなく，求められるコンピテンシー（実務能力）項目も規定されてきた（ITスキル標準センター，2008；ITスキル標準プロフェッショナルコミュニティ・プロジェクトマネジメント委員会，2009）。しかし，コンピテンシー項目については，例えば「リーダーシップスキルが求められる」あるいは「自分に与えられた仕事や役割に対して強い責任感をもって最後まで成し遂げる」等の列挙に留まり，それらのコンピテンシーを可能にする実践知内容は説明されていない。

　現代の複雑な社会的経済的動向を反映して，ITプロジェクトは大規模化かつ複雑化しており，レベル5以上の高水準の中でもより高い水準のプロジェクトを成功に導くPMの実践知の解明が求められている。表13-1に示すように，高水準の中でもレベル［5］とレベル［6］や［7］では困難さが大きく異なる。より規模が大きく新規で複雑なプロジェクトを成功させるPMの振る舞いは，相対的に中規模プロジェクトにおいて主に成果をあげてきたPMのそれとは異なると考えられる。

　PMの実践知の解明については，それが仕事現場に埋め込まれた暗黙知であり，実践現場から離れた場における知識抽出はきわめて難しい。しかし，実プロジェクトに類似した事例を用いて判断や行為の報告を求めるシミュレーション法[1])を採用することにより，特定状況への対応行為やその理由を調べることは可能である。以下では，PMのチームマネジメントにおける実践知としての振る舞いとプロジェクト規模の関係を調べた研究を紹介する。

3．プロジェクト規模とプロジェクトマネジャーの実践知

　伊東・河崎・平田（2007）は，総合電子機器製造会社における公共系事業部においてITシステム開発を担当するPMでITスキル標準のレベル5以上の実績をもつ人々を対象として，現場における達成度の高さと実践知内容の関係

1）仕事実践に関わる暗黙知研究で使用されるシミュレーション法については，スタンバーグら（Sternberg Forsythe, Hedlund, Horvath, Wagner, Williams, Snook, and Grigorenko, 2000）に詳しく紹介されている。

を調べた。

　参加者はレベル5から6の実績をもつ専門性が高く経験豊富なPMであった。彼らは，規模や複雑性の観点からより困難なプロジェクトで成功を収め，利益率や組織間の関係構築にも貢献度が特に高いPMと，相対的に中規模プロジェクトにおいて成果をあげてきたPMである。どちらのPMも企業に対する貢献度は高い。ただし研究では前者と後者の振る舞いの差の解明が目的とされた。前者は高水準PMの中でも特に高い達成度としてHA（High Achiever），後者は相対的に中達成度としてMA（Medium Achiever）とされた。HA群は35歳から47歳（平均41歳），PM経験年数は3年から18年（平均7年）の17名，MA群は35歳から43歳（平均40歳），PM経験年数は1年から19年（平均6年）の16名であった。

　刺激材料は，架空のプロジェクト案件である。約3,000字で記述されており，プロジェクトプロセスの中でも対応が難しいとされる案件発生から立ち上げ期の状況が記載されていた。刺激材料には登場人物の関係図も添えられた。その概要を表13-2に示した。従来担当してきたシステム開発と保守の範囲を大幅に超える案件が発生したという設定である。

　手続きとしては，参加者らはプロジェクト事例を一読し，以下の3つの設問

表13-2　刺激材料であるプロジェクト案件の概要（伊東ら，2007）

大都市に隣接したA県では，第n次情報化計画に基づき，既存の情報インフラを含めて情報システムの再構築を行うと共にアウトソーシング体制への移行を進めようとしている。A県の計画推進担当である政策企画部では，民間から抜擢された関口氏と業務改革課の柴崎氏（本庁の財務システム構築を担当していた）が，従来の各部局が情報システムを個別に開発してきた弊害を排除し，情報化計画並びに開発を部局間で連携できる体制づくりを最重要課題として取り組みを進めている。

あなたの会社では，従来からA県教育委員会の人事管理システムの開発と保守を請け負ってきていた。あなたはそのシステムの担当PMである。あなたが所属する開発本部ではA県企画調整部の山田氏と教育委員会の坂井氏とは安定的で長い付き合いがある。A県教育委員会のプロジェクトはソフトウエア事業部との共同実施であり，安定的な収益も確保できていた。保守運用は系列会社のA社とB社に発注していた。

そんな中，会社の営業担当に，A県では教育委員会のシステムを含む現在稼働中の4つの人事管理システムを統合する動きがあること，その5ヵ年計画の企画運営を受託しているTM研究所から3ヶ月後に公募が出されることについての情報が入った。あなたは営業担当と上司から対策を講じて受注に向けて動くように依頼された。対応を早急に検討する必要があり，1週間後には社内キックオフミーティングを行うことになった。また，2週間後には顧客との会合をセッティングする方向で調整が進んでいた。

に筆記回答する形式で行われた。

　設問1：案件への対応に際して調査や確認を含み，実施する行為とその理由あるいは目的を列挙する（20分）。

　設問2：キックオフミーティングに召集するメンバーを列挙する（15分）。

　設問3：キックオフミーティングで審議する議題と内容を列挙する(15分)。

　回答時間の制限を設けた理由は，参加者が優先させる項目を引き出しやすいとの判断からであった。

　結果の処理に際し，伊東ら（2007）はプロジェクトを問題解決過程と見なして参加者らの回答を分析した。どのようなシステムが要求されどう設計するかは「問題理解」，設計に基づくシステム開発は「問題解決の実施」に相当する。プロジェクトの立ち上げ期は「問題理解」の時期である。高橋（1984）によれば「問題理解」はさらに「問題状況の把握」「問題分析・現状分析」「解決目標の設定」「問題解決案：構想」「問題解決案：具体化」「問題解決案：作業化」の6つの下位過程を区別することができる。筆記回答から抽出された203個の行為単位（対象-行為-理由）は，各下位過程に分類された。

　プロジェクト案件の発生に対して取りかかる行為（設問1）の結果を表13-3に示した。短い回答時間にもかかわらず，何種類もの行為が報告された。最も多く報告された行為は，顧客状況の把握やキーマンの探索ならびに公開された計画書を調べる行為であった。他には，競合他社や社内実績の調査，対応方針の検討，プロジェクトチームの体制づくり，コストやリスクの検討，そして直近の会議に向けての資料作成等が認められた。それでは，HA群とMA群の差はどこにあったのか。

　各下位過程に分類された行為単位数を両群で比較した結果，総行為単位数はHA群が多い傾向が認められた。図13-1に示すように，行為内容に関しては，HA群でもMA群でも「問題状況の把握」すなわち顧客側の状況とプロジェクト概要を把握する行為が最も多く，それらは最優先事項であることがわかる。しかし次に重点を置く箇所が異なっていた。HA群では「問題解決案：構想」の行為数が「問題分析・現状分析」より多く，彼らは要員調達，体制，コスト，リスクの検討を優先させていた。一方，MA群では「問題分析・現状分析」の行為の方が多く，要件や社内実績の調査を優先させていた。またHA

表13-3 調査や確認を含み実施する行為（伊東ら，2007）

問題状況の把握	県（顧客）の将来目標や意向を調べる 顧客側の体制を調べる 顧客側のキーマンを探索する 顧客側のまだ面識のない担当者にアクセスする 顧客側の旧知の担当者の状況や考えを調べる TM総研を調査する 案件の公開されている計画書を調べる 県側の予算を調べる
問題分析・現状分析	競合他社を調査する 要件（要求事項）を調査する 社内で類似システムの実績を調査する 現行プロジェクトへの影響を調べる
解決目標の設定	対応方針（提案する範囲）を検討する 目標とする範囲に関する戦略を検討する
問題解決：構想	社内や関連会社の要員調達や体制を検討する アウトソーシング先を検討する コストの概算を行う リスク検討を行う
問題解決：具体化	統合システムの下案の作成 工程や分担等の下案の作成
問題解決：作業化	会議に向けての資料の作成 関係者への連絡等を行う

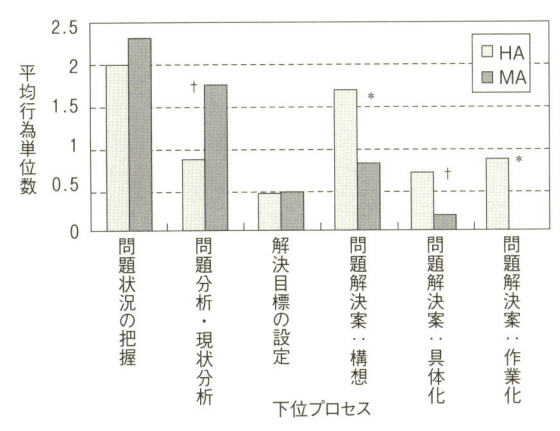

図13-1 プロジェクト案件発生時に優先して実施する行為
（$^*p<.05$, $^\dagger p<.10$）（伊東ら，2007より作図）

表13-4　キックオフミーティングに呼ぶ部門と平均人数 (伊東ら，2007)[2]

	部門	HA	MA
直接的に関わる部門	営業部	2.00	1.94
	開発本部	4.59	4.31
	ソフトウエア事業部	0.71	0.56
	系列会社：A社とB社	2.88	1.94
間接的に関わる部門	関連ある実績をもつ技術者や部門　　類似システムの経験者または技術者　　アウトソーシング事業部　　ハードウエア開発事業部	0.53	0.63
	スタッフ部門　　プロジェクトマネジメント本部　　企画戦略部門，生産技術部　　経理部，品質保証部	1.12	0.13[†]

[†]$p<.10$

群はMA群より「問題解決案：具体化」や「問題解決案：作業化」の行為，例えば，ミーティングにおける議論のたたき台としての下案の作成，会議資料の作成，関係者への連絡等が多く報告された。

　キックオフミーティングに呼ぶメンバー（設問2）の部門とその平均人数を表13-4に示した。営業部2名とは，営業部長と担当者である。開発本部は本部長，担当部長，部分プロジェクトのリーダー等である。報告された部門については，プロジェクトに直接関わる部門と間接的に関わる部門に区別することができた。

　プロジェクトに直接関わる部門の人数に関しては，両群に差はない。しかし間接部門の中でも社内プロジェクトの動向や技術動向に詳しい部門ならびに戦略に関わる部門については，HA群のみが出席を依頼していた。キックオフミーティングは，HA群では作成した下案を開発に直接関わるメンバーだけではなく，当該企業のプロジェクト全般に間接的に関わるメンバーにも提示して，その妥当性やリスクを多角的に検討し共有する会議であると考えられる。一方，MA群ではシステム開発に直接関わる部門のメンバーが方針や課題を検討する会議であると推察される。

2）伊東ら（2007）では部署という用語を用いているが，本稿では部門とした。

表13-5　キックオフミーティングにおける議題と平均報告数 (伊東ら, 2007)

議題項目		HA	MA
問題状況の把握	顧客の要求 顧客の体制 顧客の背景状況 県の予算	0.76	0.89
問題分析・現状分析	実現性 技術的課題 現行システムの問題点	0.59	0.19*
解決目標の設定	受注戦略、目標	0.71	1.06
問題解決案・ 構想および具体化	統合システム案 体制・人材 アウトソース先ベンダー リスク診断結果 工数概算見積もり	1.53	0.94†
問題解決案・ 手順化	各部門のタスク スケジュール	0.94	0.63*

†$p<.10$, *$p<.05$

　キックオフミーティングにおける議題（設問3）については，6つの下位過程に分類された議題項目と平均報告数を表13-5に示した。問題状況の把握は両群とも同程度に報告された。HA群の特徴は，「問題解決案の構想，具体化，手順化」を重点的に行っている（他のフェーズより項目数が多い）ことから，専門が異なる部門の人々が統合システム案や体制やリスクなどを議論し共有する会議として開かれていることである。このことは問題分析フェーズの項目数がMAよりも多いことからも推察可能である。一方，MA群では「解決目標の設定」例えば受注戦略や目標設定が重点的な議題であり，次いで「問題解決案の構想，具体化」になっている。MA群では設問1における案件発生時には「問題分析・現状分析」が多かったことを考慮すると，キックオフミーティングではPM自身が分析し理解した事項を開発に携わるメンバーに披露し，開発チームの実績を踏まえて受注可能な範囲を含め戦略や課題を議論する会議であると推察される。

4. 行為の背後にあるメタ的方略

調査結果とその妥当性を確認すると共に行為の背後にあるメタ的方略を明らかにするために，伊東ら（2007）は上述の調査の1年後に，両群から数名を任意に選び，行為の背景や思惑に関するインタビュー調査を行った。参加者へは，設問への回答を分析した結果，2つのマネジメントタイプが明らかになったと説明し，結果を図示した資料を提示した。参加者には自身のタイプを選んでもらったうえで，行為の思惑や背景を尋ねた。自身のタイプの判定に関しては，全員がほぼ即答で自身の達成度に対応するタイプを選んだ。示された振る舞いの背景にある思惑について，典型的な回答を表13-6に示した。

HA群では，「規模感があります」とあるように，従来担当してきたプロジェクト範囲を大幅に超える案件という判断に基づき，PMは経験者の確保にすばやく動く。そして「PMと業務に詳しい人とインフラがわかる人がいればお客と話ができる」とあるように，2週間後の顧客との会合において顧客要求に対する判断力や提案力を高めようとしている。キックオフミーティングでは，自身では気づかない問題を初期に把握するために，プロジェクト動向や技術動向に詳しい部門に協力を仰ぎ，体制，要員，スケジュール，タスク，リスクなどを検討し，プロジェクトの全体像と役割を共有する会議と位置づけている。

彼らの報告「開発はお客さんの方ばかり見ていて周りが見えない」「苦労したプロジェクトは生産技術部や品質保証部を巻き込んでいるはずなので，知恵をもらう」は，開発側からでは見えないリスクや不協和を発掘し，システム開発に向けたリアリティある機能的協働のあり方を協力して模索し構築しようとする姿勢である。企業の組織力を活用する会議を組み立てているとも言えよう。

MA群では，事前にPMが類似案件の実績を調べ，関連会社も含めて「われわれの部隊にできるかどうか」「技術が足りるかどうか」など，引き受けることができる範囲を検討している。解決困難なリスクや不協和音などが眼前に迫ったときに専門の部門に応援を依頼する方略である。キックオフミーティングでも同様である。それらの振る舞いや判断の背景としては，従来から関係を

表13-6 インタビューにおける報告事例（伊東ら，2007）

	調査・確認を含む初期行為
「問題分析・現状分析」より「問題解決案：構想」に重点が置かれることに関して	
HA 1	製品の世界でクローズできればいいけど再構築は難しいので，経験者が必要ですからコアのところを定めれば早く経験者に話をもっていく。お客から情報を吸い取って見えていない部分を見るためには，それなりの経験者が必要。PMと業務に詳しい人とインフラがわかる人がいれば，お客と会話ができる。以前は持って帰って検討しますとやっていましたが，いまはその場で決めていかないといけない。上流工程から一緒に検討していく。決まってから，開発の部分だけ開発に発注するとうまくいかない。最初から開発側の話が聞けるから間違いが少なく，スピードも違う。お客が「おたく，これできる？」というとき，できるならすぐ回答するし，できないならこうしましょうとその場で提案できる。最初から入ってもらい舵を取りながら決めていく。それで，コアが見えたら，先に体制をやってから調査という順番でいい。経験者に協力を仰げるかどうか体制をざっと考える。コスト，リスク，要員も厳しいから見通しが甘いまま突っ込むと金はかかる，リスクは多い，詳細な要件も追加され大変なことになる。
「問題解決案：構想」より「問題解決・現状分析」に重点が置かれることに関して	
MA 1	うちの類似案件を調べます。規模とか，予算とか，どういう体制で開発が行われたか，特徴とか，体制とか，予算とか，スケジュールの話です。われわれにできるかどうか，まずはこの部署，部隊の中で話ができるレベルの議題にするための調査です。技術が足りる足りないとかですね。それから実際ものづくりをするのは関連会社だから，その人たちにできるかをヒアリングして意見をもらう。そして次のステップで他の関連事業部だとか，もっとプロフェッショナルな人に話を伺う。
	キックオフミーティングのメンバー
プロジェクトに直接携わる部門だけではなくPM本部や生産技術部などのメンバーも呼ぶことに関して	
HA 2	規模感があります。大きいと生産性をあげないといけないし，お金もかかるしリスクも多岐にわたる。PM本部はいろいろなところを見ているので，有益な情報を提供していただける。こっち（開発）はお客さんの方ばかり向いているのでまわりが見えない。同じことをやっているところはいっぱいあるので，その情報を集めて傾向とか必要な要件とかね，これは○これは×と付けていく。PM本部や生産技術部が情報を集めて，品質保証部が全体を見ているので，どこに技術があり，問題があり，どう解決したかをわかっている。苦労したプロジェクトは生産技術部や品質保証部を巻き込んでいるはずなので，知恵をもらう。
プロジェクトに直接携わる部門のメンバーのみを呼ぶことに関して	
MA 1	第1回のキックオフなんで，体制的な話とか，予算とか，スケジュールとか，直接関係するメンバーで話ができるレベルの議題です。技術が足りるかとかね。関連会社から集めるメンバーの中に類件の経験者がいるかもしれないし。まずはうちわで。スタッフ部門の人を最初から呼ぶと話が発散する。

表13-6 インタビューにおける報告事例 (伊東ら, 2007) (つづき)

議題
「問題分析・現状分析」と「問題解決案」の「構想」「具体化」「作業化」の議題が多いことに関して
HA 3	顔つなぎと，プロジェクトにおける役割と運営ルールの話。どういうフォーマットのドキュメントを使うか，連絡先の一覧，そういうところをやります。共通のインフラ部分に関わる人は全員が関わってくるので，皆に知っておいていただきたい。仕様がある程度決まれば，プロジェクトを統括するガイドライン的な大日程を出し，各業務チームやインフラチームがハードを調達してセットアップして，業務チームがどこから始まり，開発がどこから始まり，どこからがテストという大まかな流れを作ります。どの時期に何をやるかを意識したスケジュールを作る。
「解決目標の設定」の議題が最も多く，次に「問題解決案」の「構想」「具体化」が多いことに関して
MA 3	お客様の思いや考え方と，うちのいままでのラインの考え方が相容れないところがあるかもしれない。そこにうちの会社の開発部が口出しできるかどうかは，お客様とのつきあいの深さによる。単純に発注されて一業者として物づくりしてねと言われて，言われたことを淡々と物づくりすればいい立場なら，体制とかタスクの分担とかの具体的な話をします。そうじゃなくて，お客様にコンサルもしますという立場の付き合いなら，提案を持っていくことができるかもしれない。

構築してきた顧客部門やこれから関わりをもつ顧客部門との関係性を考慮し，その関係性や要求事項が見えた段階で，必要な専門の部門に協力を要請しようとする思いがある。

　これらの結果に基づくならば，2週間後の顧客との会合は，HA群では顧客の要求に応じて提案をその場で行うことにより，顧客ともリアリティあるシステムの構想やプロジェクト条件を共に具体化する場になると推察される。一方，MA群では顧客の要望を探り調査する場になると推察される。

　MA群のマネジメントは，開発本部内で蓄積した実績の適用率を高めてプロジェクトの成功率を上げるためには手堅い対応と考えられる。しかし，従来の実績を超える規模のプロジェクトを担当する場合は，HA群の方が初期に顧客とプロジェクトイメージをすり合わせることが可能であり，リスク低減の観点からも効果的であろう。また，類似プロジェクトの状況や関連技術の動向に詳しい部門とプロジェクト案を共に検討することができれば，それらの部門の参加意識や支援意識が高まり，ピアースとコンガー (Pearce and Conger, 2003) の言うリーダーシップの分有が促進されるとも考えられる。逆に，必要になっ

た時点で急に相談や対応を専門の部門に依頼しても，説明や手続きに時間がかかり適切かつ速やかな対応は難しいと危惧される。

5．組織横断的に関わり合う'拡張されたチーム'の構築へ

新規で大規模なプロジェクトの場合，PM は自身が所属する単位組織を超えてプロジェクトに直接・間接に関わる人々と機能的協働を構築しなければならない。それらの人々は，図13-2に示すように，それぞれに活動対象が異なる別個の単位組織の一員である。例えば，生産技術部は開発部が活用する技術やツールの提供を活動対象とする。契約部は，契約内容（ルール）を吟味し，メンバーに遵守させることが活動対象となる。このようにプロジェクトに関係するとはいえ，異なる単位組織の担当者らはプロジェクトに関わる時期も役割もそれぞれに異なる。このため，機能的協働の実現に必須とされる目標の共有や互いの行動のモニターはきわめて難しい。この点に関し，HA 群ではいずれは

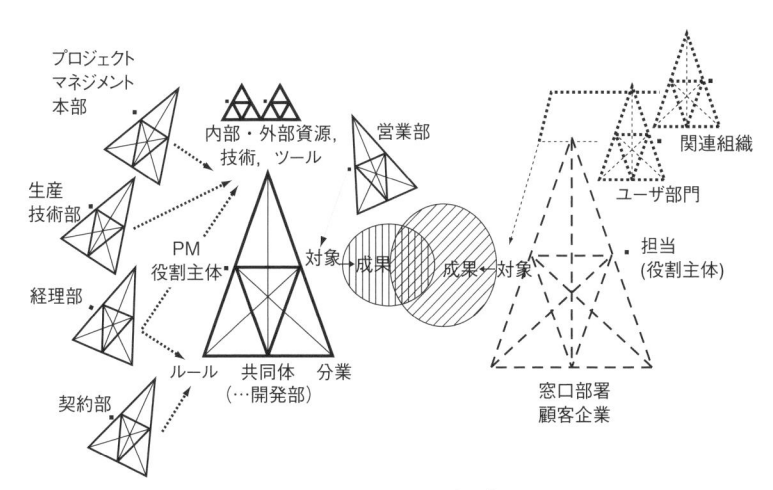

図13-2　企業内開発部に所属する PM とプロジェクトに関わる組織員

PM と PM に関わる人々を，エンゲストローム（Engeström, 1987）の人間活動の構造に従い図示した。PM は当該開発部の役割主体であり，所属部門のルール，慣習，分業体制に従う。PM が関わる人々も彼らの単位組織の役割主体である。矢印の先は各単位組織の活動対象である。製造販売会社が想定する成果物と顧客が想定する成果物が一致せず，交渉活動が必要となる場合が少なくない。

関わるはずのメンバーも含めて初期に目標を共有し，互いの役割の理解，不協和の可能性，起こり得る軋轢やリスクの洗い出し，情報共有ルール，スケジュールなどの共有と'知り合う'ことを重視したと思われる。

　従来のチームマネジメント研究は，問題や目標に直接的に取り組む人々を対象としていた。しかし，大規模プロジェクトの場合は，プロジェクトに関わる人々の所属組織が異なるうえに，専門性や役割やプロジェクトに関わる時期も異なる。中心的なチームを含み，他組織，他領域，利害関係が異なる人々が絡み合う複雑な集合的協働のマネジメントに関する研究は，心理学領域ではきわめて少ないと言わざるをえない。マネジメントの問題としては管理型マネジメントというよりも，異種混合の拡張されたチームを形成し，目標や目標達成のプロセス，さらには関わるメンバーの役割意識をも共に作り上げる協働構築型マネジメントの問題であろう。学びの問題としては，協働構築型マネジメントを実現させる実践知がどのような経験を通して獲得されるか，その学びと組織の学びはどう関係するかといった問題の解明が待たれる。

　認知心理学領域あるいは認知科学領域において，単位組織共同体，企業さらに国を超えるチームを率いるマネジャーへの成長や熟達の問題は，未開拓の領域である。社会・経済・文化の境界を越える活動が求められる時代において，困難なプロジェクトを成功に導く成人の特徴や学びの研究は，心理学における成人期の記述をより生産的で挑戦的で豊かなものにする。組織横断的に人々を率いる実践知の研究が発展的に進展することを期待する。

■文　献

Avolio, J. B. (1999). *Full leadership development: Building the vital forces in organization.* Thousand Oaks, CA: Sage Publications.
Bass, B. M. (1998). *Transformational leadership: Industry, military, and educational impact.* Mahwah, NJ: Lawrence Erlbaum Associates.
Engeström, Y. (1987). *Learning by expanding: An activity theoretical approach to developmental research.* Helsinki: Orienta-Konsultit.（山住勝広・松下佳代・百合草禎二・保坂裕子・庄井良信・手取義弘・高橋　登（訳）(1999). 拡張による学習：活動理論からのアプローチ　新曜社）
Fiedler, F. E. (1967). *A theory of leadership effectiveness.* New York: McGraw-Hill.（山田雄一（訳）(1970). 新しい管理者像の探求　産業能率大学出版部）

古川久敬（1998）．機軸づくり：創造と変革のリーダーシップ　富士通ブックス

House, R. J., and Dessler, G.（1974）. The path-goal theory of leadership: Some post hoc and a priori tests. In J. G. Hunt, and L. L. Larson（Eds.）, *Contingency approaches to leadership*. Carbondale, IL: Southern Illinois University Press. pp. 29-59.

伊東昌子・河崎宜史・平田謙次（2007）．高達成度プロジェクトマネジャーは組織の知とどう関わるか　組織科学，41（2），57-68．

IT スキル標準プロフェッショナルコミュニティ・プロジェクトマネジメント委員会（2009）．PM 育成ハンドブック　独立行政法人情報処理推進機構　IT スキル標準センター

IT スキル標準センター（監修）（2008）．IT スキル標準ガイドブック　独立行政法人情報処理推進機構 IT スキル標準センター

Kubr, M.（2002）. *Management consulting: A guide to the profession*（4th ed.）. Geneva: International Labor Office.

Manz, C. C., and Sims, H. P. Jr.（1987）. Leading workers to lead themselves: The external leadership of self-managing work teams. *Administrative Science Quarterly*, **32**（1）, 106-129.

三隅二不二（1984）．リーダーシップ行動の科学（改訂版）　有斐閣

Mohrman, S. A., Coohen, S. G., and Mohrman Jr., A. M.（1995）. *Designing team-based organization: New forms for knowledge work*. San Francisco, CA: Jossey-Bass.

Pearce, C. L., and Conger, J. A.（2003）. *Shared leadership: Reframing the hows and whys of leadership*. Thousand Oaks, CA: Sage.

Project Management Institute（2000）. *A guide to the project management body of knowledge: PMBOK Guide 2000 Edition*. PMI.（PMBOK2000 翻訳チーム（訳）（2003）．プロジェクトマネジメント知識体系ガイド2000年版　PMI 東京支部）

Purser, R. E., and Cabana, S.（1998）. *The self managing organization: How leading companies are transforming the work of teams for real impact*. New York: The Free Press.

Sternberg, R. J., Forsythe, G. B., Hedlund, J. A., Horvath, J. A., Wagner, R. K., Williams, W. E., Snook, S. A., and Grigorenko, E. L.（2000）. *Practical intelligence in everyday life*. New York: Cambridge University Press.

高橋　誠（1984）．問題解決手法の知識　日本経済新聞社

山口裕幸（2009）．チーム・マネジメント：機能的コラボレーションを創出する　小口孝司・楠見孝・今井芳昭（編著）仕事のスキル；自分を活かし，職場を変える　北大路書房　pp. 56-69．

心理学への期待4
「仕事，経験，熟達，成長」のデザイン

堀部保弘（元　株式会社三菱総合研究所）

　今の社会制度の中では，人は一定の教育を経て組織なり企業で「仕事」をはじめることになる。一般企業，特にシンクタンク／コンサルティング業は，この過程で得られている知識や態度に期待するところが大きい。しかしながら，このような知識や態度で現実の「仕事」がこなせるわけではない。このため，企業はその人のポジションに応じて様々に「研修」という形での教育プログラムを提供することになる。新入社員の頃はもちろんのこと，業務を遂行するために必要な様々な知識，マネジメントに必要な知識等々から構成されるプログラムが役職等々に応じて用意されているわけである。

　ここで大切なことは「ポジションに応じて」というフレーズである。人は日常業務を遂行する中で様々なことを経験し，それを肥やしにしながら課題解決能力を身につけ責任を担ってゆく。簡単に言えば「成長」するわけである。このような成長過程を前提にして，企業は様々なプログラムを用意し，そのポジションに必要な知識や気付きの機会を提供している。これを通常「人材育成」と呼ぶ。ただ，残念なことは，この「経験」という名で大雑把に理解され，前提とされているものの中身は，育成する側もされる側も，本当にはよく解っていないということである。「彼／彼女の最近の成長は，この経験が土台になっている」とか「こういう人材を育てるにはこの種の経験をさせることが重要だ」という議論が人事の中では頻繁に行われるものの，その「経験」ということばで表されている中身はというと，曖昧模糊とした抽象的なものにしか過ぎないことが多い。逆に言えば，各人各様の理解をベースにしていると言えなくもない。つまるところ，日々業務を遂行し，現場の中で人を育てる側としては「頭を抱える」しかないのである。その結果，自分の経験と「似たような」経験を提供することになる。そして「後は本人に任せる」。

　15年から20年前になるのだろうか，認知科学の中で状況論の議論が活発になり，人-人工物，人-人，人-社会のインタラクションが様々に議論され始めた。その中でワークプレイス研究なども進み，「仕事の中での」学習とか熟達，「仕事場の構造」などが個々のケースとして取り上げられ，心理学，認知科学，社会学，民俗学の立場から，またそれらを超えて議論となっていた。その中では，当然「経験」も議論され，その結果としてモノのデザインの考え方が変わってきた。例えば，human centered design（人間中心設計）や user experience design（ユーザ経験のデザイン）などがその一例である。

　しなしながら，モノ側のデザインに変化が起こる中で，不思議なことに，人のデザインについては現場にフィードバックされているものが少ないように思われる（筆者の寡聞であればご容赦いただきたい）。日常生活や業務の中でモノとのインタラクションをスムーズに行うためのナビゲーション・デザインは様々に工夫されているものの，人の熟達や成長のデザインは「体系的・構造的な知識」＋「経験」という枠組みから変わっていないように思われる。特に，後者に関しては，やはり曖昧模糊としている。特に，企業の中で「経験」の中身を議論し，それを踏まえて成長とか熟達をデザインするという姿勢については，あまり耳にしたことがない。状況論の議論の中で，「正統的周辺参加」

「Community of Practice（実践共同体）」などが提唱され，経験とか熟達が議論されたものの，それは「理解の枠組み」としてであって，仕事の現場へ浸透させる道具とはなっていないのが実情ではないかと思う。

　人が成長する過程を「学習」と呼ぶならば，その学習の大半は学校教育を終えた後にある。その長い学習過程の中で，人は自身を含めた人，組織，社会とのインタラクションを通して熟達し成熟してゆく。その長い後半における，企業，組織，コミュニティでの人の成長を豊かにするデザイン論，単なるハウツーや経験談ではない人と社会のインタラクションに対する理解をベースにしたデザイン論がもっと活発になってもよいのではないかと思う。少なくとも，喧しい「学校教育」の何分の一でもよいので，この種の議論，研究，フィードバックが行われれば，「人が働く」という価値も含めて豊かな社会への光明が見えてくるのではないかと思える。豊かな未開拓地が残っていると感じているのは筆者だけであろうか。

心理学への期待 5
ICT サービスの設計と心理学：心理学の透明性向上への期待

前田裕二（日本電信電話株式会社）

　過去約20年を振り返ってみると，私たちをとりまく通信，コミュニケーション環境は激変している。具体的には，電子メール，インターネット，携帯電話，携帯メール，SNS, twitter, Facebook, スマートフォン，さらに3D映像の普及などがあげられる。しかし，ここ10年を振り返ってみると，基本的な環境は電子メールとインターネットに限られており，根本的にはそれほど変化しておらず，テレパシー通信のようなものが出現しない限り，今後もそれほど変わらないだろう。

　NTTの研究所では，このような環境変化を先導すべく，ICTサービスに関する研究を続けている。私は約10年にわたって，ホームネットワークから環境，防災，福祉，ヘルスケア，医療と幅広い公共分野において技術開発，ビジネス化に携わってきた。適用分野は多岐にわたるが，その本質はコミュニティにおけるコミュニケーション活性化や行動変容を，電子メールやインターネットという基本的なICTを使って支援し，様々な社会問題を解決することにある。

　このような研究開発活動において，検討を始めた当初から心理学とは深く関わってきている。ICTを実際に現場の人に使ってもらうとともに普及させるためには，心理学的な検討は必須である。例えば，ICTを使った技術確立においては，ともすれば単に技術者の思い込みでシステムを設計・構築し，ビジネス展開することが多くあるが，そのようなプロジェクトはほとんど失敗すると言っても過言ではない。情報リテラシーの高い特殊なユーザのみに受け入れられることを目的としたものであればそれでもよいが，公共分野で高齢者を含む幅広いユーザに実際に使っていただくためには，コミュニケーションのデザイン，思考プロセスモデル構築，仮説設計，仮説検証を行って技術を確立し，それを経たうえでのシステム設計，開発というプロセスが重要であり，技術確立およびシステム設計（特にユーザインタフェース設計）におけるあらゆる場面において心理学的な検討が必要である。

　心理学的な検討も多岐にわたっており，フィールド実験や実験室実験の設計から具体的な実施手続きまでを含む検証方法の設計，データの分析や解析とその解釈などが必要となる。私たちのようなICT企業での心理学的検討については，社内で専門家を育成するという方法と，外部の専門家に委託するという2つの方法がある。過去において，社内で専門家を育成していたこともあるが，その社員のキャリアプランを考えるとなかなかうまくいかなかった経緯もあり，現在はそのほとんどを外部委託している。しかし，単に委託すればよいというものではなく，私たちもある程度の専門知識とノウハウをもたなければ，言語の違う外国人としゃべっているようなものになり，想定している結果を得ることは難しい。このため，心理学の専門家とうまく付き合いながら，付き合い方のノウハウを得るということが重要となってくる。また，一方で，心理学者にも同様の努力が求められる。

　このようにICTを使った技術確立においては，あらゆる場面で心理学的な検討が必要であるが，一方で煩雑な作業や技術確立までの期間が長くなったりするため，ドッグイヤー

と呼ばれる ICT 業界のスピードについていけないことが懸念される。このため，心理学的な検討プロセスの明確化・最適化や標準化，ツールの整備，専門家のコンサル窓口整備，などが実現されると，私たちにとって非常に有益である。心理学的な検討は，一般的な ICT 技術者にとっては未知の領域であり，敷居が高い領域でもある。現状では，属人的なパスがなければ，中々立ち入ることができない領域となっているのが事実である。まず，この敷居を下げ，中身を透明化し，短期間で効率良く，しかも低コストで心理学的な検討が実現できるようになると，次から次へと新たな製品やサービスを投入しないとユーザーから飽きられて収益につながらないドッグイヤーの ICT 業界においても，末永く使っていただけるしっかりした ICT サービスを提供できるようになるはずである。また，これは環境負荷低減や日本の ICT の国際競争力向上にもつながる。

　前述のように，これまで約10年にわたって心理学と関わっているが，残念ながら心理学研究の体系，分類，先生方のつながり，さらに私たちの様々な目的を達成するために，最適な相談相手は誰なのか，それをどこで調べればよいのか，ということが私には理解できていない。それほど奥深く，難しい領域であることは理解しているが，今後の日本の ICT 産業発展のためにも，ぜひ敷居を下げていただくと共に透明化していただき，私たち ICT 技術者とのコラボレーションを活発化していただきたい。

人名索引

A

阿部慶子　*163, 164*
Ackerman, B. P.　*57*
会田悦三　*140*
安達太郎　*3*
赤津裕子　*73, 74, 77*
赤塚　肇　*155*
Akin, Ö.　*200*
Ancona, D.　*46*
青山征彦　*77, 83, 92, 94, 95, 97*
有元典文　*77*
Asano, A.　*75*
Asch, S. E.　*144*
Avolio, J. B.　*207*

B

Bandura, A.　*105*
Bass, B. M.　*207*
Bereiter, C.　*56*
Bernard, R. M.　*60*
Best, R.　*55*
Bilby, C.　*135*
Bluth, G.　*57*
Boritz, G. M.　*62*
Brady, M. S.　*122*
Brand, S.　*44*
Brandenburg, N.　*101*
Brandt, D.　*57*
Bresman, H.　*46*
Brodt, S.　*18*
Brown, A. L.　*56*
Bull, R.　*125, 135, 145, 149*
Buswell, B. N.　*19, 20*

C

Cabana, S.　*207*
Card, S. K.　*34*
Cardinal, B. J.　*101*
Carlsmith, K. M.　*145*
Carnevale, P. J.　*17*
Caterino, L. C.　*58*
Catin, E. C.　*139*
Chapanis, A.　*53*
Charness, N.　*62*
Chmielewski, T. L.　*57*
Churchill, W.　*22*
Clair, R.　*92*
Clark, H. H.　*173*
Coe, M.　*51*
Conger, J. A.　*218*
Conrad, R.　*53*
Coohen, S. G.　*207*
Cooke, C.　*135*
Coombs, C. H.　*136, 137*
Côté, S.　*23*
Craik, F. I. M.　*13, 60, 73*
Cunitz, A. R.　*10*

D

Dansereau, D. F.　*57*
Darby, B. W.　*19*
Darley, J. M.　*145*
Dawes, R. M.　*136*
Deci, E. L.　*201*
De Dreu, C. K. W.　*20, 23, 26*
Dessler, G.　*207*
DiClemente, C. C.　*100, 101*

Dion, K. K.　*143*

E

Eastman, C.　*189*
Echt, K.　*59, 60*
Efran, M. G.　*142*
Einstein, G. O.　*73*
Emery, L.　*77*
Engeström, Y　*219*
Esplin, P. W.　*126, 128*

F

Fielder, F. E.　*207*
Fisher, R. P.　*125*
Flaste, R.　*201*
Fontana, A. M.　*139*
Forsythe, G. B.　*210*
Fraser, J.　*125*
Fujimoto, T.　*186*
藤田政博　*135, 144*
藤原与一　*3*
深谷優子　*57*
Furnham, A. F.　*145*
古川久敬　*203*

G

Geiselman, R. E.　*125*
Gescheider, G. A.　*139*
Glanzer, M.　*10, 11*
Grant, T.　*135*
Grigorenko, E. L.　*210*
Gumperz, J. J.　*12*

H

芳賀　繁　*154, 155*

濱口幸一　*91*
原　聰　*125*
原田悦子（Harada, E. T.）
　68, 74-77, 170
Hartley, J.　*53*
Hasher, L.　*73*
波多野誼余夫　*202*
Hatcher, R.　*135*
羽山　博　*39*
Hedlund, J. A.　*210*
Heinrich, H. W.　*159, 160*
Herrick, A. B.　*101*
Hershkowitz, I.　*126, 128*
Hess, T. M.　*77*
Hier, C. M.　*62*
平田謙次　*210*
廣井亮一　*147*
比留間太白　*51*
本庄　武　*140, 144, 145, 147*
Horowitz, D.　*126, 128*
Horvath, J. A.　*210*
Hosch, H. M.　*119*
細江達郎　*145*
堀部保弘　*222*
堀田秀吾　*144*
House, R. J.　*207*
Huston, A. C.　*93*
Hutchins, E.　*33, 43*

I
指宿　信　*143*
井田　良　*138, 140, 144-146*
伊田政司　*142*
生田久美子　*201*
稲垣加世子　*202*
稲増龍夫　*89*
井上逸兵　*14*

井上　豊　*140*
Isen, A. M.　*17*
石田綾子　*142*
石崎千景　*135*
Isingrini, M.　*60*
伊藤　潤　*184*
伊東昌子　*7, 8, 10, 11, 210-218*
伊藤　崇　*77*
伊東裕司　*143*

J
Jacoby, L. L.　*73*
Jennings, J. M.　*60*
城　好江　*162*
Jones, C. J.　*189*
Jones, H. R.　*122*

K
香川秀太　*77, 171*
海保博之　*51, 54*
金井明人　*97*
Kassin, S. M.　*119, 120*
川上昭吾　*59*
河﨑宜史　*114, 210*
Keltner, D.　*19, 20*
木下冨雄　*135*
岸　学　*51, 53, 58*
Krauss, R. I.　*189*
久保寺佳奈　*58*
Kubr, M.　*209*
Kulhavy, R. W.　*58*
黒沢　香　*135, 143, 146*

L
Lamb, M. E.　*126, 128*
Lassiter, G. D.　*126, 143*
Lave, J.　*199, 202*
Leirer, V. O.　*62*
Lindberg, M. J.　*143*

Lorenz, C.　*190, 191, 204*
リュミエール兄弟　*91*

M
前田雅英　*140, 142*
前田裕二　*224*
Manstead, A. S.　*20, 23*
Manz, C. C.　*208*
Marcus, B. H.　*100*
松本斉子　*170, 171*
松本雄一　*195, 203*
May, C. P.　*73*
May, T.　*191*
Mayer, R, E.　*55, 57*
McCoy, S. L.　*74*
McDaniel, M. A.　*73*
McGraw, M.　*57*
McNamara, D.　*55, 56*
Meissner, C. A.　*125, 126*
Memon, A.　*119, 125*
Menard, W. E.　*62*
Mettler, M. M.　*101*
Meyer, B.　*57, 60-62*
Miline, R.　*125*
三嶋博之　*75*
三隅二不二　*207*
宮岡　徹　*139*
宮崎和人　*3*
宮沢秀次　*7*
Mohrman, S. A.　*207*
Mohrman Jr. A. M.　*207*
Moran, T. P.　*34*
Mori, K.　*76, 77*
茂呂雄二　*77, 171*
Morrell, R.　*59, 60*
Morrow, D. G.　*62*
村井敏邦　*135*
村本邦子　*147*
村山匡一郎　*91*
Myer, R. M.　*189*

N

Nadler, G. *190*
永田良太 *7, 8*
仲 真紀子 *124-128, 130, 135, 145, 147*
中川俊彦 *147*
中島義明 *91*
中島義道 *43*
中村 正 *147*
中村史郎 *190*
南部美砂子 *170, 172, 178*
Newell, A. *34*
Niaura, R. S. *100*
仁平義明 *13*
二宮克美 *7*
野原俊郎 *140*
野田春美 *3*
野島久雄 *33, 36-38, 40*
Norman, D. A. *33, 34, 36, 37, 43, 70, 152, 153, 155*

O

大渕憲一 *18*
Ochs, E. *12*
荻原千佳子 *13*
大野木裕明 *7*
岡部大介 *77*
岡田 晋 *94, 95*
岡田悦典 *135*
奥出直人 *190*
小野 茂 *136, 137*
Orbach, Y. *126, 128*
O'Reilly, T. *55*
Ozuru, Y. *55*

P

Pearse, C. L. *218*
Peterson, E. *18*

Pollard, C. *60, 62*
Poole, D. A. *122*
Poon, L. *57, 61*
Prochaska, J. O. *100, 101*
Pruitt, D. G. *17*
Purser, R. E. *207*

R

Rambusch, J. *33*
Ratcliff, J. J. *143*
Reason, J. T. *151, 152, 160*
Rice, M. L. *93*
Robinson, P. H. *145*
Rossi, J. S. *100*

S

佐伯 胖 *68, 69*
Salthous, T. A. *73*
佐々木正人 *75*
佐々木美加 *18, 20, 21, 26, 27*
佐藤郁哉 *146, 182*
佐藤典司 *190*
サトウタツヤ *135, 147*
Scardamaria, M. *56*
Schön, D. A. *190*
Schumann, C. E. *62*
Selby, V. C. *100*
Selin, T. *136-139*
Shelenker, B. R. *19*
Shepherd, E. *126, 131*
重森雅嘉 *170*
嶋田敦夫 *46*
島田英昭 *52, 58, 61*
申 紅仙 *156, 158, 160-164*
Simon, H. A. *190*
Sims, H. P. *207*

Sinaceur, M. *22*
Smiley, S. S. *55*
新垣紀子 *33, 34, 36-38, 40*
Snook, S. A. *210*
白戸宏明 *155*
Steinel, W, *26*
Sternberg, K. J. *126*
Sternberg, R. J. *210*
Stevens, S. S. *136, 139*
Stoch, W. A. *58*
Stone, W. J. *101*
Strub, H. B. *33*
須藤 智 *170*
菅原郁夫 *135*
杉森伸吉 *144*
Susi, T. *33*
Suto, S. *75*
鈴木健太郎 *75*

T

Taconnat, L. *60*
多鹿秀継 *59*
高橋 誠 *212*
高梨信乃 *3*
高野陽一郎 *146*
瀧川政次郎 *146*
滝浦真人 *4, 5*
棚瀬孝雄 *135*
谷田部友香 *142*
Taniue, N. *76*
Thompson, L. *18*
Thurestone, L. L. *136*
Tiedens, L. Z. *22*
戸田正直 *18, 19, 21*
辻村敏樹 *12*
筒井梨恵 *38*
Tubb, V. A. *119*
Tulving, E. *13*
Tun, P. A. *74*

Tverski, A.　*136*

U
内田香織　*170*
植田一博　*39*
植松　正　*141, 142*

V
Van Kleef, G. A.　*20, 21, 23-27*
Velicer, W. F.　*101*

W
Wade, J. W.　*200*
Wagner, R. K.　*210*
分部利紘　*146*
Ware, L. J.　*143*
Warren, A. R.　*122*
綿村英一郎　*146*
渡辺はま　*170*
Wells, G. L.　*121, 122*
Wenger, E.　*199, 202*
Williams, W. E.　*210*
Wingfield, A.　*74*
Wolfgang, M. E.　*136-139*
Wood, J. H.　*60*
Woodhams, H.　*135*
Wright, J. C.　*93*
Wright, P.　*52*

Y
山口裕幸　*158, 207*
山本博樹　*51, 52, 54, 58, 61, 62, 83*
山内桂子　*159*
山内隆久　*159*
八藤後　猛　*163, 164*
吉野絹子　*140*
Young, R. C.　*19, 20*
湯川純幸　*12*
往住彰文　*170*

Z
Zacks, R. T.　*73*
Zeisel, H.　*146*
Ziemke, T.　*33*

事項索引

あ
哀願感情　*21*
アイコン　*184*
ICT（情報通信技術）　*99*
　　――サービス　*224*
アニメーション　*94*
アフォーダンス　*184*
　　知覚された――　*36*
EASI モデル　*25-27*
e-learning 研修　*184*
怒り　*18-24, 26, 27*
　　――感情　*24*
　　――認知　*20*
　　――表出　*23*
意思決定　*17*
　　――のバランス　*101*
一貫性　*184*
一対比較判断　*136*
5つの支援　*54*
意図推定　*172*
違反行為　*154*
意味素性分析　*4*
インスタント・リプレイ　*93*
インセンティブ　*102*
映像技法　*91*
ATS（Activation-Trigger-Schema）　*153*
エスタブリッシング・ショット　*92*
エスノグラフィ　*77*
X-teams　*46*
NICHD プロトコル　*126*
NTT　*224*
エピソード記憶の練習　*131*
応報的動機　*145*
オープン・クエスチョン　*178*
オープン質問　*128*

か
回想シーン　*95*
概要把握方略　*57*
会話目的達成理論　*13*
可視化　*94*
カット　*83*
関係づけ　*59*
感情　*17, 18, 23-28*
　　――的なルート　*25*
　　――の質　*18*
　　――反応　*25*
　　――過程　*25*
　　――ルート　*25*
　　――表出　*25, 27*
　　――要因　*26*

事項索引　231

　　——ルート　26
　　——を大きくゆさぶる証拠　143
　　好意的——　17, 18
機能的協働　207
糾問的アプローチ　126, 131
凶器注目　121
供述弱者　126
共通基盤　172
協働構築型マネジメント　220
共有理解　172
記録意図　7
グラウンドルール　131
クレショフ効果　94
群化　184
経験価値　115
刑罰による犯罪の抑止効果　146
KY 活動の KY　158
結束性　56
健康
　　——学習型　103, 104
　　——管理サービス　102
　　——行動　99
　　——コミュニティ型　103
言語的相互行為　3
言語メッセージ　26, 27
好意的感情　17, 18
後悔　20, 21
　　——認知　20
攻撃　18
交渉　17, 18, 20, 22–25, 27, 28
　　——相手　17, 22, 23, 25, 26
　　——結果　18
　　——行動　27

　　——実験　27
　　——の状況　23
　　——の動機　26
　　——場面　20, 21
構造化された問題　190
構造化されていない問題　190
構造方略　57
行動変容　99
　　——ステージ　100
幸福　23, 24
　　——感情　24
　　——表出　23
交流型リーダーシップ　207
互酬性　18
　　——原理　18, 26
コミュニケーション　81, 184
　　——パス　46
　　他者との——　103
Community of Practice　223
困惑　19, 20, 26, 27
　　——認知　20

さ

罪悪感　20, 21
裁判員制度　144
裁判心理学　141
佐伯の「二重のインタフェイスモデル」　68
サポート　131
CG　94
視覚化　102
システム変数　121
質問のワーディング　121
シナリオ法　184
指標的機能　3
司法面接　126

シミュレーション法　210
社会関係　20, 25
社会的
　　——違反　20
　　——情報モデル　24
　　——伝染仮説　23, 24
　　——動機　28
謝罪　18, 19
修辞　97
終助詞　3
集団的な意思決定　143
自由報告　129
照応表現　57
照合　58
譲歩　21, 22, 24–27
　　——幅　24
　　——量　24
情報
　　——収集アプローチ　126
　　——処理動機　25
　　——処理プロセス　34
職場内訓練　197
ショット　83
処理水準仮説　13
自律管理型チーム　207
人工物（artifacts）　68
　　認知的な——　33
心配　20, 21
人物の外見的魅力　142
心理尺度構成　138
推定変数　121
ステークホルダー　209
スリップ（slip）　152
省察的実践家　190
正常化のバイアス　161
正統的周辺参加　199
制約　184
責任能力　142
説明社会　51

説明書　51
セルフ・エフィカシー　101
先行オーガナイザー　59
選択過程　55
選択方略　55
戦略ルート　26
戦略的
　——影響　24
　——仮説　24
　——情報処理的　26
　——情報処理過程　25
　——情報処理ルート　25
　——推測　25
相互行為意図　7
創発的使用　77
ソニー　184
素朴量刑判断　136

た
対応付け　184
待遇表現　11
対決の感情　25
体制化過程　55
体制化方略　55
他者情報　105
注意焦点化方略　56
直観的感情反応　26
TED　128
ディスコミュニケーション　184
適応させるシステム　18
適応的な行動　18
デザイン・コンセプト　192
テレビ電話　81
動画共有サイト　81
動機　19, 20, 25, 28
　——づけ　20, 100

統合　201
　——過程　55
　——方略　55
取り入れ　201

な
仲間意識　106
日本電信電話株式会社　224
人足寄場　146
認知
　——工学（cognitive engineering）　68
　——の経済化仮説　13
　——の社会性　171
　——面接法　125
認知的
　——加齢　73
　——な人工物　33
　——負荷　26, 27, 43
　——余裕　27
　——ユーザビリティテスト　73
　——課題分析　77

は
パーソナライゼーション　102
パーソナルビュー　70
ハインリッヒの法則　159
恥　19, 20, 27
橋渡し理論　57
判断バイアス　143
PMBOK　208
PEACEモデル　126
被害児童への面接法　125
被疑者への面接　131
非言語表現　19
非言語メッセージ　26,

27
日立製作所　114
ヒューマン・エラー　151
human centered design　222
標識化　57
φ形　4
不安全行動　154
フィードバック　184
フール・プルーフ　157
フェイル・セーフ　157, 184
負担の軽減　102
フル・リーダーシップ　207
プロジェクトマネジャー（PM）　208
　——の責任内容　209
プロファイル情報　110
分散認知　33
文末詞　5
ペーパープロトタイピング法　184
ペルソナ　184
変革型リーダーシップ　207
法心理学　135
報復　23
　——行動　23
　——欲求　23

ま
マグショットバイアス　121
マッピング　57
ミステイク（mistake）　152
三菱総合研究所　222
メタ認知　74
メディア（媒体）　70

面接法ガイドライン　*125*
メンタルモデル　*37, 50*
目撃者　*119*
モダリティ　*3*
　知覚された——　*7*

や
ユーザインタフェイス（UI）　*184*
　——設計　*224*
ユーザエクスペリエンス　*115*
user experience design　*222*
ユーザビリティ　*157, 184*
宥和　*19, 20*

——感情　*21*
——機能　*20, 21, 27*
——効果　*20*
——行動　*19, 27*
——的行動　*20*
——的相互作用　*20*
——プロセス　*19*
ユニバーサリティ　*72*
指差呼称　*155*
要求　*24*
　——の程度　*24*
　——レベル　*24*
予防的動機　*146*
読み返し方略　*56*

ら
ラインナップの教示　*121*
落胆　*20, 21*
ラプス（laps）　*153*
ラポール　*131*
リコー　*46*
リスク
　受容——　*160*
　——共有コミュニケーション　*178*
　——認知　*179*
　——バランス　*163*
リュミエール兄弟　*91*
量推定法　*136*

わ
ワークプレイス研究　*222*
和解　*18, 19, 27*

執筆者一覧 （執筆順，*は編者）

伊東昌子（いとう・まさこ）*
常磐大学人間科学部教授
担当：第1章・第13章

佐々木美加（ささき・みか）
明治大学商学部教授
担当：第2章

新垣紀子（しんがき・のりこ）
成城大学社会イノベーション学部教授
担当：第3章

山本博樹（やまもと・ひろき）
立命館大学文学部教授
担当：第4章

原田悦子（はらだ・えつこ）
筑波大学人間系心理学域教授
担当：第5章

青山征彦（あおやま・まさひこ）
駿河台大学心理学部准教授
担当：第6章

白石将浩（しらいし・まさひろ）
NTTセキュアプラットフォーム研究所
医療ヘルスケアDP研究員
担当：第7章

仲真紀子（なか・まきこ）
北海道大学大学院文学研究科教授
担当：第8章

伊田政司（いだ・まさし）
常磐大学人間科学部教授
担当：第9章

申　紅仙（しん・ほんそん）
常磐大学人間科学部准教授
担当：第10章

南部美砂子（なんぶ・みさこ）
公立はこだて未来大学システム情報科学部
准教授
担当：第11章

松本雄一（まつもと・ゆういち）
関西学院大学商学部教授
担当：第12章

【コラム執筆者】
嶋田敦夫（しまだ・あつお）
株式会社リコー
担当：心理学への期待1

河﨑宜史（かわさき・たかふみ）
株式会社日立製作所
担当：心理学への期待2

伊藤　潤（いとう・じゅん）
ソニー株式会社ソフトウェア設計技術センター Distinguished Engineer
担当：心理学への期待3

堀部保弘（ほりべ・やすひろ）
元株式会社三菱総合研究所
担当：心理学への期待4

前田裕二（まえだ・ゆうじ）
NTTセキュアプラットフォーム研究所
医療ヘルスケアDP DP長・主幹研究員
担当：心理学への期待5

コミュニケーションの認知心理学

2013年10月20日	初版第1刷発行	（定価はカヴァーに表示してあります）

　　　　編　者　伊東　昌子
　　　　発行者　中西　健夫
　　　　発行所　株式会社ナカニシヤ出版
　　　〒606-8161　京都市左京区一乗寺木ノ本町15番地
　　　　　　　　　　　　Telephone　　075-723-0111
　　　　　　　　　　　　Facsimile　　075-723-0095
　　　　　　　　Website　http://www.nakanishiya.co.jp/
　　　　　　　　Email　　iihon-ippai@nakanishiya.co.jp
　　　　　　　　　　　　郵便振替　01030-0-13128

装幀＝白沢　正／印刷・製本＝西濃印刷株式会社
Printed in Japan.
Copyright © 2013 by M. Ito
ISBN978-4-7795-0735-9

©Skype, YouTube, ニコニコ動画, きょうの料理, Twitter, mixi, からだログ, Kzok, PMBOK など，本文中に記載されている社名，商品名は，各社が商標または登録商標として使用している場合があります。なお，本文中では，基本的にTMおよびRマークは省略しました。
◎本書のコピー，スキャン，デジタル化等の無断複製は著作権法上での例外を除き禁じられています。本書を代行業者等の第三者に依頼してスキャンやデジタル化することはたとえ個人や家庭内の利用であっても著作権法上認められておりません。